카테고리 크리에이션

사랑받는 브랜드의 비밀

CATEGORY CREATION

Secrets of Loved Brands

카테고리 크리에이션

사랑받는 브랜드의 비밀

초판 발행 2024년 8월 30일

지은이 앤서니 케나다
옮긴이 정연승
펴낸이 류원식
펴낸곳 **교문사**

편집팀장 성혜진 | **책임진행** 윤정선 | **디자인 · 본문편집** 김도희

주소 10881, 경기도 파주시 문발로 116
대표전화 031-955-6111 | **팩스** 031-955-0955
홈페이지 www.gyomoon.com | **이메일** genie@gyomoon.com
등록번호 1968.10.28. 제406-2006-000035호

ISBN 978-89-363-2593-0(93320)
정가 21,000원

잘못된 책은 바꿔 드립니다.

허브스팟, 세일즈포스, 게인사이트 그리고
다른 아이코닉 B2B 브랜드에서 배우는 교훈

카테고리 크리에이션

사랑받는 브랜드의 비밀

CATEGORY CREATION

Secrets of Loved Brands

앤서니 케나다 지음
정연승 옮김

신생 브랜드가 시장에 새로운 힘과 물결을 일으키는
'브랜드 무브먼트' 성공 전략

교문사

최근 신제품과 마케팅의 성공 방정식이 바뀌고 있다. 이는 고객과 시장의 변화, 인공지능과 기술의 변화 등 다양한 원인이 작용했을 것으로 추측된다. 이런 시대적 흐름 속에서 앤서니 케나다의《Category Creation(카테고리 창조)》을 처음 접했을 때, 그동안 막연히 느끼고만 있던 성공의 비밀을 비로소 알게 된 것 같은 환희와 기쁨이 있었다. 과거 대학과 직장 생활을 하면서 느꼈던 기억, 즉 대담한 결정과 행운의 타이밍에 환호하고 가끔 실수나 막다른 길에서 움찔했던 그런 순간들이 떠올랐다. 단순한 회사가 아니라 본격적인 운동(movement)을 시작했던 설레는 시절을 회상하는 앤서니의 기쁨은 자신만의 카테고리를 만드는 순간을 처음 경험했던 다른 이들에게도 낯설지 않은 회상일 것이다.

하지만 이 책의 각 장은 단순히 전성기 시절의 우스꽝스러운 이야기 모음집이 아니다. 이는 스타트업 기업가들을 위한 효과적인 전략서다. 즉, 본능, 성격, 인맥, 약간의 영리함의 비과학적인 조합에 대한 새로운 시각을 제시하거나, 혹은 이미 한 카테고리를 만들었거나 수년 동안 자신이 속한 카테고리를 활용해 벗어날 방법이 있다고 생각하는 기존 기업의 리더들에게 지속적인 행동을 촉구하는 혁신적 제안이었다. 인바운드 마케팅회사 허브스팟(Hubspot)은 초창기 시절 자신들이 앞서 나갈 수 있는 기회가 있다는 것을 느꼈고, 소비자 행동에서 이미 일부 드러난 것을 반영하는 비즈니스맨들 사이에서 펼쳐지는 구매자 행동의 변화를 발견했으며, 이를 놓치지 않았다.

앤서니가 제시하는 이 전략서는 연금술과 운으로 발견할 수 있는 것이 아니다. 그가 공유하는 많은 요소는 어떤 면에서는 상식적이지만 어떤 면에서는 반직관적인 요소다. 허브스팟에서는 이러한 요소를 명시하고 이를 측정하는 방법을 찾는 데 큰 가치를 두었던 것이다.

인간 중심 : 허브스팟에서는 '더 나은 성장'은 '직원과 고객을 희생해서라도 필요한 모든 수단을 동원하여 주주 가치를 최대한 빨리 극대화'(3장)하는 것과는 대조적

으로 '카테고리 창조'는 기업이 비즈니스에서 성공하는 동시에 인간을 우선시할 수 있다는 믿음을 강화하는 것'(1장)이라는 앤서니의 말을 매우 의미 있게 받아들였다. 그리고 이것이 일하는 방식을 구체화했을지 모르지만, 더 나은 성장의 의미를 문서화하고 진행 상황을 추적할 수 있는 방법을 찾은 것은 몇 년이 지나서였다. 즉, 카테고리 창조 전략서는 초기 크리에이티브 이벤트 이후에도 여전히 활용 가치가 있었다.

문화 : 카테고리 창조에서 문화의 영향력은 과소평가될 수 없으며, 카테고리를 만드는 전략서에 문화가 필수적으로 포함되는 것은 당연하고 자연스러운 일이다. 앤서니는 처음부터 문화의 역할에 대해 많은 수수께끼를 풀고(5장), 이를 직원 채용 및 유지와 같은 실제 비즈니스 지표와 연결시켜 설명한다. 잘 정립된 카테고리에 속하는 회사에서도 문화는 계속해서 성과를 내고 있다.

9장 '브랜드 홍보대사로 고객 활성화하기'에서 앤서니는 '활성화'라는 키워드를 사용한다. 게인사이트(Gainsight)의 CMO인 그가 성공적인 고객을 활성화하는 데 큰 가치를 두는 것은 당연한 일이다. 하지만 성공적인 고객과 활성화된 고객 사이에는 차이가 있다. 인바운드 마케팅을 통해 허브스팟은 확실히 고객을 활성화할 수 있었고, 그 과정에서 훌륭한 고객 옹호자가 생겼다. 최근 몇 년 동안, 우리는 카테고리 창조에 있어 고객의 긍정적인 입소문의 가치를 재발견했다. 이를 육성하기 위해 실제 전략을 개발하고, 더 많은 목소리를 낼 수 있는 기회를 부여하고, 지표를 설정하여 항상 움직이고 있는지 확인했다. 카테고리를 만드는 초창기에 이런 전략서는 큰 도움이 될 것이다.

새로운 카테고리, 새로운 비즈니스 창조는 분명 인간애의 가치를 중심으로 고객들을 우리의 옹호자이자 팬으로 만들어내는 문화운동이 되어야 한다. 우리를 드러내고 자랑하려고 하는 일방적인 마케팅이 아니라, 고객과 함께 공감하고 트렌드를 만들어내는 운동이야말로 새로운 카테고리 창조의 핵심 원동력이 됨을 잊지 말아야겠다.

향후 한국 스타트업과 기존 기업들의 성공적인 카테고리 창조의 도전과 그 결과들을 볼 수 있기를 기대해 본다.

정연승 교수

CONTENTS

차례

PART 3 고객, 투자자, 직원에게 카테고리 창조의 영향력 제공하기

일러두기

이 책에서는 '카테고리 크리에이션(Category Creation)'을 '카테고리 창조'로 번역하였다.

PART 1

카테고리 창조의 장기적 탐욕

The Long-Term Greed of Category Creation

01

카테고리 창조 :
변화를 일으키는 훌륭한 마케팅 전략

일요일 오후 9시에 걸려온 전화를 무시할 사람은 없다.

아무튼 나는 로스앤젤레스에서 샌프란시스코까지 I-5번 고속도로를 타고 올라가면서 생각했다. (이제 두 번째로 울리고 있는) 핸드폰에 표시된 이름은 나의 전 회사 CEO 닉 메타(Nick Mehta)였다. 이렇게 늦은 시간에 갑자기 전화한 적이 거의 없는 사람이었다. 세 번째 벨이 울리기 전, 나는 머릿속으로 전체 대화를 그려보았다. 아마도 닉은 시만텍(Symantec)에 회사를 매각한 후 다음 커리어를 구상하면서 내게 자신과 함께할 기회를 제안할 수도 있다. 네 번째 벨이 울리기 전, 나는 인사를 하기도 전에 이미 내가 이 가상의 고용 제안을 수락하리라는 것을 알았다. 그것이 닉 메타가 가진 리더로서의 역량이다.

돌이켜보면, 그때 그의 전화를 받길 잘했다.

어쩌면 여러분도 이 이야기에서의 내 입장—당신의 인생을, 당신의 커리어를 바꿀 수 있는 기회를 위해 전화를 받는 것—에 공감할 수 있을 것이다. 기업가나 임원으로서 전화를 걸어 꿈에 그리던 지원자를 최종 합격시킨 경험에 공감할 수도 있다. 어느 쪽이든, 그 순간은 우리의 직업적 삶을 초월하여 인간 내면에

깊은 인상을 남기며, 위대한 일의 일부가 되어 우주에 흔적을 남기고, 그 과정에서 개인적인 부를 창출할 수 있다는 가능성을 제시한다.

독창적인 아이디어를 위한 에너지는 늘 열정과 흥분으로 가득 찬다. 당신은 시장에서 해결할 방법을 모색하고 있는 문제에 푹 빠져, 구상을 실현하기 위한 아이디어로 휴대폰 메모장을 채우고, 경쟁 환경을 분석하면서 몇 시간이고 (심지어 쉬는 시간까지 포함해서) 시간을 쓰고 있는 것을 깨닫는다. 그러나 그 조사에 더 깊이 몰입할수록, 당신은 이 개념이 과거에 당신이 갖고 있던 다른 개념들과 비교해 몇 가지 차이점이 있음을 발견하게 된다.

- **그 분야에 경쟁자가 아예 없거나 매우 적다** 그래도 괜찮죠? 남들보다 먼저 복잡한 문제를 해결하는 방법을 발견했으니까요.
- **그 분야에 어떤 분석가도, 미디어도 없다** 눈을 가늘게 뜨고 보면, 그 2×2 사분면 중 하나는 당신의 구상에 부합할 수도 있지만, 그 비전 전체의 그림을 그리기는 어렵다.
- **그 아이디어를 깊게 믿는 소수의 초기 집단이 존재한다** 안심이 되긴 하지만, 왜 어떤 회사도 그들에게 의미 있는 방식으로 관심을 주지 않는 것일까?

이러한 미묘한 차이를 고려하며 회사를 포지셔닝하는 방법에 대한 모범 사례를 찾기 위해 구글을 검색하다 보면 흥분은 호기심으로 변한다. 분명히 누군가는 이것을 이미 했음이 틀림없다! 하지만 이 작업을 수행한 기업의 사례는 있지만, 진출할 시장 없이 마케팅 전략을 시작하는 방법에 대한 보편적으로 통용되는 전략서는 없다는 사실을 깨닫고 나면 호기심은 곧 공포의 순간으로 바뀌게 된다. 그렇다면 여러분은 지금 카테고리를 창조하는 입장에 있는 것일 수 있다.

이 책은 여러분을 위해 썼으며, 여러분의 여정이 결코 혼자가 아니라는 것을 말씀드리고자 한다. 게인사이트(Gainsight)의 초대 마케팅 최고 책임자(CMO)로서, 나는 당신이 지금 처한 상황과 정확히 동일한 상황에 처해 있었다. 나와 동료들은 **고객 성공(Customer Success)** 카테고리를 구축하는 여정 동안 (말 그대로) 수천 개의 기업과 이야기를 나누었다. 그리고 그 대화에서 반복된 주제는 우리가 정말로 미지의 영역에 있으며, 이것을 다 함께 헤쳐 나가고 있다는 것이었다. 그러한 동지애는 위안이 되었지만, 나는 다음 세대의 마케터, 창업자 그리고 임원들이 우리의 이야기에서 교훈을 얻을 수 있게 돕기 위해서, 우리가 업계에서 지금까지 배웠던 모든 것을 종이에 남기는 것이 중요하다고 느꼈다. 그 결과물이 바로 지금 당신이 들고 있는 이 책으로, 한 경영자가 다른 경영자들을 위해 쓴 카테고리 창조에 대한 최초이자 유일한 전략서다.

카테고리 창조는 마케팅에서 가장 뜨거운 주제가 되었고, 여기에는 그럴 만한 이유가 있다. 그 이유는 회사의 시장 리더십을 더욱 강화할 뿐만 아니라, 그 과정에서 함께하는 고객, 직원 그리고 투자자에게 놀라울 정도의 개인적인 성취감까지 이어지는 이 같은 전략이 딱히 없기 때문이다. 민간 기업이 이익 추구를 위해 수단을 가리지 않는다는 오해를 종종 받는 이런 세상에서, 카테고리 창조는 기업이 사업을 성공하는 동시에 인간을 우선에 둘 수 있다는 신념을 강화하기 위해 노력한다. 카테고리 창조 기업의 고객들은, 그들의 어려운 문제를 해결하고, 발전하고 그들 자신의 삶과 커리어 여정에서 주도적으로 되는 것을 도와주려는 카테고리 창조 기업으로부터 혜택을 얻을 수 있다. 카테고리 창조 기업의 직원들은, 직장에서 그들의 창의력을 폭발시키거나 놀라운 조직문화에 함께할 수 있고, 새로운 제품이나 서비스를 위한 변화를 시작할 수 있는 특별한 기회를 가진다. 카테고리 창조 기업의 투자자들은 보통 장기적인 목적으로 투자를 하는데, 이는 시장이 새로운 카테고리를 만들고 지배할 수 있는 기업들에는 전통적인 혁신기업에 비해 기하급수적으로 더 많은 보상을 주기 때문이다.

이 책에서 정리한 전략은 B2B(Business-to-Business)적 관점에 주로 영향을 받았지만, 논의된 전술과 전략은 B2C(Business-to-Consumer) 맥락에서도 광범위하게 적용될 수 있다. 이러한 접근 방식을 취한 주된 이유는 B2B와 B2C의 세계가 실제로 통합되고 있으며, 우리가 타기팅하는 로고 뒤에 있는 인간을 마케팅, 판매 및 지원하는 데 초점을 맞춘 새로운 비즈니스 시대, 즉 B2H(Business-to-Human)가 열리고 있다는 깊은 믿음 때문이다. 다음 장에서는 B2H에 대해 더 자세히 다루며 우선순위가 낮은 비용이자 성장의 걸림돌이던 브랜드가 어떻게 사업 전략의 핵심이 되었는지 살펴볼 것이다.

다행인 것은 누구나 카테고리 창조에 참여할 수 있다는 것이다. 심지어 이제 막 시장에 제품을 출범하는 초기 단계에 있는 회사도 가능하다. 초성장제품(10×Product)을 개발하는 것은 엄청난 이점이지만[예 : 슬랙(Slack), 우버(Uber) 또는 에어비앤비(Airbnb)], 그것이 전제 조건은 아니다. 카테고리 창조는 일반적으로 앞으로 우리가 자세히 살펴보게 될 브랜드 포지셔닝, 콘텐츠 마케팅, 커뮤니티 구축 및 기타 효과적인 마케팅 수단에 대한 흥미롭고 새로운 접근 방식에 초점을 맞춘 마케팅 주도적 활동이 될 것이다. 그런 상황에서 나는 두 부류의 특정 독자층을 염두에 두고 이 책을 썼다.

- **새로운 카테고리 창조에 관심 있는 첨단기술 분야의 스타트업 마케터 또는 창업자** 당신이 실리콘밸리에 거주하든 아니든, 적어도 소프트웨어가 세상을 먹어 치우고 있다는 믿음에 동의한다면 스타트업이 더 나은 미래를 만들 수 있는 특별한 기회에 공감할 것이다. 여러분은 "세상을 바꾸겠다"는 아이디어를 가진 창업자나 기업가일 수도 있고, 단일 기업보다 더 큰 규모의 완전히 새로운 산업의 시작일 수도 있다. 여러분은 인기 있는 스타트업에 합류한 마케터로서 창업팀의 비전을 명확하게 표현하기 위한 전략을 수립해야 하는 임무를 맡고 있을 수도 있다. 이 책은 기존 시장을 파괴하는 것이 아니라 완전히 새로운 시장 카테고리로 회사와 제품을 출시하는 데 활용할 수 있는 실용적인 전략을 제시하고 생각을 구체화하는 데 도움이 될 것이다.
- **범용화된 시장(commoditized market)에서 사업 중인 경영진 및 기업의 마케터** 기존 시장에서 제품은 자연스럽게 범용화되는 것이 당연한 수순이다. 예를 들어, 파일 공유 산업을 생각해 보자. 만약 친구나 동료에게 파일을 보내기 위해

온라인에 저장해야 한다면, 현재 285개의 파일 저장 및 공유 서비스업체(G2 기준)를 선택할 수 있다. 소비자들에게는 참 잘된 일이다. 그러나 고객들에게 좋은 것이 경쟁적인 시장에서 사업을 운영하는 공급자들에게도 좋은 일은 아니다. 이러한 산업에서 두각을 나타내야 하는 마케터나 경영진은 새로운 제품 카테고리를 구축하거나, 구매하거나, 파트너십을 맺어 포지셔닝을 확대하고 경쟁에서 벗어나는 방법을 고려할 수 있다. 카테고리를 만드는 것이 이 고객층을 위한 옵션이든 아니든, 이 전략의 기본 전술은 기업 마케터들에게 그들이 추진하는 캠페인의 배후에 있는 사람에 집중함으로써 시장에서 브랜드를 차별화하는 데 필요한 도구를 제공할 것이다.

여러분이 어느 진영에 속해 있든, 또는 전혀 다른 분야에 관심이 있는 사람이라도 이 책에서 살펴볼 교훈과 사례 연구는 남들이 가지 않은 길을 택함으로써 비즈니스에서 승리하는 방법에 대한 기존의 통념에 도전할 것이다. 하지만 더 깊이 들어가기 전에 카테고리 창조의 의미를 정의하고 새로운 비즈니스 관행에 대한 배경지식을 살펴보자.

카테고리 창조란 무엇인가?

카테고리 창조는 직면한 문제에 대한 해결책과 더불어 시장에서 관찰된 완전히 새로운 문제를 재정의하고 이를 전파하는 것에 주력하는 경영 전략이다. 그 결과 지금까지와는 완전히 다른 새로운 제품 및 서비스 산업이 탄생하고, '카테고리를 정의하는' 한 기업이 새로운 시장의 승자로 자리매김하게 된다. 카테고리 창조는 일반적으로 한 회사의 가장 대표적인 브랜드에 부합하는 **시장 카테고리(market categories)**를 뜻하지만, 기존 기업의 경우 특정 사업부나 제품라인에 부합하는 **제품 카테고리(product categories)**를 창조하는 경우도 있다. 이 책에서 전술적 차원으로 살펴볼 두 가지 경우 모두 마케팅의 역할은 아직 존재하지 않는 대화를 시작하고 성장시키는 것인데, 이는 창의성과 확신 그리고 많은 인내심이 필요한 훨씬 더 어려운 전략이다.

산업이 시작할 때부터 기업들이 카테고리를 만들어왔지만, 기술의 상품화 속도가 빨라지면서 최근 몇 년 동안 카테고리 창조에 대한 관심이 다시 높아지고 있다. 표 1.1은 새로운 카테고리의 몇 가지 예와 그 카테고리의 창조자로 널리 알려진 기업들을 보여준다(일부의 경우 논쟁의 여지가 있을 수 있음).

B2B에서 카테고리를 창조한 가장 좋은 사례는 2005년에 소비자들이 마케팅과 상호작용하는 방식이 근본적으로 변화하고 있는 것을 관찰한 허브스팟(HubSpot)이다. 고객들은 자신의 니즈에 맞는 회사와 제품을 선택하기 위해 온라인에서 점점 더 많은 검색을 하고 있었고, 콜드 콜(cold call)과 같은 아웃바운드 마케팅 전략은 방해가 되고 효과가 떨어지고 있었다. 허브스팟은 기존 업체인 세일즈포스(Salesforce)를 중심으로 한 CRM과 엘로콰(Eloqua), 실버팝(Silverpop), 인퓨전소프트(Infusionsoft)와 같은 마케팅 자동화라는 어느 정도 확립된 두 가지 범주에 인접하여 운영되고 있었다.

허브스팟의 초기 팀은 이러한 기존 카테고리 내의 공급자 중 한 곳에 대항하는 도전자의 입장을 취할 수도 있었지만, 이 문제를 다른 방식으로 생각해 보

표 1.1 카테고리 창조의 사례들

카테고리명	기 업
인바운드 마케팅	허브스팟(HubSpot)
클라우드 컴퓨팅	세일즈포스(Salesforce)
마케팅 자동화	엘로콰(Eloqua)
B2B 이커머스	아리바(Ariba)
전자거래 관리	도큐사인(DocuSign)
고객 성공	게인사이트(Gainsight)
차량공유(Ridesharing)	우버(Uber)
개인용 커피 메이커	큐리그(Keurig)
스포츠 음료	게토레이(Gatorade)
자동차	포드(Ford Motor Company)
복사기	제록스(Xerox)
비디오게임콘솔	마그나복스(Magnavox)

자는 역사적인 결정을 내렸다. 2009년, 공동 설립자 브라이언 할리건(Brian Halligan)과 다르메시 샤(Dharmesh Shah)는 카테고리를 정의하는 동명의 책을 출판함으로써 **인바운드 마케팅(Inbound Marketing)**이라는 용어를 만들었다. 이 포지셔닝은 허브스팟의 초기 충성도 높은 고객 및 에이전시 파트너 커뮤니티에서 즉각적인 인기를 얻었지만, 시장 전반에서 인바운드 마케팅이 입증된 카테고리로 인식되기까지는 수년이 걸렸고 많은 홍보가 필요했다. 허브스팟이 커뮤니티의 마음을 사로잡기 위해 전개한 전략은 업계를 하나로 모으기 위해 현재 '**인바운드(INBOUND)**'로 알려진 촉매제 역할을 하는 매력적인 이벤트를 만드는 것이었다. 현재 2만 4,000명 이상이 참석하는 이 콘퍼런스는 이 카테고리의 연례 행사로 자리 잡았으며, 허브스팟이 회사 및 커뮤니티의 모든 사람에게 인바운드 마케팅을 잘하는 방법을 교육하고 역량을 강화하는 강력한 플랫폼이 되었다. 10년이 지난 지금, 허브스팟은 전 세계 100여 개국에 5만 6,500여 명의 고객을 보유하고 있으며, 66억 달러가 넘는 가치를 지니고 있다. 카테고리 승자(category winner)가 되는 것은 가치 있는 일이며, 이에 대해서는 조금 뒤에서 상세히 살펴보겠다.

카테고리 창조를 정의하는 또 다른 방법은 카테고리가 아닌 것에 대한 맥락을 설정하는 것이다. 수년 동안 실리콘밸리는 '**파괴(disruption)**'라는 단어에 사로잡혀 있었다. 이 용어는 피치 덱(pitch deck, 발표용 시각 자료), 콘퍼런스 브랜드, 심지어 직함에도 등장한다. 파괴적 기술(disruptive technologies)을 이해하는 데 클레이튼 크리스텐슨(Clayton Christensen)의 대표적 베스트셀러인 《**혁신가의 딜레마(The innovator's Dilemma)**》만큼 좋은 자료는 없다. "파괴적 기술은 이전과는 매우 다른 가치 제안을 시장에 내놓는다. 파괴적 기술을 이용한 상품들은 일반적으로 더 저렴하고, 더 단순하고, 더 작고, 사용하기 더 편리하다(Christensen, 2000)." 파괴적 혁신에 기반한 경영 전략(disruption-based business strategy)은 일반적으로 시장에 현존하는 공급자를 파악하고 그들이 해결하는 문제에 대해 '더 좋은 쥐덫(better mousetrap)' 솔루션으로 포지셔닝하기 때문에, 카테고리 창조 전략과는 정반대다. 이러한 전략을 실행하는 방법에 관한 책과 블로그 그리고 입증된 모범 사례들은 많이 있다.

파괴적 혁신가들은 현존하는 업계 선두주자들의 시장점유율을 깨기 위해 일반적으로 그들에 대한 도전자 포지션을 취한다. 시스코 웹엑스(Cisco WebEx)와 시트릭스 고투미팅(Citrix GoToMeeting)과 같은 화상회의 공급업체에 도전하는 줌(Zoom), 마이크로소프트 셰어포인트(Microsoft Sharepoint), 오픈텍스트 도큐멘텀(Opentext Documentum)과 같은 기업용 콘텐츠 관리시스템 공급업체에 도전하는 박스(Box), 전통적인 문서 작업 공급업체인 구글 독스(Google Docs)와 마이크로소프트오피스의 스위트(Suite)에 도전하는 세일즈포스의 퀍(Quip) 등 모든 곳에서 파괴적 혁신을 목격할 수 있다.

반면에 카테고리 창조는 일반적으로 시장에 기존 공급업체가 없고, 현재 제품으로 해결할 수 있는 방식으로 문제를 해결하는 단일 기업이 존재하지 않는다. 그 가치 제안은 그저 다른 것이 아니라, 완전히 새로운 것이 된다. 그렇다면, 카테고리 파괴 전략과 카테고리 창조 전략 중 무엇에 베팅해야 할지 어떻게 구분할 수 있을까? 모든 것은 해결하고자 하는 문제가 무엇인지에서 시작한다.

카테고리를 창조하고 있는지 알 수 있는 방법

사실 대부분의 기업가, 임원 그리고 마케터들은 처음부터 카테고리를 창조하려고 계획하지 않는다. 오히려 사업을 계획하는 과정에서 만들어야 할 카테고리가 있다는 신호를 받게 된다. 이러한 신호는 누구도 유의미한 방식으로 관심을 두지 않았던, 그 시장 특유의 문제에 대한 발견이다. 충족되지 않은 필요를 찾아내는 것은 (중요한 것이기는 해도) 그저 카테고리 창조의 첫 단계에 불과하다는 데 유념해야 한다. 추가 조사를 통해 당신이 명명한 문제를 이미 업계 전반에서 해결하려고 시도한 적이 있음을 알 수도 있다. 표 1.2는 카테고리 창조의 6가지 신호가 우리 기업에 적합한 전략인지 판단하기 위한 유용한 프레임워크 역할을 한다.

표 1.2 카테고리 창조 전략은 당신에게 알맞은 전략인가?

신 호	예/아니오
1. 경쟁자가 거의 또는 전혀 없는 상황 비슷한 문제를 다루는 소수의 소규모 초기 단계 기업이 있을 수 있지만, 시장을 지배하고 있는 '공룡기업(800-pound gorilla)' 브랜드는 존재하지 않는다.	
2. 적은 검색량/저렴한 광고 인벤토리 일반적으로 아무도 당신이 해결한 문제를 그 이름으로 검색하지 않아, 기존 시장에서 운영하는 것에 비해 트래픽(traffic)을 구매하는 것이 기하급수적으로 어렵다.	
3. 기사 혹은 언론 보도의 부재 (설령 브랜드 전도사나 브랜드 지지자 역할을 할 수 있는 초기 인플루언서가 있을 수는 있어도) 당신의 영역을 취재하는 전담 기자나 언론 매체가 없다.	
4. 어떤 회사도 관심을 주지 않는 소외된 구매자 당신의 구매자 혹은 사용자는 조직 내에서 영향력이 있는가? 그들을 주인공으로 만드는 것에 집중하는 기업이 시장에 존재하는가? 그들은 소외되어 있는가?	
5. '이해'하는 소규모 (그러나 열정적인) 틈새 집단의 존재 문제에 대해 어떤 회사보다 앞서 언급하고 있는 소수의 커뮤니티, 컨설턴트 혹은 인플루언서가 존재하는가?	
6. (즉각적으로) '이해'하지 못하는 다수의 사람들 우리의 두뇌는 독창적인 아이디어에 접근할 때 인지적 준거를 확인하도록 되어 있다. 동종 업계에 종사하는 친구, 동업자, 심지어 투자자들조차도 당신의 비전을 제대로 이해하지 못하고, 대신 그 비전을 기존에 존재하던 카테고리로 분류하려고 하는 것을 볼 수 있다.	

표의 사항 중 일부라도 공감이 간다면 카테고리를 만드는 것이 비즈니스의 성공 전략이 될 수 있다. 하지만 표 1.2의 체크리스트는 결코 낙관적이지 않다. 그렇지 않은가? 이러한 신호의 반대편에 정말 기회가 있을 수 있으며, 그렇다면 파괴적 마케팅 전략을 실행해 보는 것은 어떨까? 그게 더 쉬워 보이지 않는가? 하지만 새로운 시장을 창출하고 지배할 수 있는 기업에게는 더 큰 보상이 기다리고 있다.

왜 카테고리를 창조하는가?

카테고리 창조는 그 자체만으로도 가치 있는 도전이지만, 사실 그 진정한 가치는 구축한 카테고리를 유지하고 지배할 수 있는 회사에 있다. 그러나 모든 카테고리 창조자가 그 카테고리의 승자가 되는 것은 아니며, 때로는 카테고리를 만든 회사가 시장을 압도적으로 사로잡는 **패스트 팔로워(fast follower)**에 의해 뒤집히는 경우도 있다. 실제로, 자신이 창조한 시장에 대한 통제력을 상실하게 된 카테고리 창조자에 대한 경고를 담은 여러 이야기가 있다. 몇 가지 사례를 살펴보자.

앨테어 8800(Altair 8800)을 기억하는가? 이 마이크로컴퓨터는 1974년에 설계되었으며 상업적으로 성공한 최초의 개인용 컴퓨터로서 마이크로컴퓨터 혁명을 촉발한 기폭제로 널리 알려져 있다. 1975년에 그 제작사인 MITS에 사실상 경쟁자는 없었다. 하지만 이는 스티브 잡스(Steve Jobs)와 스티브 워즈니악(Steve Wozniak)이 1년 뒤 애플 I(Apple I)를 세상에 내놓으며, 개인용 컴퓨터 카테고리를 완전히 장악하기 전까지였다.

리오 PMP300(Rio PMP300)을 기억하는가? 이 기기는 최초의 휴대용 MP3 디지털 오디오 플레이어로 상업적 성공을 거두었다. 리오는 1998년 다이아몬드 멀티미디어(Diamond Multimedia)사가 처음 선보였으며, 128kbit/s의 비트전송률로 약 10곡의 노래를 저장할 수 있는 용량을 가지고 있었다. 3년이 채 지나지 않아 애플은 패스트 팔로워로 다시 돌아와 1,000곡의 노래(리오 PMP300의 10배 용량)를 훨씬 더 나은 비트전송률로 재생할 수 있는 혁명적인 휴대용 범용 MP3 플레이어, 아이팟(iPod)을 선보였다.

검색 엔진은 어떠한가? '구글(Google)'이 동사가 되기 전에 그리고 '알렉사(Alexa)'가 그저 이름에 불과했던 1990년대 초반은 아치(Archie), 베로니카(Veronica), 저그헤드(Jughead) 등의 서비스로 웹 검색 엔진의 혁명이 촉발되던 시기였다. 1990년대 후반에는 야후!(Yahoo!), 마젤란(Magellan), 라이코스(Lycos), 인포시크(Infoseek), 익사이트(Excite)의 5개 업체가 온라인 검색 상용화의 골드러시에서 선두주자로 부상했다. 검색 엔진 부문은 1990년대 후반 IPO 열풍의 가장 유망한 분야였으며, 이 분야에서 많은 승자가 등장했다. 그것은 구글이라고 하는 상대적으로 잘 알려지지 않은 패스트 팔로워가 웹 페이지의 중요도를 정확하게 측정할 수 있는, 페이지랭크(PageRank)라는 반복 알고리즘 기술을 도입한 2000년까지 이어졌다. 2019년 2월 현재 구글은 92.92%의 시장 점유율을 차지하며 매일 35억 개 이상의 검색을 처리하고 있는,[1] 모든 플랫폼을 망라하여 전 세계 통신망에서 가장 많이 쓰이는 검색 엔진이다. 미안, 아치.

카테고리를 만든다고 해서 반드시 그 카테고리를 지배하는 것은 아니라는 사실을 알았는데, 왜 도전할 필요가 있을까? 실제로 두 가지를 모두 성공적으로 달성한 기업은 시장에서 더 빠른 성장과 더 높은 가치 평가, 선도적 위치를 확보할 수 있다. 하버드 비즈니스 리뷰에 따르면, 그들의 카테고리를 창조한 기업들은 동종 업계에 비해 매출 증가율 53%, 시가총액 증가율 74%[2]를 기록했다. 카테고리를 창조하는 스타트업의 경우, 시장을 장악하는 동시에 규모를 확장하는 것은 운영상의 이점으로도 이어질 수 있다. 라이트스피드 벤처 파트너스(Lightspeed Venture Partners)의 파트너 나쿨 만단(Nakul Mandan)은 다음과 같이 말했다. "한 카테고리에서 초기에 리더십을 확보하면 자금 확보가 더 쉬워지고, 최고의 제품, 엔지니어링, 영업 및 마케팅 인재를 유치할 수 있는 자원이 더 많아지며, 결과적으로 시간이 지남에 따라 더 많은 시장 점유율을 확보할 수 있는 기회가 늘어납니다. 따라서 리더십에 대한 인식은 경쟁사보다 확실히 더 높은 밸류에이션 배수를 얻을 수 있습니다."[3] 게인사이트에서의 경험에 비추어 볼 때, 나쿨의 말이 전적으로 옳다. 고객 성공이라는 카테고리를 만드는 것이 처음부터 우리의 의도였다고 말하고 싶으나, 그것은 사실이 아니다.

고객 성공 카테고리를 창조하는 것

처음부터 카테고리를 만들려고 하는 사람은 없지만, 여러분과 여러분의 회사가 이미 그 여정에 들어섰을 수 있다는 신호가 될 수 있는 일련의 발견들은 있다.

그것이 내가 2013년, I-5번 고속도로에서 일요일 밤 늦게 걸려온 닉 메타의 전화에 응답했을 때 일어났던 일이다. 닉은 미주리의 세인트 루이스와 인도의 하이데라바드 양쪽에 기반을 두고 약 열두 명 정도의 직원들이 두 사무실을 오가는, JBara 소프트웨어라는 회사에 CEO로서 합류하기로 막 결정한 시기였다.

시작은 초라했지만, 닉은 JBara의 공동설립자인 짐 에벌린(Jim Eberlin)과 스리다르 페디네니(Sreedhar Peddineni)가 그린 JBara의 비전에 깊은 감동을 받았다. 그것은 더 많은 기술 기업들이 표준적인 소프트웨어 패키지 대신에 구독을 통해 판매하기 시작하면서, 기업들이 그저 새 고객을 유치하는 것만이 아니라 고객을 유지하고 시간이 지남에 따라 성장시키는 데 더 집중해야 한다는 것이었다. 이 회사는 사업 전반에 걸쳐 이러한 프로세스를 운영할 수 있는 SaaS 상품을 개발하여 소수의 얼리어답터를 끌어들였다.

나는 약 한 달 뒤에 초대 '마케팅 책임자'로 합류했지만, 그때 회사에는 우리 몇 명만이 있었기 때문에 직책은 큰 의미가 없었다. 2009년 박스의 초기 직원으로 있었던 것과 보안 대기업인 시만텍의 제품팀을 이끌었던 경험 때문에, 내 경력은 주로 사업 개발과 제품 관리 분야에 있었다. 의도했든 의도하지 않았든, 나는 JBara에 대한 야망을 어떻게 달성할 것인지에 대한 건강한 수준의 첫 번째 원칙이 있었다. 조기에 영향력을 발휘하고 싶었던 나는 산호세에 있는 리저스 사무실에서 닉과 한 책상을 공유하며 일하기 시작했다.

우리가 팀으로 처음 수행한 작업은 '전문가'들이 우리의 기회를 어떻게 보는지 피드백을 얻기 위해 최고의 산업 분석가에게 연락한 것이었다. 우리는 그들에게 시제품을 제공하고, 고객들과 함께 브리핑을 진행했으며, 구독 산업에서 고객 관리에 대한 우리의 비전을 공유했다. 그들과 관점을 공유했을 때, 그들이 우리의 비전을 완전히 오해했거나 적어도 우리가 기회를 바라보는 방식에 동의하지 않았다는 사실에 놀랐다. 그 대신, 그들은 JBara의 포지셔닝을 자신들의 연구 분야에 맞출 것을 권유했는데, 만약 우리가 그들의 조언을 따랐다면 우리는 다음과 같은 카테고리에서 도전자로서의 위치를 취해야 했을 것이다.

- **고객 지원(Customer Support, CS)** 일반적으로 '고장/수리'를 담당하는 그룹으

로 정의되며, 상시 대기(Always-On-Call) 중이고 800으로 시작하는 번호를 운영하는 사람들로 특징지어지는 경우가 많다. 물론 좋은 방식이지만, 이러한 방식이 고객이나 내부 직원에게 반드시 도움이 되는 것은 아니다. 이 카테고리에서 젠데스크(Zendesk)와 세일즈포스 서비스 클라우드(Salesforce Service Cloud)가 차지하고 있는 지배적인 위치는 말할 필요도 없다.

- **고객관계관리(Customer Relationship Management, CRM)** CRM 툴은 일반적으로 고객 확보에 영향을 미치는 솔루션으로 인식되어, 회사가 갱신 및 확장 수익 성과보다는 신규 비즈니스를 성사시키는 데 도움을 주는 솔루션으로 인식되고 있다. 1,200억 달러 규모의 시장에서 수백 개의 공급업체가 경쟁하는 가운데 세일즈포스가 선두를 달리고 있다는 사실을 잠시 잊어라.
- **순환매출관리(Recurring Revenue Management, RRM)** 견적서 작성부터 수익 인식까지 전체 업무 흐름을 포착하기 위해 ERP(전사적 자원 관리), CPQ(구성-가격-견적) 및 청구 시스템과 연계된다. 물론 여기에 JBara의 포지셔닝 기회가 있었지만, 우리의 비전은 사업 모델 그 자체보다는 고객에 보다 무게를 두었다.

그 어떤 옵션도 적합하지 않았다. 그러나 우리는 JBara 플랫폼의 초기 사용자 중 한 명이 거의 15년 전에 세일즈포스의 마크 베니오프(Marc Benioff, 세일즈포스 CEO)가 창조하고 이름 붙인 고객 성공 매니저(Customer Success Manager, CSM)라는 직책을 가진 페르소나라는 것을 알게 되었다. 닉과 내가 JBara에 합류하기 전 8년 동안 이 직책은 서서히 탄력을 받고 있었고, 이 신생 커뮤니티의 사람들은 함께 모였을 때 열정과 에너지가 넘쳤다. 우리는 고객 성공 매니저(CSM)들이 비즈니스 과제에 대한 동료 간 조언과 모범 사례를 찾기 위해 서로를 주시하고 있음을 활성화된 링크드인 그룹을 통해 디지털 방식으로 관찰할 수 있었다. 이는 실리콘밸리 주변의 여러 상업 지구에서 열리는 월례 모임에 직접 참석하는 모습에서도 확인할 수 있었다.

당시 이 집단은 자원이 부족했고, 어쩌면 조직 전체에 걸쳐서 조금은 인정을 받지 못하는 집단이었다. 그들은 서로 연결되고, 서로의 경험을 통해 배우고, 고객 성공을 이룰 방법에 대한 공통의 언어를 만들어가기를 열망했다.

우리는 여기에 무시할 수 없는 어떤 것의 존재—분석가 집단의 말과는 정면으로 반대되지만 시장의 문제에 대한 우리의 해석과 정확히 들어맞는 무언가가 있다는 직감—를 인지했다. 이 고객 성공 매니저 집단은 고객 이탈이 구독 비즈니스에 미칠 수 있는 파괴적인 영향을 누구보다 잘 이해하고 있었으며, 말 그대로 자신의 커리어가 이탈을 막는 데 달려 있었다. 우리는 우리의 집단을 찾았다는 것을 알았고, 그들의 성공을 옹호하고 그들을 영웅처럼 느끼게 함으로써 위대한 회사를 만들 수 있을 것이라고 생각했다.

그래서 우리는 JBara 소프트웨어에서 게인사이트로 회사를 리브랜딩했고, 아무도 언급하지 않았던 구독 비즈니스의 큰 문제인 고객 이탈과 이를 해결할 수 있는 비즈니스 분야인 고객 성공 그리고 이를 운영할 수 있는 기술 플랫폼인 게인사이트를 널리 알리는 데 마케팅 에너지를 집중하기로 결정했다. 우리는 솔루션의 포지셔닝에 집중하기보다는 모범 사례의 교환을 촉진하고 커뮤니티를 구축하며 궁극적으로 세일즈포스가 확립한 것으로 인정받는 고객 성공 분야의 산업을 창출함으로써 고객 성공 분야의 이익을 증진하는 데 더 많은 노력을 기울이기로 초기에 결정했다. 그로부터 6년 반이라는 시간은 빠르게 흘러 게인사이트는 첨단기술 분야에서 가장 빠르게 성장하고 있는 민간 기업이 되었고, 링크드인은 고객 성공 매니저를 2년 연속 미국에서 가장 유망한 직업 중 하나로 선정했다.[4]

게인사이트의 여정이 절반 정도 지나고 나서야 우리가 카테고리를 만들고 있었다는 사실을 깨달았다. 게인사이트라는 우리 회사의 이름이 허브스팟, 마케토(Marketo), 세일즈포스, 슬랙 같은 회사들과 나란히 리스트업되기 시작했다. 또한 콘퍼런스, 영업 킥오프(Sales Kick-off), 밋업(meetup), 이벤트에서 카테고리 창조를 주제로 강연을 요청받기도 했다. 우리는 기업가, 마케터, 투자자들이 우리의 이야기를 듣고 싶어한다는 사실에 겸허함을 느꼈지만, 카테고리 창조 관련 모범 사례에 대한 열망이 그 자체로 하나의 신호라는 것을 깨달았다. 아무도 카테고리를 창조하는 방법에 대한 전략을 쓰지 않았기 때문에, 우리는 우리가 배운 바를 기록하고, 우리가 아는 한 가장 혁신적인 카테고리 창조자들을 인터뷰하며 다음 세대의 기업가, 마케터 그리고 경영진들이 남들이 가지 않은 길을 갈 수 있도록 힘을 실어주어야겠다고 생각했다.

이 글을 읽으면서 카테고리를 만든다는 개념이 그리 쉽게 느껴지지 않을 수도 있고, 더 많은 맥락을 알게 된 지금은 더욱 두렵게 느껴질 수도 있다. 그런 감정에도 불구하고 나는 여러분에게 도약을 격려하고 싶다. 재정적이든 그렇지 않든 성공의 모든 정량적 척도를 뛰어넘어, 커뮤니티의 고객과 미션에 참여하는 직원들에게 카테고리 창조에 대한 더 강한 소명 의식이 존재한다. 세상의 문제를 해결한다는 것은 단순히 물건을 파는 것보다 훨씬 더 큰 일이며, 전 세계적으로 기회를 창출하고 복잡성을 줄이며 직간접적으로 삶에 영향을 미친다. 회사 내에서 카테고리 리더십과 문화에 기여하거나 커뮤니티 내에서 이러한 가치 창출의 수혜자가 되는 개인에게 이보다 더 깊은 성취감은 찾기 어려울 것이다. 다른 마케팅 전략과 달리 카테고리 창조는 종종 하나의 운동을 시작하는 것처럼 느껴지는데, 그 이유는 보통 그 구조 깊숙한 곳에서 강력한 감정적 요소를 발견할 수 있기 때문이다.

카테고리 창조의 중심에는 매일 출근하면서 인간성을 잃지 않는 현실의 사람들이 있다. 시장의 인간성에 다가갈 수 있는 브랜드를 진정성 있게 구축하는 방법을 이해하는 것은 이 여정에서 매우 중요한 부분이며, 기업과 인간 간(Business-to-Human, B2H) 맥락에서는 좋은 기업과 위대한 기업의 차이를 만들어낼 수 있는 중요한 요소다. 카테고리를 만드는 방법을 배우려면 가장 먼저 브랜드가 중요한 이유를 다시 한 번 이해해야 한다.

1 "Search Engine Market Share Worldwide-February 2019," StatCounter, accessed March 8, 2019, http://gs.statcounter.com/search-engine-market-share

2 "Eddie Yoon and Linda Deeken, "Why It Pays to Be a Category Creator," *Harvard Business Review*, March 2013, https://hbr.org/2013/03/why-it-pays-to-be-a-category-creator

3 Anthony Kennada,"How Investors Value New Category Creation," *Entrepreneur*, January 25, 2016, https://www.entrepreneur.com/article/254417

4 "LinkedIn's Most Promising Jobs of 2019," LinkedIn, accessed March 8, 2019, https://blog.linkedin.com/2019/january/10/linkedins-most-promising-jobs-of-2019

PART 1 카테고리 창조의 장기적 탐욕

02

카테고리 창조의 핵심 :
브랜드

아침 6시, 휴대폰에서 지긋지긋하도록 익숙한 벨소리가 울리고 있을 때, 바깥은 아직도 어두웠다. 잠이 덜 깬 채 침실 협탁에 손을 뻗어 얼굴에서 휴대폰을 약간 떨어뜨리고는 화면의 눈부신 빛과 수반되는 강렬한 도파민 자극을 찾는다. 이제는 고치겠다고 스스로와 약속한 버릇이다. 나는 여느 아침처럼 알림으로 가득 차 있는 잠금화면과 어플들에 달린 빨간 숫자의 배지들로 홈 화면이 어지럽혀 있는 것을 확인하면서 앞으로 내가 몇 분간의 시련을 겪을지 직감한다. 나는 진짜 업무가 기다리는 메일 앱으로 나아가며 하루를 시작하기 전에 가능한 한 많은 알림을 지우는 것으로, 도피오 에스프레소보다 더 강렬하게, 나의 아침 일과를 시작한다.

124개의 읽지 않은 알림을 표시하는 빨간 딱지들. 어떻게 이런 것이 가능할까? 지난 밤 잠들기 전만 해도 34개밖에 되지 않았는데! 밤 사이 새로 받은 90여 통의 이메일 중에 마케팅 자동화 툴이 아닌, 사람이 보낸 실제로 가치가 있는 메일은 아마도 서너 개에 불과하다는 것을 나는 알고 있다. 땅에 발을 디디기도 전에, 나는 앱에 들어가서 화면을 왼쪽으로 넘기고 또 넘기며 초단위로 어떤 이메일이 진짜인지 결정을 내리는 나만의 의식을 시작한다.

이런 이야기를 한다는 것이 자랑스럽지는 않지만, 내 짐작으로는 당신 역시 몇 번 정도는 이와 비슷한 아침을 보냈을 것이다. 이는 오늘날의 디지털 환경에서 우리가 소비자로서 겪는 경험이다. 우리의 연락처 정보는 어딘가의 목록에 올라가 있고, 기업들은 오픈율과 클릭률이 그들의 사업에 대한 관심을 불러일으킬 것이라는 희망적인 기대에 차서 우리의 메일수신함에 침입하는 것이다. 이건 정말 짜증나고 성가시다. 옷을 입고, 부인과 딸에게 작별인사를 하고, 출근하기 위해 현관문을 열고 걸어나가는 순간, 나는 이메일 홍보를 하는 바로 그 성가신 마케터가 된다.

지난 수십 년 동안 나와 같은 B2B 마케터들은 우리가 마케팅하고 판매하려는 모든 로고 뒤에는 실제 사람, 즉 매일 아침 출근할 때 문 앞에 두고 나오지 않는 진짜 욕구와 필요를 가진 사람들이 있다는 사실을 무시해 왔다. '무시'라는 표현이 강하게 느껴질 수도 있지만, 우리가 마케팅하고 제품을 판매하는 그 회사 배후의 사람들을 고려하기보다는 '현상금 게시판(bounty board)', '코끼리 사냥(hunting elephants)', '폐업 로고(closing logos)'와 같은 언어를 사용하는 것이 현실이다. 한편, 소비자로서의 삶 속에서 우리는 직장에서 사용하는 것과 동일한 전략을 거부하고 대신 인간성에 호소하고 인생의 여정에 도움이 되는 감동적인 기업에 끌린다. 아마도 그것은 유나이티드 항공의 장거리 항공 편 대신 버진 애틀랜틱(Virgin Atlantic)의 항공 편을 이용하는 것과 같다. 아마도 그것은 아우디 영업 사원과 A5를 두고 가격 흥정을 벌이느니 테슬라 모델 3를 정가에 구매하고 말겠다는 자신감일 것이다. B2C 세계의 나의 친구들은 이 개념을 '브랜드'라고 정의했으며, **B2C 세계에서 브랜드는 곧 모든 것**이다.

브랜드는 단순한 시각적 디자인, 크리에이티브, 광고 캠페인 그 이상이다. 저술가이자 저명한 브랜드 전문가인 세스 고딘은 브랜드를 '소비자가 한 제품이나 서비스를 다른 제품이나 서비스보다 선택하는 데 영향을 미치는 기대, 기억, 스토리, 관계의 집합'이라고 정의했다. 이러한 정의에 따르면 B2B 마케팅에서 브랜드를 우선시해야 할 필요성은 매우 크지만, 실제로는 자동화와 규모를 위해 브랜드가 소외되고 성장과 단절되어 우선순위가 낮아졌다. 한마디로 마케팅에서 인간미가 사라졌고, 고객들은 이를 알아차리기 시작했다.

카테고리 창조에서 브랜드의 중요성

업종, 산업, 지역에 관계없이 카테고리 창조의 공통적인 속성은 충족되지 않은 욕구를 가진 인간이다. 1장에서, '어떤 회사도 의미 있는 방식으로 관심을 둔 적이 없는 과소평가된 구매자'는 카테고리 창조의 잠재적 신호라고 언급했다. 이 여정의 주요 목표는 고객을 주인공으로 확실히 인식하고 섬기며, 함께 해결하고자 하는 문제에 대한 확신을 불러일으켜, 당신이 현재 창조하고 있는 새로운 산업에서 그들이 자아실현을 할 수 있는 도구와 자원 그리고 기회를 제공하는 브랜드를 개발하는 것이다.

파괴적 혁신을 지향하는 마케터는 브랜드를 구축하기 위해 제품의 기능상 이점에 관련한 콘텐츠 제작, 경쟁력 있는 랜딩페이지 구축, 소비자에게 앞으로의 로드맵을 독점 공개하기 위한 유저 콘퍼런스 개최 같은 제품 마케팅의 접근방식을 취할 것이다. 반면 카테고리 지향적 마케터는 소비자가 겪고 있는 복잡한 문제를 해결할 방법에 대한 콘텐츠를 만들 것이고, 경쟁업체를 무시하며, 커뮤니티가 함께 배우고 성장할 수 있는 업계 행사를 기획할 것이다. 전자의 예시에서 마케터는 기업과 제품의 내부적 방향에 주력하는 한편, 후자는 시장과 고객이 있는 외부적 방향에 집중하는 것이다. 표 2.1은 파괴적 혁신 지향적 브랜드 프로그램과 카테고리 지향적 브랜드 프로그램의 차이에 관한 몇 가지 예를 더 보여준다.

표에 제시된 다양한 프로그램과 캠페인을 진행하며 시장이 이와 상호작용함에 따라, 고객은 당신의 브랜드에서 가치를 얻고 당신의 사고적 리더십에 빠져들게 되는데, 이 모든 것이 일반적으로 구매하지 않고도 이루어진다. 아직 무언

표 2.1 혁신 지향적 브랜드 프로그램 vs. 카테고리 지향적 브랜드 프로그램

파괴적 혁신 지향적	카테고리 지향적
고객 콘퍼런스	산업 콘퍼런스
제품 사용 사례에 대한 블로그	업계 내 모범 사례에 대한 블로그
제품 시연을 위한 현장 이벤트	커뮤니티를 위한 현장 이벤트
경쟁 검색어에 대한 유료광고	카테고리 키워드에 따른 오가닉 랭킹
고객 옹호자	브랜드 팬층

가를 구매할 준비가 되어 있지 않더라도, 그들은 한 카테고리의 전문가인 당신의 관점에 신뢰를 쌓으며, 당신이 말하는 것을 꼼짝없이 들을 수밖에 없는 고정고객, 캡티브 오디언스(captive audience)가 된다. 고객이 솔루션을 찾고 있을 때 고객에게 서비스를 제공하는 데 제품과 솔루션은 매우 중요하지만, 진정한 기업 가치는 카테고리 창출에 있다는 점을 잊지 마라.

카테고리를 만들어 브랜드를 구축한 가장 좋은 사례는 세일즈포스(Salesforce)다. 이 회사가 초창기에 천명하고 전도했던 '소프트웨어의 종말(End of Software)' 미션은 클라우드 컴퓨팅 영역에서 전 세계적인 변화를 촉발시켰다. 가트너(Gartner)에 따르면, 이 시장은 2019년에는 2018년의 1,758억 달러에서 17.3% 성장하여 총 2,062억 달러로 성장할 것으로 예상된다.[1] '소프트웨어의 종말'을 중심으로 브랜드를 포지셔닝했지만, 실제로는 영업팀을 위한 CRM 제품을 시장에 출시하여 자신의 브랜드를 하나의 움직임과 일치시켰다. 세일즈포스의 CEO, 마크 베니오프(Marc Benioff)는 'NO SOFTWARE' 로고를 만들어 시장에서 차별화를 명확히 한 방법을 포함하여 세일즈포스의 브랜드를 구축했던 방법론을 그의 대표적인 자서전 《**최고 혁신기업은 어떻게 만들어지는가(Behind the Cloud)**》에서 자세히 설명하고 있다. 수년에 걸쳐 진화해 온 제품 포트폴리오가 인상적이기는 하나, 브랜드야말로 세일즈포스가 시가총액 1,200억 달러가 넘는 세계에서 가장 가치 있는 퍼블릭 클라우드 기업이자 6년 연속 **포춘지** 선정 '세계에서 가장 존경받는 기업' 목록에 이름을 올릴 수 있었던 이유다.

《최고 혁신기업은 어떻게 만들어지는가》에서, 베니오프는 세일즈포스의 전략에 영감을 받은 기업가와 마케터들을 위한 마스터클래스를 개최하면서 브랜드가 카테고리 창조에 얼마나 중요한지를 강조하고 있다. 전문가들은 업무 생산성을 높이기 위해 소프트웨어를 사용하는 데 지쳐 있었으며, 특히 영업과 같이 책상을 계속 비워야 하는 모바일 분야에서는 더욱 그러했다. 베니오프는 세일즈포스가 '노 소프트웨어(No Software)'를 독점한 까닭은 그들이 그것을 하는 유일한 기업이어서가 아니라, 그들이 그것을 가장 먼저 고안해낸 기업이라는 것이 고객에게 중요했기 때문이라고 설명했다(Benioff, 2009). 이러한 사실에 대해 분명 이견이 있을 수 있지만, 세일즈포스의 '소프트웨어의 종말' 미션은 효과적으로 클라우드 컴퓨팅(cloud computing) 카테고리를 창조했으며, 이는 모바일 기기와 클라우드 인프라 그리고 통신 기술의 발달과 함께 모든 현직 전문가들이 세계 어디에서든, 어떤 디바이스를 통해서든 생산성을 확보할 수 있게 하였다.

우리가 어떻게 여기까지 이루어낼 수 있었을까?

브랜드 마케팅의 개념은 1950년대 프록터 앤드 갬블(Procter & Gamble), 제너럴푸즈(General Foods), 유니레버(Unilever) 같은 소비재 기업들로 거슬러 올라갈 수 있다. 매디슨 가(Madison Avenue)와 미국 광고산업이 한창 인기를 끌던 시기였지만, 그 당시 미국의 광고는 이미 100년 가까이 역사를 이어오고 있었다. 브랜드 매니저들은 그들의 제품에 경쟁사와 구별되는 하나의 개성을 부여하기 위해, 기능적 가치와 정서적 가치를 조합하는 기술을 개발하고 있었다. 넷플릭스에 있는 AMC가 제작한 연속극 〈**매드맨(Mad Men)**〉은 브랜드 초창기에 필요한 모든 역사적 맥락(그리고 어쩌면 시동을 걸기 위한 사회적 맥락까지도 포함)을 제공할 것이다.

그러나 20세기 후반, 세계화된 경제는 소비자를 위한 최종 상품에 도움이 될 만한, 가치 사슬의 전문 공급업체를 중심으로 산업을 창출하는 거대한 경영 분업을 경험한다. 이러한 전문화의 두 가지 주요한 초점은 제품 개발(무언가 생산하는 전문가가 되는 것)과 물류(제품을 한 장소에서 다른 장소로 이동시키는 전문가가 되는 것)였다. 개인용 컴퓨터를 예로 들면, 전 세계 제조업자들로부터 전문 부품과 물류 지원을 활용하여 고객에게 개인용 컴퓨터를 공급하는 것이었다. 당시에는 공급이 부족했기 때문에 B2B 상거래의 시대가 열렸고, 공식적으로는 B2B 마케팅이 하나의 분야로 자리 잡았다.

B2B 마케팅의 초기에는 회사가 마케팅 모델의 중심이 되어 TV, 다이렉트 메일, 팩스, 신문, 옥외, 라디오 등 다양한 채널을 통해 외부로 메시지를 전달하는 전통적인 방식이 주를 이루었다. 회사로 피드백을 주고받을 수 있는 기회와 크로스 채널 메시지는 제한적이었다. 이러한 환경에서 브랜드는 매우 중요했지만 B2B 기업이 공급망을 통해 거래를 추진하는 방식과는 완전히 단절되어 있었다. 물론 1990년대 중반 인터넷이 주류가 되고 우리가 알고 있는 모든 것이 바뀌기 전까지는 그랬다.

인터넷 시대에 부족한 것은 이제 공급이 아니라 고객이 되었다. B2B 기업 마케터들은 이 새로운 인터넷 골드러시 시대의 고객 확보를 위해서는 웹사이트 구축, 초기 검색 툴 활용, 전 채널 간 소비자 경험 재집결을 위한 통합 마케팅 캠페인 창출의 중요성을 인식하기 시작했다. 경제적 프리미엄은 제품과 유통으로부터 최종 소비자를 위한 세계 최고 수준의 경험을 창출하는 쪽으로 이동했다. 기업의 주요한 커뮤니케이션 수단이 이메일로 표준화되기 시작하면서, 마케팅 자동화라는 새로운 카테고리가 생겨났고, 이를 통해 기업은 아날로그 마케팅의 영향력을 기하급수적으로 확대하고, 영업을 위한 공중파를 제공하며, 롱테일 고객의 참여를 유도하는 개인화된 캠페인을 만들 수 있게 되었다.

마케팅 자동화는 B2B 영역에서 공급자와 소비자 모두에게 가장 성공적인 새로운 카테고리 중 하나라고 할 수 있다. 공급자 측면에서, 이 카테고리의 창시자인 엘로콰(Eloqua)는 2012년에 상장하여 그 해 말 오라클에 8.1억 달러에 인수되는 놀라운 성과를 거두었다. 엘로콰의 뒤를 이어 빠르게 성장한 마케토(Marketo)는 2013년에 7억 2,400만 달러의 시가총액으로 상장한 후 2018년에 무려 47억 5,000만 달러에 어도비(Adobe)에 인수되었다. 이 외에도 이 분야에는 허브스팟(HubSpot, IPO함), 실버팝(Silverpop, IBM이 인수), 파닷(Pardot)과 이그젝트타깃(ExactTarget)(세일즈포스가 인수) 등 수많은 카테고리 위너들이 있었다. 최고 마케팅 책임자가 기업 마케터에서 수요 창출자로 진화하여 경영진의 자리에 오르고 B2B 비즈니스에서 운영 예산의 대부분을 차지하게 되면서 이 부문의 수상은 피할 수 없는 일이 되었다. 마케팅은 성장 공식에서 매우 중요한 부분으로 널리 인식되기 시작했다. 그러나 마케터들이 수요 창출 조직을 구축하고 비즈니스에 마케팅 자동화 시스템을 구현하면서 이메일 채널은 엄청나게 시끄러워졌고, B2B 마케팅이 최적화하고자 했던 최종 소비자 경험은 다시 한 번 깨졌다. 오늘날 마케터들은 소음에서 벗어나 의미 있는 가치를 전달하고 시장에서 돋보일 수 있는 더 나은 방법을 찾아야 하는 상황에 처해 있다.

기업 대 인간 마케팅(Business-to-Human, B2H) 시작하기

2000년대 중후반, 아이폰의 출시로 슈퍼컴퓨터의 성능을 주머니 속에 넣을 수 있게 되면서 직원들의 업무 환경이 모바일화되었다. 스마트폰이 연결성을 가로막는 대부분의 장벽을 허물기 전까지는 '퇴근 후 사무실로 출근'이라는 개념은 선택의 여지가 없었다. 미국심리학회에 따르면, 오늘날 일과 삶의 균형과 통합은 생산성, 결근, 이직률과 같은 조직의 성과에 영향을 미칠 수 있는 기본적인 정신 건강 분야다.

하지만 우리는 거의 매일 소비 생활에서 이러한 연결성과 디지털 인식의 혜택을 누리고 있다. 넷플릭스나 스포티파이를 통해 버튼 하나로 영화를 보거나 음악을 듣고, 페이스북이나 링크드인 같은 소셜 네트워크를 통해 전 세계의 친구 및 가족과 소통하고, 아마존 프라임을 통해 전 세계 거의 모든 제품을 구매하면 48시간 이내에 문 앞에 도착할 수 있는 것이 바로 그것이다. 이는 즐거움, 커뮤니티 형성, 시간 및 비용 절약이라는 인간의 본질을 대변하는 시장의 기대치다. 하지만 사무실로 돌아오면 이러한 기대와 잠재 고객의 인간적인 면모를 잊어버리고 대신 습관적인 이메일, 콜드 콜, 마케팅 퍼널의 익숙한 리듬으로 돌아간다.

만약 B2B 마케터들이 집에서 스포티파이에서 음악을 듣고 아마존에서 물건을 사는 사람들이 기업 임원들과 후원자들이거나 20만 달러에 근접할 것으로 예상되는 CRM 시장의 파워 유저들인 것을 깨닫게 된다면 어떻게 될까? 만약 B2C

브랜드의 고객 창출 및 참여 강화를 위한 전술과 채널이 B2B 고객들과 밀접한 관계를 형성하는 데에 그대로 쓰일 수 있다면 어떨까? 말도 안 되는 소리일지도 모르지만, 만약 시장으로 향하는 이 새로운 방식이 거래를 성사시키고, 회사의 성장을 이끌며, 당신이 만들어가는 카테고리와 당신의 브랜드를 합치하는 데 일조했다면 어떨까?

위에서 설명한 것은 비즈니스 서비스 마케팅 및 판매에 대한 새로운 사고방식, 즉 로고 뒤에 숨어 있는 개인에게 서비스를 제공함으로써 비즈니스 성장을 도모하는 인간 우선 전략인 비즈니스 투 휴먼(Business-to-Human, B2H)에 대한 주장이다. B2H의 근본적인 믿음은 고객은 신뢰와 존경을 받는 기업, 그중에서도 시장을 선도하는 기업과 함께 일하는 것을 선택한다는 것이다. B2H 마케팅을 진부하지 않고 실행 가능한 비즈니스 전략으로 확립시킨 몇 가지 흐름이 있다.

- **디지털 제품의 확산(및 상품화)** 대부분의 신제품이 '클라우드 기반' 서비스로 출시되면서 새로운 기술을 시장에 출시하는 것이 점점 더 쉬워지고 있다. 따라서 고객은 그 어느 때보다 선택의 폭이 넓어졌으며, 특정 공급업체가 그들의 요구를 충족하지 못할 경우 옮겨 갈 수 있는 대안을 쉽게 찾을 수 있게 되었다. 그 예시로서, 온라인에서 대용량의 파일을 공유해야 할 때, 파일 동기화 및 공유 시장에 이미 많은 공급자들이 존재함을 1장에서 언급한 적 있다.
- **구독[혹은 쓴 만큼 지불하는(Pay-Per-Use, PPU)] 사업 모델** 프리미엄(Freemium, 기본 서비스는 무료로 제공하고 추가 서비스에 대해서는 요금을 받는 것)과 무료 체험 프로모션은 새로운 서비스를 시도할 수 있는 문턱이 낮아지게 하여 공급업체들이 새로운 고객을 획득하는 것을 몇십 배는 더 쉽게 만들었다. 우버(Uber), 리프트(Lyft), 심지어 아마존 웹서비스(Amazon Web Services)와 같은 솔루션은 사용량 또는 소비량 기준으로만 수익을 실현하기 때문에 경제 방정식의 모든 힘이 공급업체에서 고객으로 이동하고 있다.

- **소셜미디어상 고객의 목소리(VoC)** 당연한 말처럼 들리겠지만, 오늘날 고객들은 그 어느 때보다 큰 발언권을 가지고 있다. 만약 그들이 브랜드에 대해 어떤 식으로든지 불만족하게 된다면, 그들은 소셜미디어를 통해 그 불쾌감을 여과 없이 표현할 것이다. 캡테라(Capterra), G2, 트러스트래디어스(TrustRadius)와 같은 온라인 리뷰 플랫폼은 소프트웨어 구매 결정에 대한 고객의 의견을 하나로 모으는 플랫폼을 만들고 있다.
- **디지털 역량을 갖춘 구매자** 허브스팟이 처음 발견한 추세에 따르면, 잠재 고객들은 영업 프로세스에 참여하기 전에 온라인에서 당신의 브랜드를 조사하는 데 훨씬 많은 시간을 소비하고 있다. 포레스터(Forrester)에 따르면, 60%의 기업 구매자들은 1차적인 정보의 출처로서 영업사원과 소통하는 것을 선호하지 않고, 68%는 직접 온라인에서 조사하는 것을 선호하고, 62%는 디지털 콘텐츠만으로도 그들 스스로 선택 기준을 만들거나 공급업체 목록을 확정할 수 있다고 응답했다.[2]
- **콘텐츠 제작과 유통 역량** 고화질의 콘텐츠를 제작하는 데 필요한 기술은 아이폰을 필두로 더욱 접근하기 쉬워지고 비용 효율성이 높아졌다. 그 결과 팟캐스팅, 라이브 스트리밍, 소셜 '스토리' 등 B2B 및 B2C 브랜드와 관련된 새로운 채널과 프로그램이 생겨났다.

B2H 마케팅 전략은 철학인 동시에 실천이다. 철학으로서의 B2H 마케팅 전략은 잠재 고객의 참여를 유도하기 위해 개발하는 내러티브(narrative), 즉 이야기와 관련한 것이고, 실천으로서의 B2H 마케팅 전략은 잠재 고객에게 도달하기 위해 활용해야 할 채널과 관련이 있다. 이 철학의 기본 원칙은 '어떻게 하면 그들이 문제를 해결하고, 동료와 멘토를 만나고, 경영진의 자리에 앉을 수 있도록 도울 수 있을까'라는, 그들이 일하는 회사가 아닌 개인을 위한 내러티브를 정의하는 것이다. 당신은 콘텐츠 마케팅 전략을 세워가면서 틀림없이 이러한 주제들과 마주치게 될 것이다. 이 전략의 실천은 블로그, 전자책, 라이브 이벤트, 웨비나,

다이렉트 메일 등 현재까지 시장에서 보편화된 콘텐츠 형식 요소를 많이 반영할 수 있지만, 잠재 고객이 시간을 보내는 다른 채널에서 도달할 수 있도록 재구성할 수도 있다. 게인사이트에서 우리는 고객 성공에 대한 힙합 싱글을 녹음하여 스포티파이, 애플 뮤직 및 다른 주요 음악 퍼블리셔를 통해 배포한다는 엉뚱한 아이디어를 생각해냈다. 7장에서 이 아이디어의 근거를 설명하겠지만, 결국 우리의 의도는 출근길에 들을 수 있는 노래를 제공해서라도 우리 카테고리의 사람들과 함께 생활하는 브랜드를 구축하는 것이었다.

나는 이 모든 접근 방식이 직관적으로 이해가 되긴 했지만(밀레니얼 세대의 직장인인 나로서는), 게인사이트에서 일하던 초기에는 업계 동료들이 나를 미친 사람처럼 바라보는 것 같았다. 당시 B2B 마케팅을 둘러싼 통념은 SEO/SEM, 리드 스코어링, 이메일 널처링(email nurture), 아웃바운드 콜 등 이미 검증된 전략을 실행하는 것이었다. 영업 개발, 그로스 해킹(growth hacking), 계정 기반 마케팅 등의 분야에 대한 블로그 게시물과 자료들은 풍부하게 존재했다. 이런 전략들은 브랜드가 아닌 B2B에서 빠른 성장의 비결로 여겨졌다. 하지만 캠페인이 효과를 발휘하기 시작하고 퍼널이 성장하기 시작하면서 나는 브랜드의 종말에 대한 소문이 크게 과장되었고, 브랜드가 성장과 단절되었다는 믿음이 널리 퍼져 스타트업에게는 완전히 방해가 된다고 결론내렸다. 일반적인 주장은 다음과 같다.

- "성장에 먼저 집중하자-브랜드는 나중에 생각하고."
- "브랜드의 ROI를 입증하지 못하겠다."
- "그 분야에 대한 대행회사/인턴/수습 콘텐츠 작가를 뽑아뒀어."

이런 관점이 어디서 왔는지는 모르겠지만, 이는 어디에나 존재한다. 나는 브랜드와 브랜드가 회사의 성장에 미치는 영향에 대해 정반대의 시각을 가지고 있었다. 사실, 게인사이트의 성공이 어디에서 비롯되었는지 직원들에게 묻는다면, 그들은 모두 브랜드에 속하는 여러 가지 항목을 나열할 것이다. 즉, 우리의 사고 리더십은 게인사이트가 우리가 만들어가던 고객 성공이라는 변화에 따라갈 수 있도록 도왔고, 우리의 콘텐츠는 우리의 웹 자산에 검색 유입을 상승시켜 시장성 있는 데이터베이스의 성장을 이끌었으며, 우리의 커뮤니티는 서로를 연결하여 이 분야를 발전시키는 플랫폼이 되었다는 것이다. 이러한 투자들은 우리가 고객 성공 카테고리를 만드는 데 큰 도움이 되었으며, 역설적으로 그저 매출이나 인지도 상승에 그치지 않고 후속 투자 유치, 고객 만족, 직원 채용 및 팀원 유지까지 이끌어냈다.

결국 우리 모두가 제2의 세일즈포스를 구축하는 데 성공할 수는 없겠지만, 그들과 다른 상징적인 브랜드들이 카테고리 창조 여정에서 구축한 B2H 전략을 활용할 수 있고 또 활용해야 한다. 우리가 판매하는 로고 뒤에 숨어 있는 사람들이 복잡한 문제를 진정한 방식으로 해결할 수 있도록 돕는 데 집중함으로써, 우리는 더 이상 매일 아침 휴대폰 메일 앱에서 우리를 기다리는 소음에 기여하지 않고 있다. 오히려 이 카테고리 내에서 우리 청중들의 성공을 옹호하며 통합적인 세계 최고의 경험을 만들어냄으로써 B2B 마케팅의 본래 의도를 충족하고 있다. 여기에만 집중한다면 두 가지 결과가 거의 확실하다. 우리 브랜드가 선도적인 위치에 있는 새로운 카테고리를 개척할 수 있는 기반을 마련하고, 평가를 시작할 준비가 되었을 때 우리에게 기회를 줄 잠재 고객을 확보하여 성장 엔진에 연료를 공급할 수 있다.

결국, 새로운 시장에서의 성공은 기존 브랜드든 스타트업이든 모든 기업의 실행 능력에 달려 있다. 고객, 직원, 투자자가 좋아할 만한 브랜드를 구축할 수 있는 능력은 새로운 산업을 창출하고 그 산업 내에서 시장 리더십을 통해 경제적 성과를 실현하는 데 핵심적인 역할을 한다. 카테고리를 만드는 것의 장점은 점진적인 혁신만을 시장에 내놓는 기업과 비교할 때 양적 · 질적 측면에서 기하급수적인 가치를 창출할 수 있다는 점이다. 그렇다면 현대 경제의 모든 기업이 카테고리 창조를 시도하지 않는 이유는 무엇일까? 그것은 쉽지 않다는 것이 밝혀졌다. 사실, 지난 수십 년 동안 업계가 수용해 온 파괴적 혁신 전략과 비교하면 매우 어려운 일이다. 이 책의 나머지 부분에서는 우리 시대 최고의 카테고리 창조자들의 영향을 받은 새로운 전략을 소개할 것이다. 이 책은 여러분이 용감하게 이 길을 갈 수 있도록 지원하는 데 목적이 있다. 하지만 전략을 소개하기 전에 먼저 자신이 어떤 상황에 처해 있는지 이해하는 것이 중요하다.

1 "Gartner Forecasts Worldwide Public Cloud Revenue to Grow 17.3 Percent in 2019." Gartner, September 2018, https://www.gartner.com/en/newsroom/press-releases/2018-09-12-gartner-forecasts-worldwide-public-cloud-revenue-to-grow-17-percent-in-2019

2 Lori Wizdo, "The Ways and Means of B2B Buyer Journey Maps: We're Going Deep at Forrester's B2B Forum." Forrester, August 2017, https://go.forrester.com/blogs/the-ways-and-means-of-b2b-buyer-journey-maps-were-going-deep-at-forresters-b2b-forum/

03

카테고리 창조의 6가지 어려움과 그 해결책

구스타브 '구스' 레비는 뉴올리언스에서 대학을 중퇴하고 금융 쪽으로 커리어를 쌓기 위해 1928년 뉴욕으로 이사했다. 1933년 레비는 골드만삭스에 주급 27.5달러를 받는 해외 채권 데스크의 트레이더로 입사했다. 36년 후, 그는 수석 파트너가 되어 골드만삭스의 세계적 확장과 트레이딩 위험을 감수할 수 있는 관용이 확대되는 황금기를 열었다.

역사는 레비를 월스트리트의 가장 존경받는 경영자 중 한 명으로 기억하겠지만, 골드만삭스와 금융 업계 전반에 대한 공헌을 넘어, 그는 오늘날까지도 투자 은행계의 복도에 울려 퍼지는 상징적인 격언을 만들어냈다. 레비는 "탐욕을 가져라, 그러나 장기적인 탐욕을 가져라"라고 말했다.

원래 '탐욕'이라는 단어는 1987년 개봉한 영화 〈**월스트리트**〉에서 가상의 악당 고든 게코가 일곱 가지 대죄 중 하나로 규정하고 '선'이라고 선언할 정도로 악명이 높지만, 레비의 상징적인 문구의 정신은 현대 비즈니스에 강력하게 적용될 수 있다.

단기적 탐욕에 빠진 기업은 장기적 탐욕에 빠진 기업보다 항상 거의 더 오래 가지 못한다. 단기적 탐욕은 직원과 고객을 희생해서라도 수단과 방법을 가리지 않고 주주 가치를 극대화하려는 기업의 사례를 떠올리게 한다. 2000년 3월 11일부터 2002년 10월 9일까지, 현재 닷컴 붕괴로 알려진 기간 동안의 많은 인터넷 기업을 포함한 몇 가지 사례 연구가 떠오른다. 오늘날 단기적인 탐욕에 사로잡힌 조금 더 원칙적인 기업이라면 창업팀의 빠른 부와 명성을 창출하기 위한 출구 전략으로 인수에 집중할 것이다.

반면, 장기적인 탐욕이 있는 기업은 성공으로 가는 지름길을 택하는 데 관심이 없다. 이들은 시장에서 지속적인 가치를 창출하고, 팀원과 고객을 위해 옳은 일을 하며, 시간이 얼마나 걸리든 비전의 잠재력을 최대한 실현하는 것을 추구한다. 이는 특히 1990년대 말부터 2010년대 중반까지 인수합병 활동의 급증, 기업 가치의 과대평가, 벤처캐피털의 과열된 투자 환경으로 실리콘밸리 전체에 단기적인 탐욕이 만연했던 기술 업계에서 새로운 사고방식이다.

이와 같은 한탕주의 사고방식이 만연함에도 불구하고, 현실은 장기적인 탐욕이 현대 비즈니스에서 성공의 전제조건이 되어 버렸다. 스파크 캐피털(Spark Capital)의 성장기업 투자가 알렉스 클레이튼(Alex Clayton)이 조사한 2018년 고성장 소프트웨어 기업의 IPO 분석 결과를 보면, 이들 기업은 창업에서 기업공개까지 평균 14년[1]이 소요된 것으로 밝혀졌다(그림 3.1 참조). 과거를 보면, 오늘날 공공 서비스형 소프트웨어 SaaS(Software-as-a-Service) 기업은 "ARR에서 약 2억 달러 이상, 성장률 40%, GAAP 총마진 약 75%, 순 달러 확장률 120%, 3만 달러짜리 제품 판매, 직원이 거의 1,000명, 투자자로부터 3억 달러를 조달했으며, 2억 5,000만 달러 이상의 주식을 IPO에서 2억 달러의 가치로 매각했다."

이 데이터는 실리콘밸리에 만연한 스타트업 '벼락부자' 성공 신화와는 확연히 다른, 초라한 모습을 보여준다.

그러나 사실 IPO는 그저 자본을 조달하는 이벤트에 불과하다. 50만 명 이상의 SaaS 기업 창업자 및 경영진으로 구성된 소셜 커뮤니티인 SaaStr의 창립자인 제이슨 렘킨(Jason Lemkin)은 이른바 **'세대 기업(generational company)'**의 구축을 추구하며 사람들에게 IPO 전까지 14년 이상의 긴 여정을 가라고 강조했다. 렘킨은 '유니콘' 지위를 달성하고 기업 공개를 하는 것은 10억 달러 이상의 연평균 매출(ARR)을 달성하는 기업이 되기 위한 긴 여정에서 하나의 이정표에 불과

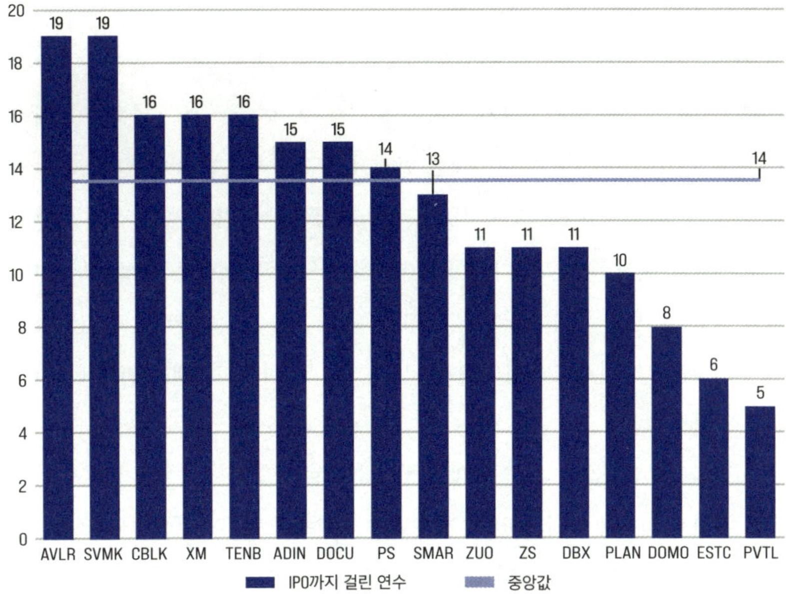

그림 3.1 IPO까지 걸린 연수(창립 연도~IPO 연도)

하다고 주장한다. 세일즈포스(Salesforce), 서비스나우(ServiceNow), 워크데이(Workday)와 같은 상징적인 브랜드는 이미 유니콘 기업이 되었으며, 박스(Box), 도큐사인(DocuSign), 젠데스크(Zendesk)와 같은 다른 기업들도 그 길을 가고 있다.

카테고리를 창조하는 과정을 시작하는 것은 SaaS 기업의 상장보다 더욱 장기적인 탐욕을 필요로 한다. 물론 이러한 탐욕은 투자금 회수 기간(빠른 투자금 회수를 기대하지 말 것)으로 나타날 수 있지만, 실제로는 기존 시장을 파괴하는 것에 비해 카테고리 창조를 극도로 어렵게 만드는 몇 가지 요인이 있다.

이제 카테고리 창조를 어렵게 만드는 여섯 가지 요인과 이를 해결하기 위한 핵심적인 고려사항을 살펴볼 것이다. 이 요인들이 어렵게 들릴 수도 있지만(실제 그렇기도 하고), 눈을 크게 뜨고 여정을 시작하면 도움이 될 것이다.

모두가 바로 이해하지는 못한다

첫 번째 장에서 카테고리 창조의 주요 목표 중 하나가 시장에서 관찰한 새로운 문제, 즉 고객이 아직 인식하지 못하는 문제를 포지셔닝하고 전파하는 것이라는 점을 기억하라. 업계 전체에 대한 인지적 기준을 만드는 것은 말할 것도 없고, 자신의 회사와 제품을 포지셔닝하는 것도 충분히 어렵다. 이는 문제를 정의하고 이름을 짓는 카테고리 마케팅 노력과 회사와 제품을 솔루션으로 포지셔닝하는 제품 및 수요 마케팅 노력의 균형을 맞추는 여정에서 마케팅이 직면하게 될 지적 과제다. 때로는 카테고리가 그 자체로 또 다른 제품인 것처럼 느껴질 수도 있다.

지난 수년간 게인사이트는 고객 성공이 실제로 무엇인지 세상에 알리기 위해 많은 시간과 비용을 투자해 왔다. 많은 프로그램에서 고객 성공(카테고리)의 포지셔닝과 게인사이트(회사 및 제품)의 포지셔닝이라는 두 가지 작업을 병행해야 했다. 예를 들어, 여정 초기에 수행한 정량적 ROI 연구는 기존 비즈니스보다 더 많은 범위가 필요했다. 우리는 제3의 리서치 회사와 협력하여 구독 기업의 고객 이탈에 따른 고통과 고객 성공에 대한 투자를 정당화할 수 있는 미실현 확장 수익 및 확장 문제를 정량화할 수 있도록 지원했다.

이 연구 결과, 고객 성공 프로그램을 도입한 기업들은 3년 동안 1,100만 달러의 추가 매출을 기록할 정도로 매출이 크게 증가했다는 사실이 입증되었다. 이제 시장에 전파할 만한 설득력 있는 주장을 펼쳤으므로, 우리는 고객 성공 노력을 운영하기 위해 게인사이트를 사용하는 것의 추가적인 가치를 입증하고 싶었다.

연구 결과, 게인사이트를 사용한 고객 성공 팀은 동종 업계에 비해 평균 5~10배의 고객 이탈을 줄일 수 있었으며, 확장 기술을 사용하여 연간 평균 100만~500만 달러의 운영 비용을 절감한 것으로 나타났다. 이러한 가치를 알리기 위해 세계에서 가장 광고효과가 좋은 구간의 고속도로에 광고판을 설치했다고 해도 과언이 아니다(그림 3.2 참조).

그림 3.2 게인사이트가 2013년 집행한 고속도로 빌보드 광고

광고판 전략이 어리석다고 생각하더라도(뒷부분에서 그렇지 않다고 설득하려고 노력하겠지만), 중요한 점은 여러분이 관찰한 것을 사람들이 실제로 시장의 문제라고 믿게 만드는 것은 매우 어렵다는 것이다. 제때에 성공했다는 신호는 나 혼자서 허공에 카테고리 이름을 외치는 것이 아니라, 시장의 다른 사람들도 카테고리 이름을 정확하게 언급하기 시작했다는 것을 인식하는 것이다. 문제는 카테고리 이름이 널리 알려지기 시작하더라도 힘든 작업은 이제 비로소 시작에 불과하다는 것이다.

고객들은 처음에 당신의 상품이 아닌 교육에 이끌린다

카테고리 창조 시 받아들여야 할 현실은 다양한 마케팅 채널을 통한 시장 교육이다. 이처럼 교육을 강조하는 마케팅 전략은 없을 것이다. 훌륭한 콘텐츠 마케팅 프로그램(6장과 7장에서 매우 자세히 다룰 예정)을 개발하고 카테고리의 '왜?(why)'에 대한 시장의 관심을 이끌어내는 것에 성공했다면, 이제 사람들은 다음과 같은 일련의 논리적인 질문을 포함한 '어떻게?(how)'에 대한 답을 찾고자 할 것이다.

- **카테고리 X**와 본인 사이에 연관성이 있는가?
- 나의 CEO에게 **카테고리 X**가 중요하다는 것을 어떻게 설득할 수 있는가?
- **카테고리 X** 프로그램에 참여하려면 팀을 구성해야 하는가?
- 인재 채용에 활용할 수 있는 직무기술서 샘플은 무엇인가?
- **카테고리 X**의 가치를 매출 면에서 어떻게 증명할 수 있는가?
- 기타 등등

콘텐츠 마케팅 노력의 대부분을 할애해야 하는 부분은 카테고리의 모범 사례를 정의하여 해당 카테고리에 대한 정보를 찾는 모든 사람이 온라인에서 쉽고 빠르게 리소스를 찾을 수 있도록 하고, 더 중요한 것은 이러한 가치 전달이 브랜드에 귀속되도록 하는 것이다. 디지털 역량을 갖춘 구매자의 시대에 이보다 더 중요한 것은 없다. 이를 올바로 해낸다면, 몇 가지 일이 일어난다.

- 브랜드가 사고 리더십(thought leadership)을 발휘하는 카테고리와 일치하게 된다.
- 브랜드가 하는 말에 귀 기울이는 오디언스로부터 전환을 위한 옵트인 데이터베이스를 구축하기 시작한다.

이러한 전략은 어딘지 친숙하게 느껴질 것인데, 이는 허브스팟이 전파한 '인바운드 마케팅' 전략이다. 어느 정도 규모가 되는 시장에서 당신의 브랜드가 전략을 정의하는 데에서 파트너 역할을 할 수 있다면, 솔루션을 평가할 준비가 된 기업들은 이미 당신의 콘텐츠에서 가치를 발견하고 당신의 회사를 믿을 수 있는 파트너로 인식하여 당신의 팀을 영업 프로세스에 참여시킬 것이다.

현실적으로 이는 매우 어려운 작업이다. 특히 양질의 콘텐츠를 만들 시간이나 리소스를 찾기가 어려운 초기에는 더욱 그렇다. 자사 제품보다 카테고리에 대한 콘텐츠를 만드는 데 더 많은 시간을 할애하는 것처럼 느낄 수 있는데, 이러한 느낌에 익숙해져야 한다. 게인사이트에서는 한동안 마케팅 부서의 노력을 카테고리 마케팅 프로그램에 집중하기 위해 제품 마케팅을 제품 조직으로 옮기기도 했다. 이 과정에서 여러 가지 어려움이 있었지만, 당시의 비즈니스 상황에서는 올바른 선택이었다.

그 다음 단계는 아마도 카테고리 창조에서 가장 어려운 과제라 할 수 있는데, 이 현상을 **이중 퍼널 효과**(two funnel effect)라 명명해 보자. 마케팅 전략을 잘 실행하면 새로운 카테고리에 대한 인지도를 넓히고 시장성 있는 데이터베이스를 구축하여 대중을 브랜드와 사고 리더십에 등록시킬 수 있다(제1퍼널). 새로운 카테고리의 시장 리더는 2부에서 다룰 데이터베이스에 대한 다양한 프로그램을 실행하여 새로운 카테고리가 성숙해짐에 따라 잠재 고객의 참여를 유도할 수 있다. 리드 스코어링, 계정 기반 마케팅 원칙 또는 기타 방법을 통해 잠재 고객의 구매 의도 신호를 파악하고 고객을 제품 중심 토론에 참여하게 할 수 있다(제2퍼널). 그러나 카테고리 창조자의 경우, 제1퍼널(카테고리에 대한 관심)에서 제2퍼널(제품에 대한 관심)로 넘어가기까지의 시간은 상당히 길어질 수 있다. 문제에 대해 대중을 설득하여 그들의 마음을 얻는 것까지는 성공했으나, 자사의 상품을 그 문제의 해결책으로서 이성적으로 납득시키지 못하는 일은 흔히 일어난다. 이 캐즘(간격)을 어떻게 메울지에 대해서는 12장에서 자세히 다루겠다. 여기서는 두 퍼널 사이의 거리를 좁히는 데 기여하는 몇 가지 요소를 살펴보자.

- 구매자는 아직 전략 탐색 단계에 머무르며 제품에 대해 준비가 되지 않았다.
- 구매자는 가용 제품을 선택하기 전에 핵심 임원 또는 핵심 부서를 기용해야 한다.
- 구매자에게 구매 의사를 결정할 권한이 없다.
- 구매자는 해당 문제를 해결하기 위해 제품을 구매할 방법을 모른다(그럴 기회가 없었음).

이중 퍼널 효과를 극복하기 위해서는 영업과 마케팅의 긴밀한 연계뿐만 아니라 집중력이 필요하지만, 좋은 소식이 있다. 고객들이 일반적으로 시장 선두업체와 거래하는 것을 선호하기 때문에, 훌륭한 제1퍼널을 구축하면 다른 전략과는 달리 브랜드 주변에 경쟁력 있는 보호막을 만들 수 있다. 마케팅은 주로 제1퍼널을 구축하고 제2퍼널로의 격차를 좁히는 역할을 담당하며, 이는 다음 과제로 넘어간다.

많은 자본이 필요하다(해결 방법이 있긴 하지만)

아리바(Ariba)는 인터넷을 활용하여 기업의 조달 프로세스를 촉진하고 개선할 수 있다는 아이디어로 1996년에 설립되었다. 이 회사의 소프트웨어는 기업이 펜부터 차량까지 운영에 필요한 모든 것을 구매할 수 있도록 지원했다. 1996년만 해도 조달보다 덜 매력적인 시장이나 구매자를 찾기는 어려웠다. 이것이 바로 B2B 전자상거래 카테고리를 창출하기 위해 막대한 투자를 단행한 창립팀의 신호탄이었으며, 1999년 40억 달러 규모의 기업공개(IPO)를 거쳐 2012년 SAP에 43억 달러에 인수된 아리바의 원동력이 되었다. 재미있는 사실은 아리바가 역사상 최초의 B2B 인터넷 상장기업이었다는 점이다.

그러나 조달을 매력적 사업으로 만드는 것은 쉬운 일이 아니었다. 그림 3.3에서 볼 수 있듯이, 아리바는 2억 달러 이상의 매출을 올리기 전 몇 년 동안 영업 및 마케팅 활동에 4,640만 달러를 지출했다.[2] 이 회사는 해당 카테고리에 대한 인지도를 높이는 데 필요한 수준의 인지도를 확보하기 위해 매출 대비 과도하게 초기 투자를 단행했다. 이 회사의 연간 영업 및 마케팅 예산은 2000년과 2001년에 2억 3,000만 달러와 2억 9,800만 달러로 IPO 이후 전년 대비 6배나 증가했다. 2001년 거품이 꺼지면서 아리바의 주가는 IPO 수준까지 급락했지만, 아리바는 최대 규모의 독립 조달 소프트웨어 기업으로서 견뎌냈고 당시 소프트웨어 기업 중 가장 높은 역사적 배수로 SAP에 인수되었다.

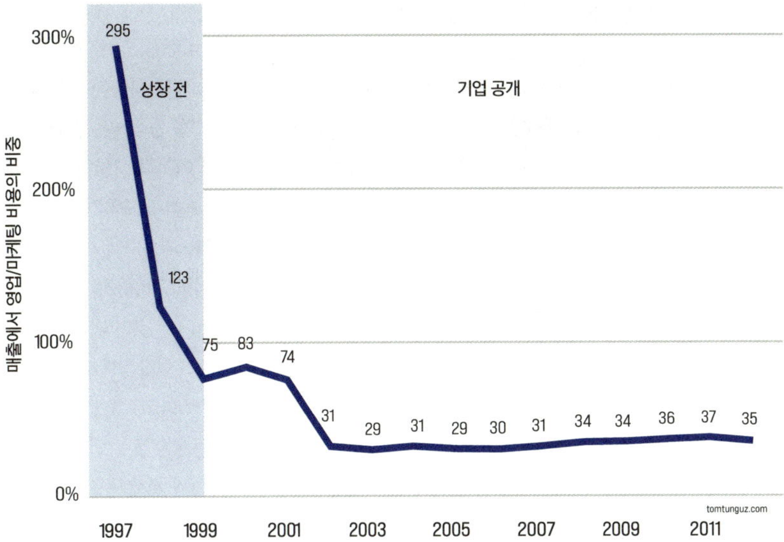

그림 3.3 연도별 ARBA 영업 및 마케팅 비용 현황

아리바의 경우는 꽤 오래전 일이긴 하지만 그 교훈은 카테고리를 창조해가는 모든 기업에 적용된다. 사람들이 그 자신조차 모르고 있는 니즈에 대한 광범위한 수준의 인식을 창출하는 데 필요한 자본의 양은 적지 않다. 새로운 카테고리의 경우, 초기의 리소스는 카테고리 창조자(더불어 패스트 팔로워)가 경쟁자와 거리를 두는 데 도움이 되므로 최종 승자가 가장 많이 투자받는 기업이라는 것은 놀라운 일이 아니다.

2018년 고성장 SaaS IPO에 대한 알렉스 클레이튼의 연구에 따르면 상장 전 사금융시장에서 조달한 자기자본의 중간값은 3억 달러였다.[3] 결국 카테고리 크리에이터든 파괴적 혁신가든 모든 기업은 자본 효율성을 높이고 업계 벤치마크에 맞춰 영업 및 마케팅 비용을 관리해야 할 것이다. 특히 사업 초기에 있는 기업들은 위험 회피와 싸우고 새로운 산업의 기반을 구축할 마케팅 프로그램에 투자해야 한다. 그러나 카테고리 창조자들에게는 자본을 어떻게 효율적으로 운용할지 고민하게 만드는 복잡한 요소가 있다.

|| 부트스트랩* 스타트업을 위한 참고사항

지금까지 카테고리 창조에 관해 쓴 글에 공감했을 수도 있다. 하지만 자본에 관한 마지막 섹션을 읽고 패배감을 느낀 초기 단계의 기업들이 많다는 것을 인식하는 것이 중요하다. 내가 일하고 있는 실리콘밸리에서는 일반적 상황이 아닌 예외적 상황이 종종 일어난다. 엔젤, 초기 단계의 벤처캐피털, 최고 수준의 인재, 혁신 중심의 교육기관에 대한 접근성은 그저 실리콘밸리가 다른 지역에 비해 불공평하게 이점을 제공하는 특징 중 일부에 불과하다. 뉴욕, 시애틀, 오스틴 및 미국의 다른 신흥 2차 시장도 비슷하다.

현실은 자본에 대한 접근권이 모든 회사에 제공되지는 않는다는 것이다. 그러나 우리 모두는 사업을 위한 큰 비전을 창조하고자 하는 동일한 야망이 있다. 만약 당신이 공동창업자나 외부 도움 없이 회사를 일으키고 있다면, 혹은 당신의 아이디어를 정리하는 초기 단계에 있다면, 이 책이 당신과 같은 사람들을 위해서 썼다는 것을 알아주길 바란다. 2부에서는 '카테고리를 창조하고 지배하는 7가지 원칙'에 대해 자세히 설명하면서, 카테고리 창조 전략을 실행하는 방법을 살펴볼 것이다. 일부 아이디어는 자본 집약적인 것처럼 보이지만(예를 들어, 해당 카테고리에 대한 기록적인 업계 콘퍼런스 개최), 대부분은 우선순위와 규모의 적절한 균형을 통해 달성할 수 있을 것이다. 각 주제를 살펴보면서 동일한 전략을 보다 자본 효율적으로 실행하는 방법에 대한 예시와 사례 연구를 제공할 것이다. 이러한 원칙을 따르면 회사는 미래를 위해 자체적으로 자금을 조달하거나 외부 자금을 유치하여 나중에 확장할 수 있는 충분한 지속 가능한 성장을 창출할 수 있다.

진실은, 당신이 지리적으로 어디에 있더라도, 기관 투자를 적게 받거나 혹은 받지 못했더라도, 카테고리를 창조할 수 있으며 이와 함께 시대를 뛰어넘는 기업을 만들 수 있다는 것이다. 믿기지 않는가? 2002년, 라이언 스미스라는 대학생은 유타 주 프로보에 있는 부모님 집의 지하실에서 아버지와 함께 온라인 리서치 회사를 설립하기로 결정했다. 그들은 적은 예산과 극단적으로 긴 판매 주기를 가진 가장 어려운 업종인 학술 시장을 겨냥했다. 10년 뒤인 2012년, 그들은 액셀(Accel), 세쿼이아(Sequoia)에 문을 두드린 지 3년 만에 첫 투자를 받았다. 2018년 11월 상장되기 며칠 전, 라이언 스미스와 그의 아버지 그리고 나머지 퀄트릭스 팀은 SAP에 80억 달러로 인수되었다. 2012년에 기관 투자를 받기로 한 결정에 대한 질문에 라이언은 이렇게 대답했다. "1 더하기 1은 5와 같아야 한다. 1 더하기 1이 5가 되지 않으면 이 거래는 성공할 수 없다. 우리가 달성할 목표는 모든 것을 걸 만큼 설득력 있어야 한다. 결과적으로 우리는 세쿼이아와 액셀을 얻었고, 그것이 정확히 일어난 일이다."[4]

라이언 스미스와 퀄트릭스는 경험 관리(Experience Management, XM)라는 영역을 창조했으며, 팔로 알토에서 800마일 이상 떨어진 곳에서 부트스트랩(bootstrap)으로 사업을 시작하여 큰 성공을 거두었다. 16년이라는 시간이 걸렸지만(2018년 기업공개 평균이 14년인 것과 비교하면 어느 정도 범위 내에 있는 시간임), 이들은 실리콘밸리의 컨센서스를 뛰어넘는 세대를 아우르는 비즈니스를 구축했다.

* **부트스트래핑(bootstrapping)** : 기업가가 공동창업자나 외부 도움 없이 개인 자금으로 스타트업을 창업 및 운영하는 것

단기 계획을 세우는 것은 매우 어렵다

마케팅 어트리뷰션(역주 : 광고나 마케팅을 실시한 후, 어떤 채널에서 전환이 발생했는지, 어디로 유입했는지를 분석하는 과정) 및 매출 예측은 비즈니스가 BANT[Budget(예산), Authority(권한), Needs(니즈), Timeline(타임라인)]를 자격요건으로 사용하여 시장을 식별하고 공략할 수 있을 때 매우 어렵다. 하지만 카테고리를 만들 때는 BANT를 거의 무시하거나 최소한 BAT만 사용해도 된다. 그 이유는 다음과 같다.

- **예산** 새로운 카테고리의 경우, 구매자가 이전에 이 문제를 해결하기 위해 소프트웨어(또는 기타 특수 목적의 제품)를 구매해 본 경험이 없으므로 예산의 다른 곳에서 비용을 찾아야 하는 것이 일반적이다.
- **권한** 대부분의 경우 구매자는 구매 결정을 내릴 권한이 없거나 거래를 수행하기 위해 조직도에 비즈니스 사례를 구축해야 하는 경우가 많다.
- **타임라인** 제품을 구매하는 것은 카테고리 창조의 한 부분에 불과하다. 잠재 고객들은 여전히 문제를 파악하고 전략을 정의하고 조직도를 작성하기 위한 팀을 구성하고 있기 때문이다.

니즈를 충족시키는 것은 매우 중요하지만, 앞서 소개한 **이중 퍼널 효과**로 새로운 카테고리에서는 기하급수적으로 더 어렵다. 제1퍼널에서 전환을 확보하는 데 드는 비용도 충분히 높지만, 그 전환을 제2퍼널로 연결하여 결국 제품의 유료

고객으로 만드는 방법은 생각지도 못한다. 그렇다면 벤치마킹할 수 있는 입증된 어트리뷰션 또는 판매 기준 자격요건이 없다면, 카테고리 마케팅에 대한 투자를 어떻게 정당화할 수 있을까?

경영진과 투자자들이 동참하지 않으면 실패한다

카테고리 창조는 의심할 여지없이 경영진과 인내심을 갖고 사명을 이해하며 장기적인 탐욕이 있는 투자자가 모두 필요하다. 이 장에서 제시하고 있는 과제는 결코 사소하지 않으며, CEO 및 이사회 차원의 의사 결정과 전략적 계획이 필요하다. 이러한 노력이 없다면 이 책 전반에 걸쳐 소개되는 카테고리 마케팅 프로그램은 자금을 지원받지 못하거나 빠른 성과가 없으면 거의 포기해야 한다. 경영층의 확증편향의 위험은 당신이 구성하려는 팀 그리고 당신이 관여하고 있는 투자자들이 시장 창조자가 아닌 시장 파괴자를 운영하고 자금을 조달하는 데 더 많은 시간을 쏟을 때 특히 적용된다. 분기별 영업 성과는 오락가락할 수도 있고, 초기 단계에서 CAC(고객 획득 비용) 비율이 엉망일 수 있지만, 놀라운 것을 구축하려면 인내심과 용기, 확신이 필요하다. 이는 영업 조직 내에서 구축하는 문화에서도 드러나는데, '세팅하고 무너뜨리는' 영업 프로세스에 익숙한 전형적인 AE(Account Executives, 영업담당)는 조직을 전환하거나 조직에서 퇴출시켜야 하며, 그렇지 않으면 스스로 조직을 떠날 것이다. 5장과 13장에서 다루겠지만, 문화가 새로운 카테고리를 만드는 데 얼마나 중요한지는 아무리 강조해도 지나치지 않다.

경영진이나 투자자를 설득하여 새로운 카테고리를 만들어야 한다면 이미 뒤처져 있는 상태일 수 있다. 1장에서 요약한 기업 가치와 비즈니스 성장에 미치는 영향만으로도 출발점이 될 수 있지만, 회사 내부의 신호를 파악하고 그에 따라 비즈니스 사례를 구축한다면 한 발 앞서 나갈 수 있다. 카테고리 및 브랜드 마케팅은 근본적으로 성장을 이끈다는 것을 기억하라. 의심의 여지없이 전통적 방식에 비해 훨씬 지속 가능한 방식이다. 궁극적으로 모든 마케팅 활동을 퍼널 지표에 귀속시키는 능력은 카테고리 마케팅 활동의 ROI를 입증하고 더 많은 광고를 집행할 수 있도록 예산 승인을 받는 데 매우 중요하다.

12장에서 설명하겠지만, 판매 예측과 같은 하위 퍼널 지표는 카테고리가 성숙함에 따라 예측 가능성이 높아진다. 수익팀으로서 공통의 언어와 관점을 개발하는 것은 경영진을 미션에 합치시키고, CFO가 당신이 열중하고 있는 프로젝트에 추가 예산을 배분하는 것에 대해 긍정적인 태도를 취하도록 한다는 점에서 중요하다.

경쟁을 이해하는 것은 혼란스럽다

카테고리가 만들어지는 신호 중 하나는, 시장에 현재 존재하는 것으로 보이지는 않으나 직접적으로 또는 시장의 가장자리에서 경쟁하는 작은 회사들이 종종 발견된다는 것이다. 이들은 결국 지속적으로 운영된다면, 언젠가 당신의 카테고리 포지셔닝을 받아들이게 될 것이다. 하지만 새로운 시장에서는 경쟁이 중요한 것이 아니라 시장 그 자체가 중요하다. 특히 초기의 카테고리 창조자들을 위한 진정한 경쟁은 시장이 존재할 수 있도록 충분한 관성을 만들어내는 것이며, 경쟁사가 하는 일에는 주의를 기울이지 않을 만큼 무지한 상태를 유지하는 것이다.

언뜻 말이 되지 않는 것처럼 보이지만, 경쟁은 실제로 새로운 시장의 성공에서 매우 중요한 요소다. 그렇지 않으면 경쟁이 진짜 카테고리인지 아닌지에 대한 비판을 불러일으킬 수 있다. 그러나 경쟁에 참여하는 방식을 선택하는 것은 각 기업이 스스로 결정할 문제다. 게인사이트의 핵심 비즈니스 내에서 우리는 신생 카테고리의 경쟁업체를 정중하게 '무시'하고 주로 시장을 구축하는 데 집중하면서 우리 브랜드를 사고의 리더로 포지셔닝하기로 결정했다. 우리는 시장에 다른 공급업체들도 이 대화에 기여하고 있다는 것을 인식하고는, 고객 성공에 가능한 한 많은 자원을 투자하기로 결정했다.

다른 회사들은 이와 다른 접근 방식을 취했다. 예를 들면, 인플루티브(Influitive)의 CEO 겸 창업가이자 고객 옹호자 마케팅(Advocate Marketing) 카테고리의 창시자인 마크 오건(Mark Organ)이 있다[마크는 마케팅 자동화 카테고리의 창시자인 엘로콰(Eloqua)의 설립자이기도 하다]. 마크는 카테고리 창조자의 경우, 리더의 주요 책임이 총 주소 지정 가능 시장(Total Addressable Market, TAM)을 확대하는 것이므로 경쟁보다 협력이 우선이라고 믿었다. 인플루티브에서 마크와 그의 팀은 100만 달러 이상을 들여 경쟁업체를 'Advocamp'라 하는 고객 옹호 마케팅을 위한 업계 행사의 연사 및 스폰서로 무대에 올렸다. 마크는 경쟁사에게 거래를 따내는 것이 해당 카테고리에 대한 수요가 증가하고 있다는 것을 의미하기 때문에 현상 유지에 머무르는 것보다 더 나은 대안이라고 생각했다.

어떤 접근 방식이든, 새로운 카테고리에서 경쟁 구도를 합리화하기 위해 선택하는 방식은 기존 시장에서 기존 경쟁업체를 상대로 도전자 포지션을 취하는 것과는 근본적으로 달라야 한다. 상대를 항상 의식할 필요는 없지만, 당신은 어떤 의미에서 사고 리더십을 두고 경쟁을 하고 있다. 고객 및 잠재 고객은 아직 유료 고객이든 아니든 간에 콘텐츠 및 전도 노력을 통해 시장의 다양한 공급업체와 친밀감을 쌓아가고 있다.

이 시점에서, 당신이 만약 처음부터 카테고리를 만드는 데 관심이 있는 스타트업 창업가나 마케터라면 곧장 5장으로 넘어가도 좋다. 5장에서는 카테고리를 만들고 지배하는 전략을 10개의 원칙과 함께 다룰 것이다. 이 전략들은 현재 시장에서 선도적인 카테고리 창조자들이 공유한 검증된 내용이다.

나는 기업 마케터 및 임원들과 직접 이야기하고 싶다. 새로운 카테고리를 만들 수 있다는 기대감에 들떠 있지만, 현재 경쟁이 치열한 시장에서 운영 중인 회사에서 일해야 하는 현실에 직면해 있다. 사실 여러분에게는 두 가지 선택지가 있다.

- 신규(또는 성장 중인) 제품 카테고리로 가는 길을 만들어내거나 제휴 또는 인수를 통해 이미 가지고 있는 브랜드를 새로운 시장 카테고리에 맞게 리포지셔닝하는 것
- 다른 스타트업 경쟁자들에 비해 **우위를 점하는 특정한 장점**들을 활용하여 당신의 브랜드를 B2H 맥락상으로 새롭게 구상하는 것

우리는 앞으로 그 선택지를 알아볼 것이고, 2부에서 다루게 될 전략은 당신과 당신의 팀에 매우 적합할 것이다. 하지만 그에 앞서 공개할 가치가 있는 기존 브랜드에 대한 몇 가지 미묘한 부분이 있다.

1 Alex Clayton, "2018 Review: High-growth SaaS IPOs," Medium, December 2018, https://medium.com/@alexfclayton/2018-review-high-growth-saas-ipos-5b82a93295c

2 Tomasz Tunguz, "From $800k to $274M in 4 Years—The Story of Ariba," May 2015, https://tomtunguz.com/ariba-history/

3 Alex Clayton, "2018 Review: High-Growth SaaS IPOs," Medium, December 2018, https://medium.com/@alexfclayton/2018-review-high-growth-saas-ipos-5b82a93295c

4 Derek Andersen, "The Story Behind Qualtrics, the Next Great Enterprise Company." TechCrunch, March 2013, https://techcrunch.com/2013/03/02/the-story-behind-qualtrics-the-next-great-enterprise-company/

04

상품화된 시장 속 기존 기업들을 위한 특별 가이드

2012년은 아마존의 팀원들이 그들의 사업과 조금이라도 관련이 있다면 어떤 사업 영역이든지 침범하며 웹의 가장 큰 소매업체로서 그들의 지배력을 공고히 하느라 분주한 한 해였다. 새로운 전자책 리더기와 태블릿 기기를 출시하고, 도서 출판사를 인수하였으며, 심지어 소셜 게임 스튜디오도 열었다. 이러한 투자는 아마존의 핵심 유통 사업과는 다소 거리가 있어 보일 수도 있지만, 아마존 CEO 제프 베조스(Jeff Bezos)는 아마존 브랜드를 중심으로 앱, 책, 음악 및 영화로 구성된 콘텐츠 생태계를 구축하여 경쟁적 우위로 활용할 계획을 세우고 노련하게 실행하고 있었다.

아마존이 핵심 사업을 통해 거둔 역사적인 성공은 일부 논객들이 소위 '리테일 아포칼립스(retail apocalypse)'(역주 : 오프라인 소매 매장을 찾는 소비자의 수가 급격히 줄어드는 현상)라는 효과를 시장 전반에 불러왔다. 아마존 효과는 실물경제와 금융경제 모두에서 느껴졌는데, 동네 구멍가게들은 떠오르는 이커머스 트렌드를 받아들일 수밖에 없었고, 주요 대형 유통업체들은 아마존이 시장에 도입한 편의성에 밀려 폐업 위기에 처했다. CB인사이츠[1]에 따르면, 2015년부터 2019년까지 68개 이상의 주요 소매업체가 손실 증가와 매출 감소 등의 문제를 이유로 파산을 신청했다. 서킷시티(Circuit City), 컴프유에스에이(CompUSA), 라디오쉑(RadioShack) 등이 무너진 후 마지막 남은 전자제품 소매업체인 베스트바이(Best Buy)도 아마존의 표적이 되었다. 고객이 매장에 와서 관심 있는 제품을 테스트한 후 나중에 온라인에서 더 저렴한 가격에 구매하기 위해 매장을 방문하는 경우가 많았기 때문에 베스트바이는 출혈을 감수해야 했다.

그러나 그로부터 7년이 지난 후, 베스트바이는 여전히 건재할 뿐만 아니라 2019 회계연도에 148억 달러의 매출을 기록하여 가이던스를 상회하는 호실적을 발표하고 2020 회계연도에 대한 견고한 전망을 제시하는 등 번창하고 있다. 베스트바이 외에도, 코스트코(Costco)와 콜스(Kohls) 백화점 등 다른 소매업체들도 '리테일 아포칼립스'의 영향 아래에서 사업을 재정의했고, 그 결과 시장에서 살아남았다. 어떻게 그런 일이 가능했을까? 이러한 사례를 통해 그들이 성공할 수 있었던 시장 상황에 대해 알 수 있는 것은 무엇일까?

산업의 상품화

'리테일 아포칼립스'는 상품만이 아니라 산업 전체가 상품화될 수 있다는 사실을 증명했다. 2장에서 언급했던 '소프트웨어의 종말'이라는 고귀한 운동에서 탄생하여 오늘날 비즈니스 및 소비자 애플리케이션을 개발하고 배포하는 주요 방법이 된 클라우드 컴퓨팅 카테고리를 생각해 보자. 소매업과 소프트웨어 산업의 상품화와 운송 및 에너지 저장과 같은 다른 카테고리의 상품화 사이에는 획기적인 혁신과 새로운 비즈니스 모델의 등장, 즉 최종적인 카테고리 승자가 존재하게 되는 뚜렷한 유사점이 있다. 대규모 애플리케이션 개발 및 출시의 장벽을 낮추는 혁신을 가져온 클라우드 컴퓨팅 기술을 예로 들어 보자. 클라우드는 프리미엄(freemium), 무료 사용(free trial), 사용량에 따른 과금(pay-per-use) 등의 모델을 통해 고객들이 더 쉽게 상품을 체험해 보고 구매할 수 있도록 하게 함으로써 고객 획득을 위한 장벽을 줄여주었다. 오늘날 훌륭한 사업콘셉트를 가지고 있는 사업가라면 누구나 컴퓨터 공학 학위 없이도 기술 제품을 개발하고 오프라인 매장 없이도 온라인 소매업체가 될 수 있다. 이러한 혁신은 기업과 소비자가 온라인으로 이용할 수 있는 애플리케이션의 폭발적인 증가를 가져왔고, 소프트웨어 업계가 보다 상품화에 가까워지게 만들었다. 믿기 힘들겠지만, 그림 4.1은 스콧 브링커(Scott Brinker)와 최고 마케팅 기술자 블로그 팀이 집계한 7,040개 이상의 솔루션으로 구성된 2019년 마케팅 기술 지형을 보여준다.[2]

상품화의 영향은 일반적으로 구매 결정을 내릴 때 그 어느 때보다 선택의 폭이 넓어졌기 때문에 고객에게는 좋은 일이다. 1장에서는 파일 저장 및 공유 사업이 탄생 당시, G2에 따르면, 285개의 벤더로 이루어진 시장이라고 언급한 바 있다. 그러나 포화시장에서는 고객에게 좋은 것이 항상 벤더에게도 좋은 것은 아니다. 앞에서 든 예시를 보면, 현재의 기업가들은 조만간 새로운 파일 공유 서비스 출시를 재고해야 할 수도 있다. 기업들은 가격 경쟁을 선택할 수 있지만, 궁극적으로 경쟁이 치열한 포화 산업에서 시장 점유율을 확보하기 위해서는 보다 지속가능하고 미래지향적인 비즈니스 전략이 필요하다.

이것이 바로 카테고리 창조의 본질이며, 사실상 업계의 상품화에 대한 대응이기도 하다. 나만의 카테고리를 만들 수 있는데 왜 굳이 다른 카테고리와 경쟁해야 할까? 초기 단계의 창업가들과 마케터들은 비상장기업으로 있는 동안 포지셔닝에 있어 유연성이 장점이지만, 기존 기업들이 존재하는 데는 다 이유가 있다. 이들은 이미 시장에서 앞선 브랜드 인지도를 가지고 있으며 핵심 제품을 통해 수익을 창출하고 있고, 경우에 따라 기업 전략의 중요한 변경에 대해 월스트리트의 의견을 들어야 하는 경우도 있다.

위험 회피는 기업 브랜드에 정말 중요한 일이며, 핵심 제품을 중심으로 새로운 시장 카테고리를 만드는 아이디어는 어렵거나 심지어 불가능해 보일 수도 있다. 그렇다면 이 상태에 있는 기업들은 문제를 극복하기 위해 무엇을 할 수 있을까?

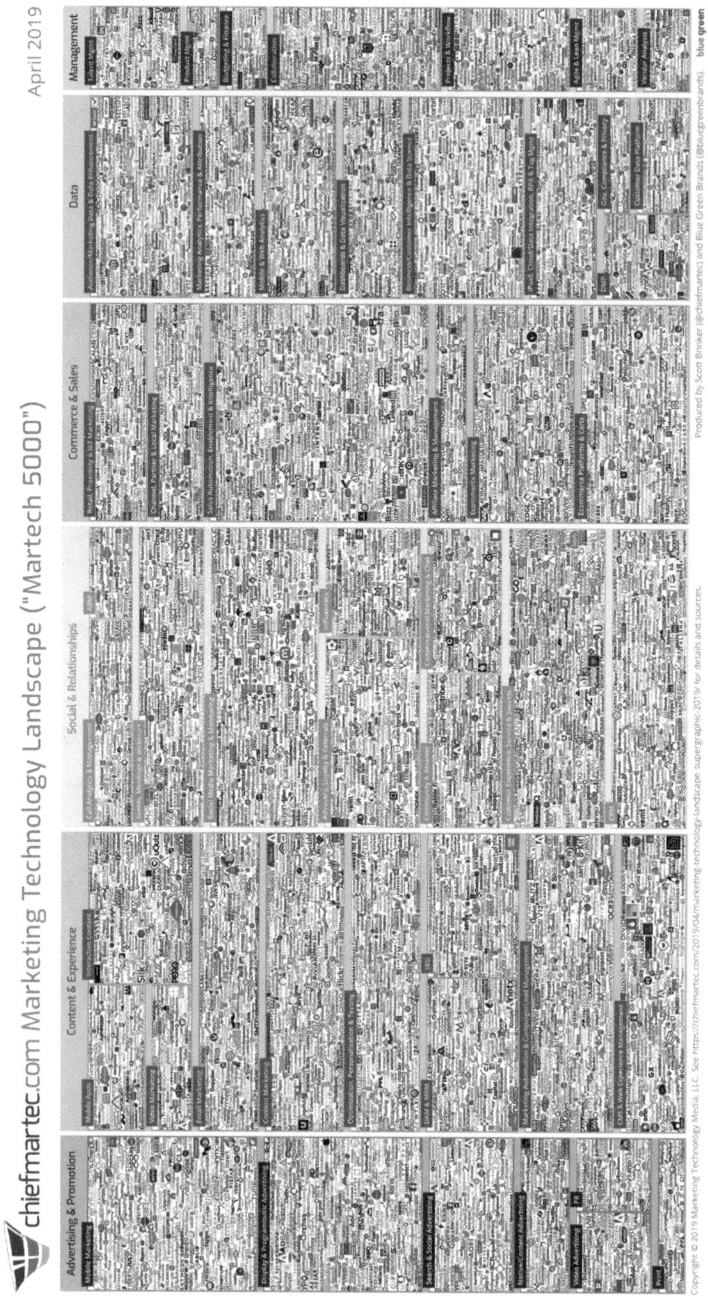

그림 4.1 치프마테크(ChiefMarTec)의 마케팅 기술 지형 그래픽(2019)

Option 1 : 새로운 제품 카테고리에 진출하기

기존 기업들이란 보통 카테고리 내에 기존 강자이거나 (데이터베이스 업계의 오라클처럼) 시장 선도자에게 도전하여 성공을 거둔 패스트 팔로어들이다(전기차 업계의 테슬라같이). 어떤 경우든 기존 기업들은 새로운 제품을 완전히 새로운 제품 카테고리로 출시함으로써 기존 **시장** 카테고리를 업그레이드할 수 있는 특별한 기회를 갖게 된다. 이를 해결해야 하는 상품팀은 일반적으로 사내에서 자체적으로 새로운 **제품** 라인을 개발할지, 혹은 시장 선도 기업과 파트너 관계를 맺거나 또는 완전히 인수할지에 대한 구축-제휴-구매 분석(build, partner, buy analysis)을 수행한다. 구축을 선택할 경우 시장 출시 시점과 핵심 사업에서 자원을 빼내어 오는 것을 포함하여 몇 가지 어려움이 수반된다. 많은 기업들은 제휴(파트너십)를 새로운 제품 카테고리를 시험하는 데 유효한 옵션으로 간주할 것이며, 그중 성과가 특히 좋은 경우 때때로 인수합병이라는 결과로 이어질 수 있다. 궁극적으로 시장을 선도하는 브랜드와 상품을 인수(구매)하는 것은 초기 시장에 자리 잡는 가장 빠른 방법이 될 것이다. 어떤 방식을 선택하더라도, 새로운 제품 카테고리에 출시하는 것은 기존 기업이 인수한 제품이 새롭고 흥미로운 방식으로 전통적인 카테고리를 격상시키는 '1+1=3' 상황을 종종 만들곤 한다.

이를 뒷받침하는 실증 사례가 많은데, 예를 들어 세일즈포스(Salesforce)가 있다. 세일즈포스는 2016년 디맨드웨어(Demandware)를 인수하여 이커머스 산업에 진출함으로써 자사의 B2C 사업을 강화하고, CRM 제품군을 소비자 사용 사례를 포함하도록 확장하였다. 어도비(Adobe)는 익스피리언스 클라우드(Experience Cloud)의 포지셔닝을 B2B까지 확장하기 위해 2018년 마케토(Marketo)를 인수했다. 인수합병(M&A)만이 새로운 제품 카테고리에 진입하는 유일한 방법은 아니지만, 기존 브랜드가 신생 경쟁사에 비해 가지고 있는 **불공정한 이점**을 보여주는 좋은 예시다. 이러한 불공정한 이점을 활용하는 방법을 이해하는 동시에 조직의 사각지대를 인식하는 것이 순위 상승과 진정한 카테고리 리더가 되는 것의 차이일 수 있다.

Option 2 : 불공정한 이점을 활용하여 카테고리 리더로 거듭나기

그렇다면 베스트바이는 어떻게 아마존 효과와 리테일 아포칼립스로부터 살아남을 수 있었을까? 당시 베스트바이의 CEO였던 허버트 졸리(Hubert Joly)는 2012년 취임과 동시에 경쟁에서 자사의 불공정한 이점을 활용하는 일련의 프로그램들을 시행하기 시작했다. 먼저, 그는 망가진 내부 시스템을 보수하고 직원 할인 프로그램을 복구하며, 정규 직원 교육에도 깊이 투자하는 등 이전 경영진에게서 소외감을 느꼈던 직원들에게 투자했다. 사우스웨스트 항공의 공동 설립자였던 故 허브 켈러허는 "직원들이 최우선이다. 직원을 잘 대우하면, 직원도 고객을 잘 대하게 되고, 이는 곧 고객이 다시 찾아오고, 주주들이 행복해지는 것을 의미한다"라고 말한 바 있다. 글래스도어(Glassdoor)가 실시한 설문조사에서도 2019년 3월 기준 78%가 '이 기업을 친구에게 추천'한다고 평가했고, 92%가 'CEO를 지지'한다는 응답 결과를 보여주었던 베스트바이에게 이 격언은 잘 들어맞았다.

졸리는 베스트바이의 오프라인 매장 공간이 아마존은 가지지 못했던 것임을 이해했다. 그러나 대형 할인매장에서 소비자가 직접 상품을 확인한 뒤 아마존에서 더 싸게 구입하는 쇼루밍(showrooming)이라고 하는 새로운 현상이 자리 잡기 시작했다. 그는 쇼룸을 고객이 매장 내에 있다는 점에서 이득을 취할 수 있는 기회로 보았다.[3] 졸리는 가격 매칭 프로그램을 도입하고 삼성, 애플과 같은 주요 전자제품 제조업자들과 전략적 제휴를 맺어 각 브랜드 전용 공간 내에 상품을 전시할 수 있도록 베스트바이 매장 한 켠을 빌려주었다. 그 전략으로, 아마존은 가격 경쟁에서 우위를 점할 수 있는 기회를 상실했고, 매장 내에 있는 고객들은 베스트바이에서 상품을 사서 들고 나오는 편리함이 아마존 배송을 기다리는 것보다 더 합리적임을 알게 되었다.

마지막으로, 졸리는 아마존이 불가능한 일을 베스트바이가 할 수 있다는 점을 높이 평가했다. 그것은 고객과의 관계를 직접 쌓을 수 있다는 점이다. 그는 **긱스쿼드(Geek Squad)** 기술 지원 및 새로운 **인홈 어드바이저** 프로그램과 같은 서비스를 두 배로 늘리기로 결정했다. 이러한 서비스들은 고객에게 신뢰를 주고 브랜드 가치를 형성함으로써, 상품화된 제품 이상의 가치를 부여하는 도구였다. 오늘날 서비스는 베스트바이 전체 매출에서 한 자릿수에 불과하지만, 회사의 미래 성장에 중요한 역할을 하는 고마진 사업이다.

베스트바이는 아마존에 뒤지지 않기 위해 혁신을 계속해야 할 것이다. 한 명의 소비자로서, 그들이 역사의 올바른 쪽에 서 있는지 알기는 어렵다. 그러나 졸리는 "아마존의 험담을 하진 않겠다. 우리 둘을 위한 기회는 많다"[4]라고 말하며, 이것이 제로섬 게임이 될 필요는 없다고 믿었다.

베스트바이의 경우, 능동적인 직원, 물리적 공간, 고객관계 및 부가가치 서비스와 같은 불공정한 이점들을 활용하여 업계 내의 장애물에서 벗어나고 고객을 중심으로 새로운 유형의 소매 경험을 형성할 수 있었다. 기존 브랜드에는 경쟁사에는 없는 공통적인 불공정한 이점들이 있는데, 이는 포화 시장에서 포지셔닝을 전환하는 데 매우 유용한 수단이 될 수 있다. 기존 브랜드는 민첩하고 혁신적인 스타트업과 비교하여 느리고 비효율적이라는 인식이 많지만, 이는 어떤 스타트업도 결코 경쟁할 수 없는 속도로 시장 지배력을 가속화하는 강점이 될 수도 있다. 레버리지를 고려해 볼 수 있는 3가지 공통적인 불공정한 이점은 다음과 같다.

기존 고객 기반

기존 브랜드는 그 자체로 이미 자사의 제품이나 서비스를 사용하고 있는 고객들인 활성화된 사용자 기반을 의미한다. 수년 동안 고객과 쌓아온 관계는 초기 얼리어답터 확보에 집중하는 경쟁사보다 전략적 이점으로 작용할 수 있다. 고객은 고객 자문 위원회나 시장에서 기꺼이 브랜드를 전파하는 브랜드 옹호자 등의 프로그램을 통해 포지셔닝에 대한 귀중한 피드백을 제공할 수 있다. 새로운 제품군을 동일한 구매자에게 핵심사업으로서 출시하는 것을 고려한다면, 기존 고객들은 그 새로운 제품군을 교차판매하고자 할 때 가장 높은 레버리지 효과를 거둘 것이다. 아예 다른 구매자를 겨냥한 신제품도, 기존 고객들은 새로운 구매자를 소개하는 데 가장 많이 활용되는 추천 소스가 된다.

어떤 경우든, 기존 브랜드들은 그들의 고객 기반에 새로운 제품군을 출시하고자 할 때 가격 탄력성의 법칙을 영리한 방식으로 활용할 수 있다. 기존에 사용하던 솔루션 제품의 갱신 시점에서 그것을 완전히 대체할 수 있을 것으로 보이는 새로운 제품을, 기존 고객들에게 1년간 무료(또는 염가에) 제공하는 프로모션이 있다고 생각해 보자. 이 예에서는 고객의 진입 장벽이 매우 낮고(무료), 가치(제품 기능)를 입증하며, 고객 확보에 드는 비용이 퍼널 상단에 있는 프로그램보다 훨씬 저렴하다. 또한 이에 참여하는 고객들은 견적을 제공하거나, 로고를 공개적으로 사용할 수 있는 권리를 제공하거나, 웨비나, 라이브 이벤트와 같은 마케팅 프로그램에 참여하는 등 새로운 제품군의 초기 지지자 역할을 하는 데 동의할지도 모른다. 경쟁력 있는 제품을 개발하는 것은 쉽지만(기술적으로 어떤 회사든 그렇게 할 수 있다는 의미에서), 기존 기업만이 가지고 있는 불공정한 이점인 참여형 고객 기반을 개발하는 것은 어려운 일이다.

기존 브랜드 자산

스타트업 기업은 브랜드를 원점에서부터 구축해야 할 처지에 놓인 반면, 기존 기업은 이미 구축한 상태다.

예를 들면, 포드 로고를 볼 때 여러분은 운송 사업을 변화시킨 미국의 시대를 뛰어넘는 기업이라는 인지적 참조를 머릿속에 떠올릴 것이다. 포드가 자전거 공유 프로그램이나 통근 셔틀 서비스, 심지어는 전기 스쿠터까지 사업을 구축, 제휴, 인수함에 따라, 이 기업은 이미 시장에 형성된 운송과 모빌리티 리더로서의 브랜드 자산을 새로운 사업 분야로 리더십을 확장할 수 있다. 반면에 전기 스쿠터 업계의 스타트업은 소비자들의 신뢰를 얻기 위해 기하급수적인 노력을 기울여야 한다.

또한 기존 기업이 그들의 목표, 약속 및 가치를 훼손하지 않으면서 지속적으로 발전하는 것도 매우 중요하다. 워런 버핏이 “명성을 쌓는 데는 20년이 걸리고 망치는 데는 5분이 걸린다”라고 한 격언은 특히 이런 맥락에서 적절하다. 그러나 마케팅 자체는 지속적으로 발전하고 있으며, 기존 브랜드는 진화하는 고객 기반과 관계를 유지하기 위해 새로운 커뮤니케이션 수단을 활용해야 한다. 코카콜라, 디즈니, 나이키 등 소비자 업계에서 오랜 브랜드 자산을 활용하면서도 최신 마케팅 관행을 따라잡은 기업의 몇 가지 사례를 생각해 볼 수 있다. 다음 장들에서는 확립된 기존의 브랜드 자산을 매력적이고 관련성 있는 방식으로 강화할 수 있는 흥미로운 아이디어를 만나볼 수 있을 것이다.

예산과 시장진출(Go-To-Market, GTM) 리소스

지난 장에서 언급했던 카테고리 창조를 위한 6가지 과제 중 하나가 자본 확보였음을 떠올려 보자. 이는 특히 부트스트랩 스타트업에게 어려운 길이지만, 의식적으로 투자에 힘쓰는 기존 기업들에게도 항상 해당되는 것은 아니다. 스타트업과 경쟁하는 기존 기업에게 유리할 수 있는 몇 가지 예산 수단이 존재한다.

- **프로그램 예산** 마케터들은 유료 매체 활용, 롱테일 검색에 최적화된 자체 콘텐츠 제작, 업계 56개 카테고리 크리에이션 트레이드 쇼 참가 등을 통해 새로운 시장에 진출하는 데 비용을 투자할 수 있다. 자원의 제약이 적을수록 초기 인지도를 높이기 위해 투자할 수 있는 프로그램에 대한 절충안을 찾아야 할 일이 줄어든다.
- **인원수** 특히 초기 시장에서 기존 브랜드는 스타트업의 역량을 압도하기 위해 콘텐츠 마케터, 영업 담당자, 기타 GTM 부서의 채용을 확대할 수 있는 기회가 있다.
- **인수합병(M&A)** 앞서 언급했듯이, 새로운 시장 진입에 대한 신중한 사업 검토에는 일반적으로 구축-제휴-인수 분석이 포함된다. 이 경우 기업은 새로운 카테고리로 출시하기 위해 자체 제품 개발, 전략적 파트너십, M&A 중에서 결정해야 한다. 기업을 인수하는 것이 시장 지배자의 입지로서 새로운 시장에 진입하는 가장 빠른 길일 수 있다.

예산과 자원은 기존 브랜드가 시장 지배력을 더 빠르게 확보하기 위해 중요한 우위이지만, 예산만으로 우위를 창출할 수는 없다. 스타트업이 리소스의 부족으로 얻는 이점은 지출을 보수적으로 관리하고, 큰 투자를 결정하기 전에 가정들을 테스트하며, 궁극적으로 영업 및 마케팅에 지출한 각 비용의 투자수익률(ROI)을 입증한다는 점이다. 다음 장에서 공유할 전략들을 통해 스타트업보다 더 많은 자원을 활용하면서도 그들과 동일한 수준의 혁신과 창의성을 통해 위의 두 가지 접근 방식 모두에 적용 가능한 도구들을 확인할 수 있을 것이다.

1 "Here's a List of 68 Bankruptcies in the Retail Apocalypse and Why They Failed." CB Insights, March 2019, https://www.cbinsights.com/research/retail-apocalypse-timeline-infographic/

2 Scott Brinker, "Marketing Technology Landscape Supergraphic (2019): Martech 5000 (actually 7,040)." ChiefMarTec, April 2019, https://chiefmartec.com/2019/04/marketing-technology-landscape-supergraphic-2019/

3 Kevin Roose, "Best Buy's Secrets for Thriving in the Amazon Age," *New York Times*, September 2017, https://www.nytimes.com/2017/09/18/business/best-buy-amazon.html

4 Justin Bariso, "Amazon Almost Killed Best Buy. Then, Best Buy Did Something Completely Brilliant." *Inc.*, September 2017, https://www.inc.com/justin-bariso/amazon-almost-killed-best-buy-then-best-buy-did-something-completely-brilliant.html

PART 2

카테고리를 창조하고 지배하는 7가지 원칙

Seven Principles to Create (and Dominate) a Category

05

목적, 가치, 문화를 공개적으로 알리기

여러분 모두 TED 강연을 보았을 것이다. 이 글을 쓰는 현재, 위대한 리더가 어떻게 행동에 영감을 주는지에 대한 사이먼 시넥(Simon Sinek)의 18분짜리 독백은 약 4,400만 건의 조회수를 기록했으며, 역대 가장 인기 있는 TED 강연 25개 중 하나로 자리매김했다. 시넥이 말하고자 하는 바는 단순하지만 심오했다. 사람들은 당신의 행위 자체가 아니라, 그 행위의 이유를 구매한다는 것이다. 애플, 할리데이비슨, 사우스웨스트 항공 등 우리 시대의 가장 위대한 기업들은 고객이 좋아하는 상품 그 이상의 것을 제공하며, 브랜드를 중심으로 움직임을 만들어냈다. 그 비결은 무엇일까? 시넥에 따르면, 경쟁 기업들이 '**무엇**'을 하는지로 시작하는 반면, 이 초월적인 기업들은 '**왜**' 하는지로부터 시작함으로써 충성심을 고취시키고, 추종자와 직원들이 좋을 때나 안 좋을 때나 회사를 떠나지 않도록 동기를 부여한다.

카테고리 창조 역시, '**왜**'라는 질문에서 시작해야 한다.

중요한 것은 새로운 카테고리를 만들든 기존 카테고리를 파괴하든 모든 기업은 목적과 조직의 정체성을 정의해야 한다. 목적은 B2H 시대에서 성공하기 위한 기초 요소다. 시간이 지나면서 제품이 더욱 상품화됨에 따라, 고객은 그 어느 때보다 더 많은 선택권이 있으며, 그들이 존경하고 동경하는 기업들과 함께 사업을 하기를 원할 것이다. 인간의 핵심적 욕구에 브랜드를 동조시키는 것은 기업이 그저 해야 할 일 그 이상의 것이 되었으며, 기업이 생존할 수 있는 유일한 방법이 되었다. 이는 앞서 1장에서 설명했던 것처럼, 카테고리를 창조하는 기업들에게 특히 중요한 사실이다. 시장 전체에 영감을 주기 위해 장기적 탐욕의 인내가 필요한 고귀한 사명이다. 영감은 회사의 미션에 따르는 직원들과 이에 참여하는 커뮤니티 구성원 모두에게 '더 높은 소명(higher calling)'이 된다. 이러한 노력에 성공하려면 브랜드가 단순히 제품을 만드는 것 이상의 의미를 지녀야 하며, 그 이상으로 커뮤니티가 브랜드를 알아야 한다.

목적을 분명히 하는 것이 새로운 카테고리를 창조하고 지배하는 데 기초가 되는 몇 가지 이유가 있다. 목적은 당신의 브랜드에 정보를 제공하고, 업계와 커뮤니티에 당신이 창조하고 있는 세상에 대한 미리 보기를 보여주며, 여정 중에 당신의 의사결정을 도와줄 가치에 영감을 준다. 목적은 인재를 회사로 끌어들이고, 여러분이 만들고 있는 운동 내에서 리더십을 유지하게 하며, 승리와 시련의 시기를 통해 직업적 성취감을 느끼게 한다. 목적은 당신의 커뮤니티로 하여금 당신이 기술한 이상적인 진정한 북쪽을 향해 미지의 바다를 함께 항해하도록 영감을 준다. 결과적으로 목적은 거래관계를 훨씬 뛰어넘는 강력한 정서적 관계를 구축하는 고객을 유치하여 비즈니스를 성장시키는 데 도움이 된다. **2018년 콘/포터 노벨리의 목적 연구**에 따르면, 미국인 10명 중 8명(79%)이 기존 전통적인 브랜드보다 목적 지향적 브랜드에 더 충성한다고 응답했고, 66%는 그들이 일반적으로 구입하는 제품에서 목적 지향적 기업의 신제품으로 바꿀 의향이 있다고 응답했다.[1]

B2B 분야에서 현대적이고 목적 중심 브랜드의 좋은 예로 서비스나우(ServiceNow)를 들 수 있다. 2018년 목적에 집중하기 위한 노력을 기울인 선도적인 업무전산화 회사로서 500억 달러 이상의 시가총액을 보유한, 세계에서 두 번째로 가치 있는 클라우드 회사기도 하다. 이는 우연이 아니다. 2004년 프레드 루디(Fred Luddy)가 기업 전반의 업무 라우팅을 지원한다는 단순한 아이디어로 설립한 서비스나우는 회사와 직원들에게 사람을 위한 기술을 개발하는 데 깊은

그림 5.1 서비스나우 브랜드 아이덴티티의 과거와 현재

의미를 부여했다.

그들은 2018년에 "우리는 일을 만들고, 사람들을 위해 더 나은 일을 한다(we make work, work better for people)"는 그들의 목적을 재차 밝혔다. 이 강력한 선언은 회사에 대한 루디의 원래 비전에 부합하면서도 서비스나우를 미래의 업무에 대한 대화의 중심부로 끌어올렸다. 서비스나우의 최고 마케팅 책임자인 댄 로저스(Dan Rogers)는 목적을 명확히 하기 위해 실행한 이 과정에 대해 '회사 전체의 기반이 되는 노력'이자 '회사에서 하는 모든 일의 핵심'이라고 설명했다. 목적은 자신이 개인적으로 공감할 수 있는 이유를 가진 회사에서 일하는 서비스나우 직원들에게 영감의 원천이 된다.

서비스나우는 2018년 5월에 열린 지식 콘퍼런스에서 1만 8,000명의 청중을 앞에 두고 새로운 목표를 발표했다. 이 발표에는 그림 5.1에서 볼 수 있듯이 새로운 기업 아이덴티티를 반영한 새로운 브랜드 표현이 포함되었다. 이들은 자사 로고의 'O'를 제품 중심의 온/오프 비주얼에서 사람 중심적인 사람 아이콘으로 변경함으로써, 그들의 목적을 로고의 비주얼 디자인만으로 훌륭하게 표현했다. 로저스는, "우리 로고에서 자신을 발견할 수 있다는 생각은 우리에게 매우 중요한 아이디어입니다"라고 말했다. 로저스와 서비스나우 팀에게 목적이란 단순히 홈페이지에 올라간 마케팅 문구 한 줄이 아닌, 회사를 어떻게 운영할지 그리고 시장에서 스스로를 어떻게 드러내고 나타낼지에 대한 방향타였다. 그들은 이를 깊이 믿고 있을 뿐만 아니라, 이를 행동으로 옮긴다.

기업의 목적에 대한 공유된 비전을 개발하는 방법

장수기업(enduring companies)을 만드는 데 목적의 중요성에 대해 가장 많은 목소리를 내는 짐 콜린스(Jim Collins)는 전 세계적으로 1,000만 부 이상 판매된 6권의 책을 저술한 작가이자 컨설턴트, 강연가다. 콜린스는 스탠퍼드 대학교에서 6년간 진행한 연구 프로젝트에서 1926년 이후 평균 연령이 100년에 육박하고 일반 주식 시장보다 15배나 높은 수익률을 기록한 18개의 탁월한 세대별 기업을 대상으로 한 그의 대표작《**'지속 가능한 기업 : 성공하는 기업들의 8가지 습관(Built to Last : Successful Habits of Visionary Companies)'**》을 집필했다. 이러한 기업들이 오랜 세월을 견뎌낼 수 있었던 주요 이유는 콜린스가 말하는 핵심 이데올로기를 목적과 가치 측면에서 조기에 정의했기 때문이다. 이 회사들이 세월의 평가를 견뎌낼 수 있었던 핵심 근거 중 하나는 목적과 가치를 정의할 때, 콜린스가 **핵심 이념**이라고 부르는 것을 처음부터 지향했기 때문이다.《성공하는 기업들의 8가지 습관》에서, 콜린스는 기업의 핵심 목적을 잘 표현하는 5가지 중요한 특징을 제시한다.

1. 회사 내부 사람들에게 영감을 줄 수 있어야 한다.
2. 현재와 마찬가지로 100년 뒤에도 유효한 내용이어야 한다.
3. 할 수 있지만 하지 않고 있는 일에 대해 폭넓게 생각하는 데 도움이 되어야 한다.
4. 하지 말아야 할 것이 무엇인지 결정하는 데 도움이 되어야 한다.
5. 회사에 진정성 있는 내용이어야 한다.

디즈니의 목적은 '사람들을 행복하게 하는 것'이며, 이는 5가지 원칙을 모두 충족하는 세월이 흘러도 변치 않는 선언이다. 마찬가지로 사우스웨스트 항공의 목적은 '하늘의 민주화'다. 콜린스의 5가지 원칙의 정서는 1960년 데이비드 패커드(David Packard)가 휴렛 패커드(Hewlett-Packard, HP)의 교육 그룹을 대상으로 한 연설에서 "목적을 구체적인 목표나 비즈니스 전략(100년 동안 여러 번 바뀔 수 있는)과 혼동해서는 안 된다"라고 말한 것에 반영되어 있다. 목표를 달성하거나 전략을 완성할 수는 있지만, 목적은 완료될 수 없는 것이다. 이는 지평선에 떠있는 길잡이 별과 같이, 영원히 추구해야 하지만 결코 도달할 수 없는 것이다. 비록 목적 자체는 변하지 않지만, 그것은 변화를 불러일으킨다. 목적은 절대로 완전히 실현될 수 없다는 사실 그 자체는 조직이 변화와 발전을 결코 멈출 수 없다는 것을 의미한다.

기업은 다양한 개인으로 구성되며, 목적이란 본질적으로 감정적이고 종종 개인적인 구성 요소이기 때문에 조직의 공동 목적을 달성하는 것은 어려운 일처럼 느껴질 수 있다. 이 과정을 이해하기 쉽게 설명하기 위해 나는 기술 경영진을 위한 리더십 코칭의 선두주자인 렉스 경영진 리더십(Rex Executive Leadership)을 운영하는 마이크로소프트의 전 북미 지역 최고재무책임자(CFO)인 존 렉스(John Rex)의 도움을 받았다. 존은 성장 지향적인 경영진들이 영향력을 발휘하고 성공을 가속할 수 있도록 돕고 있으며, 훌륭한 리더십은 겸손에 바탕을 두고 있다고 믿는다. 존은 짐 콜린스와 그가 제시한 기업 목적의 5가지 원칙에서 영감을 받아, 여러분과 여러분의 팀이 이러한 원칙을 실행에 옮기고 각자의 목적을 분명히 하기 위해 취할 수 있는 3가지 중요한 단계가 있다고 주장한다.

1. **경영진의 개별적인 목적을 정의하는 것부터 시작하라** 여기서 명시적으로 시작하든 그렇지 않든, 기업의 목적은 항상 개인의 목적과 연관되어 있다는 점이다. 개인적인 목적을 표현하는 두 가지 요소는 자신의 재능, 특기, 핵심 역량을 정의하는 것과 그러한 재능을 세상에서 어떻게 활용할지 선택하는 것이다. 경영진이 이 두 가지 질문에 답하고 그들만의 보다 높은 목적을 표현하기 시작하면, 그 발견의 결과는 다음과 같은 표현으로 나타날 것이다. 나는 인간으로서 더 나은 사람이 되고 싶고, 그 과정에서 다른 사람들을 격려하고 그들이 자신에게 중요한 것을 성취하도록 돕고 싶다. 이러한 개인

적 목적의 표현은 조직적 목적과 매우 유사하다. 대부분의 기업은 세상을 바꾸고, 커리어에서 자아실현을 하고, 비즈니스 성과를 창출하는 동시에, 고객에게도 같은 가치를 제공하기 위해 노력할 것이다. 경영진 간에 각자의 목적에 대하여 열린 토론을 하면 통찰력 있는 공통된 영역으로 이어질 수 있다. 리더는 그들의 재능, 특기, 핵심 역량(각 개인에게 고유한 요소의 묶음)을 그들 개인의 목적 또는 회사의 목적을 달성하기 위해 이용할 수 있다. 존의 연구에 따르면, 기업의 목적을 명확히 하기 위해 개인의 목적으로 시작하려는 의식적인 노력이 훨씬 더 효과적인 결과로 이어진다는 사실이 밝혀졌다.

2. **소그룹으로 나누어 황금알을 찾아보라** 경영진의 개인적 목적에 관한 대화에 참여하는 것은 개인의 목적이 어떻게 기업의 목적에 영향을 미치는지에 대한 집단적 탐색과정의 발판을 마련할 수 있다. 서로에게 다음과 같이 물어보자. 우리는 정말 어떤 사업을 하고 있는가? 우리의 서비스가 고객과 사회 전체에 주는 혜택은 무엇인가? 그것이 왜 중요한가? 우리가 제공하는 최종 결과물은 무엇인가? 그것이 왜 중요한가? 우리는 왜 존재하는가? 이러한 질문들을 둘러싼 대화에서 황금 실타래는 드러나기 시작할 것이고, 조만간 그 그룹은 정서적 공감대를 형성하는 동시에 회의실에 모인 각자의 개인적인 목적을 반영하는 보다 깊은 의미를 갖는 목적의 정의를 중심으로 모이게 될 것이다. 그 정의를 회사의 목적으로 기억하고, 당신이 고객들에게 가장 중요한 것을 달성할 수 있도록 돕는 이유를 중심으로 회사의 목적을 삼을 수 있도록 노력해라.

3. **공유된 조직의 목적에 따른 인적 전략을 세워라** 회사를 설립한다는 것은 특별한 비전을 실행하기 위해 독특한 개성을 가진 사람들이 모이는 것을 의미하며, 이는 카테고리 창조자에게 고귀한 사명이라고 설명한 바 있다. 기업은 이 다양한 목소리, 경험, 재능을 가진 사람들이 조직의 사명을 달성할 수 있는 방식으로 그들의 개인적 가치와 목적을 표현할 수 있는 통로를 제

공해야 한다. 두 번째 단계에서 설명한 목적 선언문은 조직이 기관의 목적을 추구하기 위해 팀을 모집하고, 활성화하고, 조정하는 방법에 대한 필터가 되는 그릇이다. 아마존은 기업의 목적과 리더십 원칙을 매일 참조하는 개인들로 이루어진 회사의 전형이다. 아마존의 목적은 채용이나 성과 평가 등 인사 전략에 반영되어 운영된다. 아마존은 목적이 단순한 립서비스나 웹사이트의 문구가 아니라, 사람으로 구성된 조직을 구축하고 이끄는 데 가장 중요한 요소라는 것을 잘 알고 있다.

팀과 함께 시간을 할애하여 목적을 개발하고 명확하게 표현하는 것은 회사의 존재 이유와 카테고리를 만들 때 여러분이 수행할 역할을 이해하는 데 중요한 작업이다. 이 탐색과정에서 존(John)과 같은 전문 퍼실리테이터를 고용하여 보조를 받는 것, 즉 상사의 의견에 동조하는 편견을 극복하거나 그룹이 대화를 조율하는 데 방해받지 않고 최선의 사고를 할 수 있도록 돕는 것에는 이점이 있다.

또한 당신 사업의 존재 **이유**를 정의하는 것은 앞으로의 성공에 힘을 실어줄 리더십 원칙을 발견하는 것의 시작에 불과하다. 리더십 코치는 비전(어떤 사람이 되고 싶은지), 가치(어떤 방식으로 행동할지), 운영 원칙(목적, 비전, 가치와 합치하는 방식으로 일하는 방식)을 명확히 함으로써 그들의 목적을 달성하는 데 도움을 줄 수 있다. 이러한 탐색과정에 시간과 리소스를 투자하는 것이 방해가 된다고 오해할 수 있지만, 이는 궁극적으로 카테고리를 만드는 데 성공의 토대가 된다는 점을 잊지 말기 바란다.

게인사이트는 창립 초기부터 항상 가치 중심적인 기업문화를 유지해 왔다. 오늘날 우리의 가치는 우리의 공동 목적을 가리키며, 경영진부터 신입사원에 이르는 모든 팀원이 항상 같은 목표를 향해 함께 일할 수 있도록 하는 데 사용된다. 하지만 이러한 노력에 있어 우리도 '**왜**'보다 '**어떻게**'를 우선시하는 등 다소 순서가 어긋난 접근이 있었다는 점은 인정한다. 회사 설립 초기부터 우리는 다음과 같은 원칙에 따라 움직이는 회사를 세우고 싶었다.

- **황금률** 자신이 대접받고 싶은 대로 사람들을 대하라.
- **모두를 위한 성공** 우리의 최종 목표는 주주뿐만 아니라, 고객, 동료, 그들의 가족 그리고 우리의 커뮤니티 모두를 위한 성공이다.
- **아이처럼 순수한 기쁨** 일할 때 내면의 아이다움(동심)을 끌어내라.
- **초심** '초심자의 마음가짐'을 유지하라.
- **지속적인 갈망** 내면에서 우러나오는 야망을 가져라.

우리의 가치는 언제나 우리에게 큰 의미가 있었지만, 그것만으로는 기업용 소프트웨어를 구축하는 우리의 일상적 노력의 더 깊은 목적을 표현하기에는 부족했다. 오해하지 않길 바란다. 기업용 소프트웨어에는 많은 장점이 있지만, 우리가 하고자 한 것은 로켓과 자동차를 우주로 쏘아 보내 언젠가 신세계를 정복하고 인류를 구원하려는 것은 아니다(기준을 높여준 일론 머스크에게는 감사를). 만약, 당신이 나처럼 스스로 생각하기에는 중요하지만 '향후 인류 존속'의 문제로 생각하기에는 맞지 않는 것을 하고 있을 때, 당신이라면 자기 자신과 동료들에게 이것을 어떻게 정당화할 것인가? 기업용 소프트웨어는 분명히 좋은 사업 아이템이다. 그런데 이 일을 하면서 즐거움을 느끼는 것도 가능할까?

어느 날 문득 현실적으로 우리가 하는 일로 세상을 바꿀 수는 없지만, 우리가 하는 일의 **이유**와 **방식** 면에서는 우리를 둘러싼 세상을 바꿀 수 있다는 생각이 들었다. 우리는 사업의 이유와 방식에서 차별화하기를 갈망한다. 우리는 수익에 대한 중요성을 알고 있고, 중시하지만, 그것이 우리를 지배하는 가치는 아니다. 사람 역시 사업만큼이나 중요하며, 일부 기업들이 주장하는 것처럼 사람은 '자산' 또는 '인적 자본'이 아니다. 당신은 여러 가지 목표를 가질 수 있기 때문에 모든 것이 주주 가치로 이어져야 하는 것은 아니다. 팀원들은 그 과정에서 자신을 포기하지 않고도 직장에서 성공할 수 있다. 사실 우리는 사회가 그 어느 때보다 이것을 필요로 한다고 믿는다.

인공지능, 자동화, 로봇 등으로 인간은 실존적 위기를 겪고 있다. 모든 스크린, 셀카, 소셜 네트워크는 우리를 진정한 미소와 함께하는 순간을 더욱 그리워하게 만든다. 그래서 마침내 우리는 이를 글로 적은 것이다. 우리는 일상적 행위 그 너머의 것을 향하게 하는 이유가 무엇인지 결정했다. 게인사이트에서 우리의 목적은 **사람을 최우선으로 생각하면서도 사업에서 성공할 수 있다는 살아 있는 증거가 되는 것**이었다. 인간 우선 주의는 사업적 결정을 할 때 항상 사람을 먼저 생각하는 것을 의미한다.

- 인간 우선 주의는 사무실을 운영하는 사람과 사무실을 청소하는 사람의 인생과 시간이 동등하게 중요하며 가치 있음을 깨닫는 것을 의미한다.
- 인간 우선 주의는 팀원들이 불편함을 느낄지라도 팀원들과 근본적으로 투명하게 소통하는 것을 의미한다.
- 인간 우선 주의는 팀이 피아노 연주회, 친구들과의 저녁, 가족 여행 등을 할 수 있도록 회사 일정과 업무/협업 환경을 유연하게 운영하는 것을 의미한다.
- 인간 우선 주의는 회사의 모든 구성원이 회사에서 가장 중요한 사람이라는 생각으로 모든 팀원을 대접하는 것을 의미한다.
- 인간 우선 주의는 꿈의 직장으로 떠나는 팀원을 배신자 취급하거나 죄책감을 느끼게 하는 대신 축하하고 격려하는 것을 의미한다.
- 인간 우선 주의는 경쟁자를 악하거나 나쁜 사람으로 생각하지 않고, 자신과 마찬가지로 자신의 삶을 살고 가족을 부양하려는 선량한 사람으로 생각하는 것을 의미한다.
- 인간 우선 주의는 CEO를 포함한 리더십이 그들의 팀과 세상에 자신의 가장 밝은 꿈과 가장 어두운 두려움에 대해 마음을 여는 것을 의미한다.

인간 우선 주의는 용단을 내리지 못한다는 뜻일까? 당연히 아니다. 사람을 우선시하는 기업들도 때때로 유쾌하지 않은 결정을 내릴 수 있다. 그러나 게인사이트에서 우리는 '합리적인' 결정을 위해 다른 사람들에게 고통을 주고 있다면, 우리 역시 그 고통을 스스로 여러 번 감내해야 한다는 것이다. 그렇지 않다면 우리는 이미 인간성을 잃은 것이나 다름없다. 이러한 고통은 우리가 의사결정을 내릴 때 항상 사람을 생각하게 만드는 원동력이다. 우리는 고객, 팀원, 그들의 가족, 주주, 지역사회 등 많은 사람을 도울 수 있다고 생각한다. 모든 인류를 도울 수는 없겠지만, 이제 시작이다. 그리고 이 길을 걷고 있는 다른 많은 기업처럼 우리도 다른 기업들이 다른 업무 방식에 눈을 뜨도록 도울 수 있다면 그 영향력은 더욱 커질 수 있다.

카테고리 창조에서 목적의 중요성

새로운 카테고리를 창출하는 게인사이트와 같은 기업에는 1994년 콜린스의 고전 목록에 포함되지 않은 매우 중요한 여섯 번째 특성이 있는데, 이는 여러분의 커뮤니티에도 영감을 줄 수 있다. 이는 케나다 수정헌법(Kennada Amendment)이라고 부르지만, 공동의 목적에 의해 하나로 묶인 사람들의 집합을 육성한다는 개념은 인간의 사회심리에 영향을 미치는 것만큼이나 전문적인 맥락에서 강력한 힘을 발휘한다. 특히 이는 신규 시장에서 그러한데, 얼리어답터 개개인은 종종 커리어 여정에서 홀로 있는 듯한 기분을 느끼기 때문이다. 커뮤니티를 구축하고 성장시키는 것이 카테고리 창조의 핵심인 이유는 8장에서 설명하겠지만, 사실 모든 커뮤니티나 집단은 자신들을 미래로 이끌어줄 리더를 찾게 되며, 이는 시장을 선도하고자 하는 모든 브랜드에 필수적인 요소다. 그 칭호를 얻기 위해서는, 커뮤니티를 위해 일하는 기업에게 영감을 주는 목적을 만들고 천명하는 것이 필요하고, 그 목적을 활성화하고 진정성 있게 공개적으로 실현하기 위한 좋은 습관을 만들어갈 수 있어야 한다. 이것이 올바르게 실행된다면, 커뮤니티들은 실제로 시장 선도 기업의 문화를 반영함으로써 두 집단 간에 정서적 유대감을 형성할 수 있다.

같은 맥락으로, 게인사이트의 목적은 고객 성공 커뮤니티의 목적, 즉 게인사이트에서 제공하는 운동의 목적과 잘 맞닿아 있다. 고객 성공은 근본적으로 고객이 어떤 거래, 교환, 기회, 가망고객이 아니라는 사실을 깨닫는 것이다. 당신의 고객은 당신과 똑같은 사람들이다. 그리고 그들은 당신처럼, 그들이 하는 일에서 성공을 거두고 싶어 한다. 어떤 면에서, 고객 성공은 이 기술 중심적인 세상에서 인간성을 되돌려 놓는 것이다. 우리는 펄스 2018 콘퍼런스에서 5,000명이 넘는 커뮤니티 구성원들 앞에서 인간 우선이라는 새로운 목표를 발표했다. 그리고 그들은 이 문구를 자신들의 구호로 채택했다. 고객 성공은 근본적으로 인간의 노력을 통해 이루어진다는 사실을 항상 알고 있었지만, 우리는 그 뜻을 말로 표현하고 시장에서 이를 활성화하기 위해 투자하여 모든 사람들이 우리가 만들고 있는 운동에 동참할 수 있는 기회를 제공했다.

목적과 가치를 활성화하는 방법

조직의 공동 목적을 달성했다고 해서 일이 끝난 것은 아니다. 앞서 설명한 서비스나우와 게인사이트의 사례에서 알 수 있듯이, 조직의 목적은 조직의 외부, 그리고 현재 생성 중인 커뮤니티에 반향을 불러 일으켜야 한다. 여기서 마케팅은 목적을 '활성화'하는 중요한 역할을 수행하는데, 이는 다른 식으로 말하자면 그것을 둘러싼 내부와 외부의 인식 및 참여도를 증가시키는 것이다. 이는 온라인, 미팅, 라이브 이벤트 등 브랜드와 상호작용하는 모든 사람이 브랜드가 누구이며 무엇을 상징하는지 인상을 남길 수 있도록 하는 데 매우 중요하다. 이러한 활동은 진정성 있게 전달될 때 카테고리 리더로서 브랜드 자산에 투자하고 팔로워들의 참여를 유도하여 미래를 이끌어가는 데 도움이 된다. 다음은 마케터가 시장에서 목적을 활성화할 수 있는 몇 가지 아이디어다.

- 웹사이트의 회사 페이지에 회사의 목적과 가치를 설명하고, 이를 선택한 이유와 그 의미가 무엇인지 설명하라. 이 페이지는 사실상 조직이 누구이며 무

엇을 지향하는지를 보여주는 '정문'과 같은 역할을 한다. 이 페이지를 정적이거나 뒷전으로 미뤄두지 마라.

- 블로그 포스트와 공유 가능한 다른 형태의 콘텐츠를 제작하여 청중에게 적정한 수준의 영감을 주어라. 이러한 콘텐츠 자산은 당신의 카테고리나 제품에 덜 초점을 맞출 수 있지만, 브랜드에 대한 후광효과를 창출할 수 있는 강력한 표현이 될 수 있다.
- 영업 자료 또는 기타 프레젠테이션 자료에 표준 슬라이드를 포함하여 기업 설명에 목적과 가치를 불어넣을 수 있다. 발표를 전부 들은 청중들은 여러분이 누구인지, 세상을 어떻게 바라보는지에 대해 더 깊이 이해하게 될 것이다.
- 경영진이 브랜드와 커뮤니티에 대한 개인적 시각을 드러낼 수 있는 플랫폼을 만들어라. 시장은 카테고리 창조자의 리더십 팀을 브랜드의 목적과 가치를 대변하는 대표자로 바라볼 것이다. 11장에서 이 주제에 대해 자세히 다루며, 진정한 경영진 커뮤니케이션 전략을 세우기 위한 구체적인 전술을 제공할 것이다.
- PR을 활용하여 목적과 관련된 대화에 대해 언론에 중요한 정보와 의견을 제공하라. 저널리스트는 HARO(Help a Reporter Out)라는 서비스를 사용하여 예정된 기사를 위한 취재원을 찾고, 가치 있는 언론 보도를 확보하기 위해 매일 취재원을 찾을 수 있다. 이는 가시성이 높은 채널에서 브랜드가 목적을 가지고 주도할 수 있는 쉬운 전략이지만 사후 대응이 필요하다.
- 산업 콘퍼런스 무대에서 목적과 가치에 대해 이야기하는 동시에 이를 표현하는 자체 이벤트 제작을 위해 노력하라. 후자의 예시로, 만약 회사의 가치 중 하나가 모든 이해관계자들의 다양성이나 평등에 초점을 맞추고 있다면, 무대와 청중이 동등하게 대표될 수 있도록 하기 위해 당신의 이벤트 팀은 어떤 조치를 취할 것인가?

이것들은 목적과 가치를 활성화하기 위한 몇 가지 아이디어에 불과하다. 만약 진정성 있게 개발되면, 초기 시장에서 브랜드에 후광효과를 창출할 수 있다. 목록에 다른 아이디어를 추가하다 보면 콘텐츠 마케팅 전략에서 목적과 기업 마케팅에 초점을 맞춘 전용 트랙이 생겨나기 시작할 것이다. 청중들은 당신이 카테고리를 만들기 위해 무엇을 하는지를 넘어, 어떻게 그리고 무엇보다 중요한, 왜 하는지에 대해 지속적인 관심을 보일 것이다. 그러나 이러한 활성화에 관심을 가지는 것은 커뮤니티 외부의 구성원만이 아니다. 팀원들에게도 목적과 가치를 알리는 것이 중요하다. 왜냐하면 궁극적으로 그들이 이러한 원칙의 가장 중요한 구성 요소이고, 그들의 수용이 카테고리 창조라는 긴 게임의 성패를 가르는 요인이 되기 때문이다.

목적, 가치, 문화가 팀원들에게 중요한 이유

앞서 카테고리를 만드는 것은 커뮤니티의 구성원뿐만 아니라 미션에 참여하는 팀원 모두에게 '더 높은 소명'을 부여한다고 이야기했다. 영감을 주는 핵심 이념을 정의하는 것은 회사에 인재를 영입하고 그들을 앞으로의 긴 여정 동안 유지할 수 있는 가장 강력한 방법이다. 기업의 리더로서, 팀원들을 내부 고객으로 생각하는 것이 중요하다. 시장의 고객들에게서 볼 수 있는 트렌드와 마찬가지로, 오늘날 직원들은 그들이 일할 수 있는 직장에 대해 그 어느 때보다 더 많은 선택권이 있다. 시장에서 목적을 활성화하는 것은 인재를 채용할 때 경쟁 우위가 될 수 있으며, 이는 당신의 브랜드를 업계의 다른 '파괴자'들과 차별화할 수 있다.

3장에서 설명한 것처럼 카테고리 창조는 현실적으로 매우 어려울 수 있다. 다른 기업들은 이미 잘 정립된 카테고리에 제품/시장이 잘 맞을 수 있지만, 카테고리 창조자들은 제품과 시장을 동시에 개발해야 한다. 반복 가능한 판매 모델과 확장 가능한 GTM(Go-To-Market) 프로세스를 파악하는 것은 시간이 지나고 대개 많은 실수를 거듭한 후에야 가능하다. 하지만 확실한 목적과 가치관은 팀의 참여와 추진력을 유지하고, 업무에 깊은 의미를 부여하며, 당면한 숭고한 사명에 집중하게 한다. 직장 내 성취도에 초점을 맞춘 참여 및 성과 전문 기업인 에너지 프로젝트(Energy Project)가 2014년 실시한 설문조사에 따르면, 직원의 50%가 직장에서 일의 의미와 중요성을 느끼지 못하는 것으로 나타났다. 그러나 업무에서 의미를 찾는 직원은 회사에 남을 가능성이 3배 이상 높으며, 직무 만족도가 1.7배, 업무 몰입도가 1.4배 높다고 보고되었다.[2]

회사의 존재 **이유**를 정의하는 것은 카테고리 창조 여정의 중요한 첫 단계로, 앞으로의 나머지 의사결정에 영향을 미칠 것이다. 이제 '**왜**'로 시작했으니 이제 '**누구**'에 초점을 맞춰야 할 때다.

1 "2018 Cone/Porter Novelli Purpose Study: How to Build Deeper Bonds, Amplify Your Message and Expand the Consumer Base," Cone/Porter Novelli, 2018, http://www.conecomm.com/research-blog/2018-purpose-study

2 Jessica Amortegui, "Why Finding Meaning at Work Is More Important Than Feeling Happy," *Fast Company*, June 26, 2014, https://www.fastcompany.com/3032126/how-to-find-meaning-during-your-pursuit-of-happiness-at-work

06

제품 플러스 사람에 집중하기

무언가를 잘하는 법을 어떻게 배울 수 있을까? 몇 세대 전이었다면 지역 도서관에 가서 해당 기술에 대한 책을 읽거나 정평 난 전문가 밑에서 수습을 하며 그 해답을 찾았을 것이다. 인터넷 시대에는 간단한 웹 검색이나 "시리(Siri)에게 물어봐"라고 말하기만 하면 하우투 동영상, 자세한 블로그 게시물, 심지어 소셜 미디어에서 비즈니스 유명인을 팔로우하는 것까지 무한한 정보와 교육이 쏟아져 나온다. 오늘날 소비자들은 노트북, 태블릿 기기, 모바일 기기를 통해 온라인으로 새로운 언어를 배우고, 세계 각국의 요리 레시피를 공유하며, 심지어 공인된 대학을 졸업하기도 한다. 미국 심리학자 에이브러햄 매슬로(Abraham Maslow)에 따르면 인간으로서 잠재력을 최대한 발휘하고자 하는 이러한 욕구는 신체적 생존, 안전, 기타 등 가장 기본적인 욕구가 충족되면 심리적 건강을 위한 가장 큰 동기가 된다. 자아실현을 위한 우리의 노력에 도움이 되는 것은 전문적으로 제작되었든, 커뮤니티/사용자가 만들어냈든 간에 말 그대로 모든 주제에 대해 온라인에서 제공되는 풍부한 교육 콘텐츠다.

2장에서 논의했듯이, 카테고리 창조는 그 자체로 B2H 마케팅의 하위집합이며, 이는 기업이 마케팅하고 판매하려는 모든 로고의 배후에는 매슬로의 욕구단계 피라미드(Maslow's pyramid and hierarchy of needs) 위 어딘가에 위치하는 사람이 있음을 의미한다(그림 6.1 참조). 카테고리 창조의 독특한 점은 세상

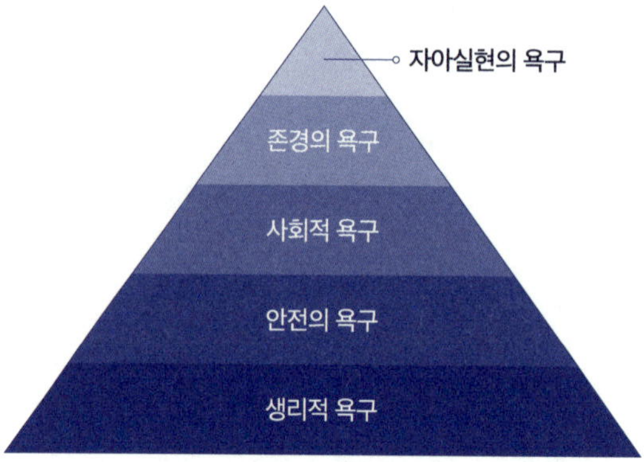

그림 6.1 매슬로의 욕구단계 피라미드

의 어떤 기업도 이 특정한 인간(혹은 인간 집단)에 대해 유의미한 방식으로, 혹은 적어도 당신이 처음으로 관찰한 이 특정 문제를 해결하려는 맥락에서 관심을 기울이고 있지 않다는 사실을 깨닫게 된다는 것이다. 아주 단순한 수준에서 말하면, 카테고리를 정의하는 데 당신의 역할은 그들이 피라미드를 오르는 과정에서 신뢰할 수 있는 조언자로 봉사하는 것이다. 당신은 조직 내에서 자신의 역할이나 이니셔티브가 경영(안전)에 미치는 전략적 중요성을 정당화하도록 그들을 도울 수 있는가? 그들 주변에 동료와 혁신가 커뮤니티를 구축해 줄 수 있는가(소속감)? 그들이 기업과 업계에서 승진하거나 인정받을 수 있도록 도울 수 있는가(존경심)? 이러한 요구사항은 초기 시장에서는 충족되지 않고 일반적으로 제품 및 서비스와 직접적 상관관계가 거의 없는 가장 기본적인 요구사항이다. 여기에 마케팅 노력을 집중하는 것이 카테고리 창조의 성공과 실패를 가르게 된다.

카테고리 창조의 핵심은 제품이 아니라 사람이다. 1장에서 카테고리를 만들 수 있다는 신호 중 하나는 이해하지 못하는 다수의 사람들 틈바구니에서 '이해하는' 소수 열정적인 사람들의 존재라고 언급했다. 이러한 얼리어답터들은 투자자, 애널리스트 등 다른 사람들은 이해하지 못하더라도 당신의 고통을 이해하고 당신이 무언가를 하고 있다고 믿어주는 사람들이다. 결국 이들에게 여러분의 제품은 중요한 의미가 될 것이며, 특히 매슬로의 피라미드 위로 올라가는 촉진제 역할을 할 수 있다면 더욱 그렇다. 그러나 비즈니스 대 인간이라는 필터를 통해 피라미드의 모든 단계에 맞는 콘텐츠 마케팅 전략을 개발하면, 신규 시장의 초기 단계에서 기능적 이점(feature benefit)을 포지셔닝하는 것보다 훨씬 더 영향력 있는 신뢰받는 조언과 카테고리 리더십을 구축할 수 있다.

사람들은 자신의 커리어를 중요하게 생각하지만, 넓은 의미에서 커리어는 단순한 직장 이상의 의미를 가질 수 있다. 카테고리에 속한 사람들을 지원하기 위해 카테고리의 기반을 어떻게 구축하고 있는가?

새로운 카테고리 내 얼리어답터들의 심리학

새로운 카테고리는 특정 유형의 사람들, 즉 '얼리어답터'로 알려진 선구자적 정신을 가진 사람들을 끌어들이는 경향이 있다. 이 용어는 미국의 커뮤니케이션 이론가이자 사회학자인 에버렛 로저스(Everett Rogers)가 1962년 저서 《**혁신의 확산**》에서 처음 사용했으며, 이는 아이디어와 제품이 확산되는 방식에 대한 현대적 사고의 토대가 된 획기적인 노력이다. 로저스는 얼리어답터를 혁신 수용 라이프사이클 초기에 새로운 제품과 아이디어를 테스트하고 다음 단계의 채택을 주도하는 영향력 있는 사람으로 정의한다(그림 6.2 참조). 만약 이 말이 친숙하게 들린다면, 당신은 얼리어답터와 초기 다수자 사이의 경계가 전체 곡선 중에서 가장 어려운 도약이며 제프리 무어의 캐즘 마케팅으로 유명세를 얻은 '캐즘'의 대표적 사례라는 것을 알 수 있을 것이다. 하지만 캐즘이 눈에 들어오기 전에 새로운 아이디어를 주류로 확산시키기 위한 전제 조건인 얼리어답터들을 움직이는 원동력이 무엇인지 이해해야 한다.

얼리어답터는 에이브러햄 매슬로의 욕구단계 피라미드와 동일한 관찰의 대상이 된다. 가장 큰 차이점은 얼리어답터들이 자아실현을 향해 나아가는 동기의 근간이 되는 심리적 동기가 정보, 참신함, 지위라는 점이다.[1] 얼리어답터는 새로운 것에 대해 누구보다 먼저 배우려는 부지런한 연구자이기 때문에, 카테고리 창

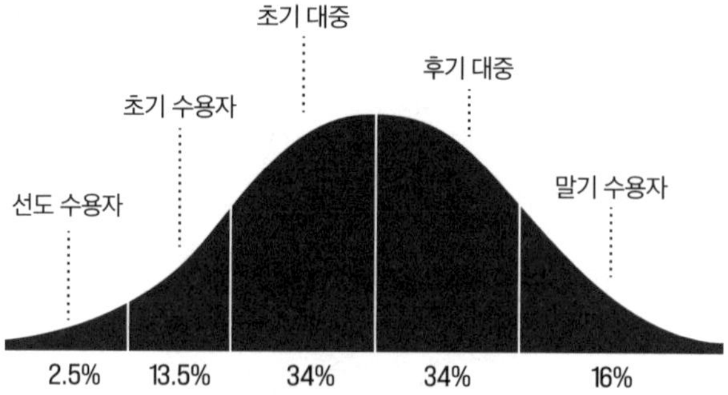

그림 6.2 로저의 기술 수용 곡선

조자는 해당 카테고리가 다루는 문제에 관한 콘텐츠로 웹을 가득 채워야 한다. 얼리어답터들은 새로운 아이디어에 다른 사람들보다 먼저 뛰어드는 경향이 있지만, 콘셉트를 지지하기 전에 미리 조사를 해두기 때문에 이러한 위험은 완화된다. 또한 이들은 참신함, 즉 시장보다 한발 앞서 트렌드를 채택함으로써 실현할 수 있는 성공과 경쟁 우위에 따라 움직인다. 포레스터 리서치의 설문조사에 따르면, 얼리어답터가 "나는 항상 새로운 것을 시도해 볼 의향이 있다"라고 말할 가능성은 종형 곡선의 맨 오른쪽에 위치한 '말기 수용자'에 비해 72% 높다. 얼리어답터의 세 번째 동기는 지위, 즉 세계에서 자신을 대표하는 브랜드와 제휴(또는 최초로 제휴)하는 것을 선택하는 것이다. 직업적 측면에서 얼리어답터들은 자신의 개인 브랜드에 깊은 관심을 가지며, 자신을 구축하거나 홍보할 수 있는 기회를 제공하는 기업에 호의적인 반응을 보인다.

새로운 카테고리를 창조하려면 업계의 얼리어답터들, 이미 '이해'하고 있는 소수의 사람들과 그들의 영향력 범위 내에 있는 사람들에게 지지를 얻어야 한다. 얼리어답터들의 정보, 참신함, 지위라는 동기를 활성화하는 콘텐츠, 커뮤니티 및 기타 전략을 개발하는 방법을 이해하는 것이 중요하다. 블로그에 해당 카테고리의 혁신가로서 그들의 이야기를 소개하거나, 연설 기회 제공, 팟캐스트 연설 요청 등, 얼리어답터들을 조기에 팀에 합류시키는 것은 해당 카테고리에서 장기적인 브랜드 자산을 구축하는 데 중요하다. 이들의 지지는 카테고리 인지도와 사고 리더십을 시장에 확산시키는 네트워크 효과를 창출하여 시간이 지날수록 더욱 탄력을 받을 수 있는 플라이휠을 촉발할 수 있다. 이러한 전략은 책 전반에 걸쳐 다루겠지만, 내러티브 서술 방식(라이브 이벤트, 디지털 등)에 관계없이 전략의 핵심은 얼리어답터를 염두에 두고 콘텐츠 마케팅 머신을 구축하는 것이다.

콘텐츠 마케팅 입문

콘텐츠 마케팅 엔진을 시작하고 넓혀가는 것이 어렵게 느껴질 수 있다. 글은 누가 작성할 것인가? 배포는 어떻게 할 것인가? 그리고 이 모든 것을 할 시간을 어떻게 확보할 것인가? 당신이 아예 처음부터 시작하는 것이든 카테고리 창조의 렌즈로 기존의 콘텐츠 노력을 재구상하는 것이든, 그것이 바로 우리가 이번 장에서 다룰 내용이다. 하지만 본격적으로 시작하기 전에 콘텐츠 마케팅에 대한 몇 가지 기본 용어, 즉 콘텐츠 마케팅의 시대를 열었던 마케토(Marketo)의 정의와 주요 고려사항에 대해 게인사이트 근무 초기에 배운 내용을 정리해 보고자 한다. 마케토가 정의하는 바에 따르면 콘텐츠 마케팅은 '고품질의 가치 있는 콘텐츠를 만들어 잠재 고객을 끌어모으고, 정보를 제공하고, 참여를 유도하는 동시에 브랜드 자체를 홍보하는 과정'[2]이다. 그리고 마케토는 다양한 콘텐츠 마케팅을 초기 단계, 중기 단계, 후기 단계 콘텐츠라는 세 바구니로 분류한다.

- **초기 단계 콘텐츠** 구매 전 혹은 구매자 여정의 '인지' 단계에 배치된 콘텐츠다. 일반적으로 브랜드 인지도를 구축하는 동시에 교육을 위한 '사고 리더십' 콘텐츠라고 지칭된다. 대표적인 형식으로는 블로그, 전자책, 연구 데이터, 인포그래픽, 웨비나 등이 있으며, 대부분의 경우 게이트가 없거나 웹 양식에 고정되어 있지 않다.
- **중기 단계 콘텐츠** 구매자가 구매 여정의 '고려' 단계에서 제품이나 솔루션을

찾고 있을 때 시장 내에서 귀사를 찾는 데 도움이 되는 도구다. 일반적인 형식으로는 구매 가이드, RFP 템플릿, ROI 계산기, 애널리스트 보고서 등이 있다. 중기 단계 콘텐츠는 구매 의도를 파악하고 후속 조치를 위해 리드를 영업팀에 적절히 전달하기 위해 거의 항상 게이팅된다.

- **후기 단계 콘텐츠** 구매자 여정의 '평가' 단계에서 제공되는 콘텐츠로, 구매자가 귀사를 평가하고 선택을 재확인하는 데 도움이 된다. 일반적인 형태로는 가격, 서비스, 온보딩 정보, 고객 사례 연구 등이 있다. 후기 단계의 콘텐츠는 일반적으로 게이팅되지 않으며, 영업팀이 파이프라인을 발전시키고 거래를 성사시키는 데 가장 잘 활용된다.

카테고리 창조에서 대부분의 노력과 자원은 초기 단계 콘텐츠를 개발하는 데 투입되며, 그리고 알지 못했던 문제와 그것이 왜 중요하며 어떻게 해결해야 하는지에 대해 시장을 교육시키는 데 쓰인다. 그림 6.3은 게인사이트에 개시했던 초기 단계 콘텐츠 주제의 몇 가지 예를 보여준다. 중요한 것은 내러티브(서사)가 초기 단계에 있다는 것이며, 더욱 중요한 것은 콘텐츠가 열성적인 카테고리 리더인 당신을 통해 제공되는 것이다. 초기 단계의 콘텐츠 활동은 브랜드에 대

그림 6.3 초기 단계 콘텐츠 주제의 예시들

한 사고 리더십 자산을 구축할 뿐만 아니라, 주제의 성격이 홍보보다는 교육적이기 때문에 이러한 자산은 검색 엔진에 의해 색인화되고 결국 웹사이트로 상당한 유기적 트래픽을 유도하여 인바운드 마케팅(Inbound Marketing)에 활력을 불어넣을 수 있다.

게인사이트가 설립된 지 6년이 넘었지만, 2013년 처음 제작된 콘텐츠 자산은 여전히 온라인에서 훌륭한 성과를 거두며 인바운드 리드 속도를 높이고 있다. 오늘날 게인사이트닷컴(Gainsight.com)으로 유입되는 트래픽의 60% 이상이 오가닉 채널을 통해 이루어지고 있으며, 이는 초기 단계 콘텐츠 마케팅에 대한 초기 투자에 대한 증거로서 오늘날에도 계속 투자하고 있다.

그렇다면 새로운 카테고리의 중기 단계와 후기 단계 콘텐츠는 어떻게 해야 할까? 이러한 유형의 자산을 개발하는 것은 중요하지만, 여정의 기초 단계에 있는 초기 단계 콘텐츠만큼 중요하지는 않다. 카테고리가 성숙해지기 시작하면 중기 및 후기 단계의 콘텐츠 자산은 이제 시장이 이해하기 시작한 문제에 대한 기록적인 해답으로 당신의 솔루션을 포지셔닝하는 데 매우 중요하다. 그러나 초기 단계의 콘텐츠 마케팅 전략을 성공적으로 실행하는 데에는 3장에서 소개한 **이중 퍼널 효과**와 같은 어려움이 따른다. 이중 퍼널 효과에서 시장과 카테고리에 대한 광범위한 인지도를 높이는 데는 성공하지만(제1퍼널), 그러한 브랜드 영향력을 제품이나 서비스의 매출로 전환하는 데는 어려움을 겪는 것을 말한다(제2퍼널).

제1퍼널에서 제2퍼널로 연결하거나 새로운 카테고리 내에서 제품 평가를 유도하는 방법 중 하나는 중기 및 후기 단계의 콘텐츠를 가져와서 초기 단계 콘텐츠인 것처럼 홍보하는 것이다. 새로운 카테고리에는 보편적으로 이해되는 판매 프로세스가 없는 경우가 많으므로, 제품 구매 방법과 발견한 문제에 대한 해결책을 시장에 알리는 것이 중요하다.

- **플랫폼 구매자를 위한 가이드**를 전자책으로 만들어 이를 소셜 미디어나 시장성 있는 데이터베이스에 홍보하는 것을 고려하라.

- 고객 증언 및 사례 연구에 조기 투자하여 해당 콘텐츠에 대한 광범위한 인지도와 참여를 유도하라.
- 샘플 RFP 자산을 설계하고 이를 잠재 고객에게 홍보하여 새로운 카테고리의 제품에 대한 구매 기준을 전파하라. 기존의 콘텐츠 마케팅 가이드라인에 따르면, 이러한 콘텐츠의 대부분은 영업팀만 접근할 수 있는 게이트 또는 콘텐츠 관리 시스템 뒤에 있어야 하지만, 중기 및 후기 단계의 콘텐츠에 프로모션 홍보 기능을 추가하면 새로운 카테고리 내에서 인지도와 고려 사이에 다리를 놓는 데 도움이 될 수 있다. 너무 깊이 들어가기 전에 먼저 콘텐츠 마케팅 전략을 개발하는 방법을 논의해 보도록 하자.

새로운 카테고리를 위한 콘텐츠 마케팅 전략 개발하기

콘텐츠 전략을 처음부터 새로 수립하든, 카테고리 창조의 관점에서 기존 프로그램을 재검토하든, 명심해야 할 5가지 원칙이 있다.

카테고리 이름을 지어라

카테고리를 만드는 여정에서 가장 중요한 결정 중 하나는 카테고리의 이름을 정하는 것이다. 카테고리의 이름을 정하는 것은 단순히 회사를 하나로 묶는 것뿐만 아니라 시장 내 잠재 고객과 고객 커뮤니티 전체를 하나로 모으는 역할을 한다. 선택한 카테고리가 주목할 만한 가치가 있는 수십억 달러 규모의 거대 시장이라는 점을 강조하기 위해 적지 않은 마케팅 예산을 투입하여 카테고리 이름과 관련된 콘텐츠를 만드는 데 많은 시간과 자원을 투자하게 될 것이다. 분석가들이 알아볼 수 없고(10장에서 자세히 설명), 경쟁업체에서 다른 이름으로 부르고, 이미 유사 카테고리가 존재하여 혼란을 일으키고 있으며, 대부분의 아이디어에 대한 검색량이 극히 낮고, 좋은 도메인은 이미 모두 차지한 상태이기 때문에 이름을 결정하는 것이 쉬운 일은 아니다. 익숙하게 들리는가?

카테고리 이름을 정하는 방법에 대한 보편적인 진리는 많지 않지만, 다음은 생각을 정리하는 데 도움이 될 몇 가지 팁이다.

- **제품이 아닌 사람을 중심으로 브랜드화하라** 분석가들은 사람의 감정이 전혀 느껴지지 않는 매우 복잡한 카테고리 이름을 만들어내는 습관이 있는데, 훌륭한 약어가 도움이 될 수 있다. 기업 콘텐츠 관리(Enterprise Content Management, ECM), 순환 매출 관리(Recurring Revenue Management, RRM), 혹은 보안 정보 및 이벤트 관리(Security Information and Event Management, SIEM)가 그 예다. 이와 같은 이름 대신 달성하고자 하는 결과에 카테고리 이름을 붙이는 것을 고려해 보라.
- **고객의 직위에서 단서를 찾아라** 잠재 고객의 직위를 고려하고 해당 카테고리의 고유한 특징과 연결고리를 찾아보라. 게인사이트에는 고객 성공 매니저라는 직위가 이미 있었고 우리보다 앞서 있었지만, 어떤 기업도 고객 성공에 관한 콘텐츠를 만들고 있지 않았다. 따라서 고객 성공 매니저는 우리에게 좋은 선택지로 보였다.
- **구글 트렌드를 이용하여 검색량을 측정하라** 새로운 카테고리에 대한 검색량은 본질적으로 낮을 수밖에 없다. 그렇지 않다면 오히려 제안되는 카테고리의 참신함을 의심해야 한다. 그러나 구글 트렌드를 사용하면 짧은 카테고리 이름 목록으로 유입되는 소량의 트래픽을 정량화할 수 있다. 데이터는 광범위한 시장의 관심과 검색 행동에 대한 작은 창을 제공하며, 이는 최고의 아이디어와 최악의 아이디어를 벤치마킹하는 데 유용하게 사용할 수 있다.

카테고리 이름을 선택하는 것은 콘텐츠 마케팅 여정의 첫 번째 단계다. 카테고리를 정했다면 도메인을 구입하고, 해시태그를 작성하고, 소셜 애널리틱스와 구글 알림을 설정하여 음성 점유율과 검색량을 추적하는 등 가능한 한 모든 곳에서 카테고리의 깃발을 흔들어야 한다. 여러분은 카테고리 브랜드에 대한 모멘텀을 만들기 위해 노력할 것이므로, 카테고리 이름을 지었을 때의 세상이 어떤 모습인지 벤치마킹하는 것도 괜찮은 생각이다. 이제 남은 일은 글을 많이 쓰는 것뿐인데, 누가 이 모든 일을 할 수 있을까?

대변인, 작가, 기여자를 파악하라

이 모든 콘텐츠의 출처를 파악하는 것은 어려운 일일 수 있다. 카테고리를 만드는 초기에는 모든 주제에 대한 전문 지식이 창업자나 최고경영자의 머릿속에 갇혀 있어 후배 마케터나 대행사에 전달하기 어려울 수 있다. 나중에 회사가 성장함에 따라 조직 내 타기팅된 경영진 혹은 부서(가령 허브스팟의 CMO/마케팅 또는 세일즈포스의 CRO/영업)가 콘텐츠 기여의 훌륭한 원천이 될 수 있다. 일부 기업에서는 신흥 시장의 얼리어답터인 주제별 전문가를 **에반젤리스트**로 고용하여 콘텐츠를 작성하고 이벤트에서 연설하는 일을 정규직으로 맡기기도 했다. 실제로 누가 글을 작성하는지는 차치하고, 사내에서 누가 외부 대변인 역할을 할지 정하고 작성된 기사의 밑줄에 그의 이름을 명시하는 것이 중요하다.

실제로 글을 작성하기 위해서는 마케팅 부서의 가장 오래된 직원을 콘텐츠 작성자로 고용하는 것이 좋다. 작가는 녹음된 인터뷰를 바탕으로 콘텐츠를 개발하거나 창업자나 임원이 제공한 콘텐츠의 개요를 작성 · 편집할 수 있다. 작가는 **브랜드 보이스**를 포착하고 웹에 게시하기 전에 모든 자산이 규정을 준수하는지 확인해야 한다. 콘텐츠의 특성상 초기 단계기 때문에, 시장의 얼리어답터들의 상태 동기를 활용하면서 콘텐츠 프로그램을 확장하는 좋은 방법은 고객(혹은 커뮤니티 내 비고객)에게도 콘텐츠를 제공하도록 요청하는 것이다. 웹 자산에 포함되는 모든 기사의 작성자가 당신의 기업이 아니라는 점에서 카테고리 리더로서의 신뢰성에 긍정적인 부차적 영향을 얻게 된다.

초기 단계 스타트업을 위한 콘텐츠 비법

나는 카테고리 창조에 관심이 있지만 아직 창업 초기고 마케팅 담당자가 없는 초기 단계의 창업자들을 만날 수 있는 특권이 있다. 나는 이들에게 콘텐츠 마케팅 전략이 얼마나 중요한지 설명하는데, 그때마다 부족한 자원으로 어려움을 겪는 현실을 직접 두 눈으로 확인할 수 있다. 글 쓰기를 좋아하는 CEO가 있다는 것은 게인사이트에 큰 행운이다. 기내 와이파이가 널리 보급되기 전인 초창기에는, 닉을 (인터넷이 없는) 전국 횡단 비행기에 태워 보내면 착륙할 때 쯤에는 3~5개의 완성된 블로그 게시물을 우리에게 보내줄 것이라고 농담하곤 했다.

우스꽝스럽게 들릴지 모르지만, 사실 이 이야기에는 심오한 의미가 숨어 있다. 앞서 언급했듯이, 새로운 카테고리에 대한 비전과 그것의 독특한 포지셔닝은 종종 창업팀의 머릿속에만 갇혀 있는 경우가 많다. 시간과 자원이 모두 부족한 실정이기에, 나는 창업자들에게 주말 하루 정도는 와이파이 없이 12개 챕터로 구성된 새로운 카테고리에 대한 전자책 선언문을 작성하라고 조언했다. 블로그 게시물, 웨비나, 영업 만찬 주제 등 각 주제가 캠페인의 월간 주제가 될 수 있기 때문에 12개의 챕터는 전략적인 것이다. 파트너와 협력하여 12가지 주제 각각에 대한 답변 글을 작성하면 캠페인 초기에 필요한 검증을 추가할 수 있으며, 함께 시작하면 파트너의 잠재 고객을 활용하여 시장성 있는 데이터베이스를 구축할 수 있다. 1년치의 콘텐츠를 만드는 데에는 글에 집중하는 딱 한 번의 주말만 있으면 된다.

카테고리를 만든 '이유'를 명확하게 설명하라

카테고리 창조의 정의 자체가 시장에서 발견한 문제를 당신이 아닌 다른 누구도 관찰하지 못했거나 혹은 명확하게 표현하지 못했다고 가정한다는 점을 기억하라. 콘텐츠 마케팅 활동의 초기 초점은 문제의 존재를 입증하고 이를 해결하기 위해 새로운 카테고리가 생겨난 이유에 대한 근거를 제시하는 것이다. 제3자의 진술과 지지의 목소리는 당신의 입장을 입증하는 데 도움을 줄 수 있다. 성공한다면 시장의 얼리어답터들에게 주목할 만한 가치가 있는 새로운 것이 있으며 그들이 겪고 있는 문제를 이해하는 기업이 있다는 것을 확신시킬 수 있을 것이다.

그러나 단순히 그들의 언어로 말하는 것만으로는 부족하다. 매슬로의 피라미드에서 알 수 있듯이, 인간은 자신의 경력을 당신의 카테고리 포지셔닝에 걸기 전에 촉발될 수 있는 안전에 대한 심리학적 욕구가 있다. 새로 전환한 사람들이 경영진과 네트워크에 카테고리에 대한 투자를 정당화하는 데 도움이 되는 콘텐츠를 만들어라. 또한 그들이 데이터, 사례 연구 및 기타 증거를 통해 조직 안팎에서 프로젝트에 대한 폭넓은 인식을 형성하는 데 필요한 근거를 마련하라. 게인사이트에서는 CEO나 이사회에 고객 성공에 대한 투자를 정당화하는 방법에 대한 콘텐츠를 작성하는 데 많은 시간을 할애했다. 또한 외부 리서치 기관을 통해 실시한 ROI 연구에서 고객 이탈의 고통을 정량화하여 고객 성공에 대한 비즈니스 사례를 만들었다(3장 참조). 이러한 자산을 통해 고객 이탈이 구독 기업(subscription companies)의 문제이며 고객 성공이 이를 해결하기 위한 적절한 전략이라는 것을 전 세계에 증명할 수 있었다.

'어떻게' 하는지 교육하라

카테고리가 어느 정도 탄력을 받고 나면, 신생 커뮤니티의 사람들이 논리적으로 던지는 다음 질문은 카테고리를 통해 배운 것을 실제로 어떻게 실천할 수 있는가다. 시장은 자연스럽게 카테고리의 모범 사례에 대한 리소스를 제공하는 회사로 여러분을 바라보게 될 것이며, 이러한 기대는 솔직히 사라지지 않을 것이다. 블로그에 카테고리 모범 사례에 대한 온라인 목적지를 구축하여 시장이 업계 사고 리더십과 당신의 웹사이트를 연계할 수 있도록 하라. 블로그에 호스팅된 콘텐츠는 브랜드 관련 혜택 외에도 검색 엔진 전반에 걸쳐 색인화된 사고 리더십의 롱테일이 생성되어 SEO(Search Engine Optimization, 검색엔진 최적화)를 고려하여 게시할 때 사이트로의 유기적 트래픽을 유도할 수 있다. 사실 블로그를 카테고리를 위한 퍼블리싱 플랫폼으로 생각하는 것이 좋은데, 커뮤니티의 얼리어답터라면 누구나 자신의 이야기를 사이트에서 전하고 싶어 할 것이다. 카테고리가 성숙해지면 온라인에서 카테고리 이름만 검색해도 웹 자산에서 호스팅되는 성과가 높은 콘텐츠 자산이 다수 표시될 것이다.

하지만 온라인이 초기 단계 콘텐츠를 만들고 유통하는 유일한 채널은 아니다. 사실 라이브 이벤트 및 체험은 새로운 시장에 진출한 기업에게 훨씬 더 강력한 전달 수단이다. 8장에서는 업계 모범 사례에 기반한 커뮤니티 및 라이브 이벤트 프로그램을 구축하고 성장시키는 방법을 이야기할 것이다. 온라인이든 체험형이든 새로운 카테고리에서는 콘텐츠의 품질이 매우 중요하며, 콘텐츠 전달 속도 또한 매우 중요하다. 관련 업계 모범 사례에 대한 기존 채널이 없기 때문에 블로그 릴리스, 뉴스레터, 웨비나, 이벤트 등을 꾸준히 제공하면 젊은 시장이 여러분의 프로그램에 계속 관심을 갖고 여러분의 이야기에 참여하게 될 것이다.

다루어야 할 잠재적인 주제가 너무 많은데, 어떻게 콘텐츠 로드맵의 우선순위를 정하고 무엇을 써야 할지 정확히 알 수 있겠는가? 콘텐츠 아이디어를 얻기 위해서는 다음 세 가지를 살펴볼 필요가 있다.

1. **고객이 무엇을 말하고 있는가?** 콘텐츠 아이디어의 최고 원천은 시장에서 나온다. 고객은 어떤 어려움을 겪고 있으며 어디에서 도움을 받을 수 있는가? 적합한 인재를 채용하고 있는가? 직무 설명 샘플을 작성하고 해당 카테고리의 채용 방법에 대한 블로그 게시물을 작성하라. 진행 상황을 검토하기에 적합한 회의 형식인가? 이를 해결한 기업들의 다양한 의제와 접근 방식을 소개하는 웨비나를 주최하라.
2. **시장을 선도하고 싶은 분야는 어디인가?** 궁극적으로 시장의 방향에 대한 확신이 필요하며, 이는 고객의 의견과 제품 로드맵에서 구축 중인 진정한 비전을 통해 알 수 있다. 당신이 출시할 새로운 제품과 기능을 아직 이해하지 못하는 커뮤니티에 출시하기 전에 먼저 모범 사례와 교육을 통해 이야기의 씨를 뿌려라.
3. **데이터를 통해 무엇을 알 수 있는가?** 결국 콘텐츠가 잘 작동하는지, 즉 콘텐츠가 온라인에서 올바른 유형의 참여를 유도하고 비즈니스 성과에 영향을 미치는지 확인하고 싶게 될 것이다. 때로는 최고의 성과를 내는 콘텐츠가

고객이 요구하는 것이나 특별히 새로운 것이 아니라 사람들이 정기적으로 검색하는 기본적인 질문을 반복하는 것일 수도 있다. 참신한 아이디어와 접근 방식으로 실적이 가장 좋은 자산에 대한 내러티브(서사)를 두 배로 늘리면 더 좋은 참여를 유도할 수 있을 것이다.

운동의 리더로서 카테고리를 전도하라

콘텐츠 노력이 결실을 맺기 시작하면 결국 브랜드가 해당 카테고리의 움직임을 이끄는 공식적인 선구자이자 리더로 인정받게 될 것이다. 당신의 기업은 콘퍼런스, 투자자 이벤트 및 지역 미팅에서 연설을 요청받게 될 것이다. 당신은 고객에게서 그들의 총회와 기업 킥오프에서 발표해 달라는 초대를 받게 될 것이다. 경영진의 시간 우선순위를 정하는 일은 점점 더 복잡해지겠지만, 업계를 위해 횃불을 들 수 있는 기회는 장기적으로 볼 때 항상 노력할 만한 가치가 있다.

게인사이트에서 우리가 가장 잘한 전도 투자는 와일리(Wiley)가 2016년에 출판한 고객 성공에 관한 책을 쓰기로 동의한 것이다. 책을 쓰는 일은 결코 쉬운 일이 아니었지만, 3년이 지나고 4만 부 이상이 판매되면서 우리는 직업 초창기부터 고객 성공의 챔피언이자 전도사 역할을 해왔다는 점에서 어느 정도 신뢰를 얻게 되었다. 아직도 비즈니스 서적을 읽는지 의아해할 수도 있지만, 실제로는 우리 카테고리에 대한 이 결정적인 책을 쓰면서 온라인 콘텐츠 노력만으로는 절대 접근할 수 없었을 이사회와 투자자 회의 등 다양한 곳에 브랜드를 알릴 수 있었다.

이 장의 앞부분에서 언급했듯이 나는 마케토에서 콘텐츠 마케팅 프로그램 구축에 대해 많은 것을 배웠고, '최종 가이드' 전자책 시리즈에서 만든 훌륭한 에반젤리즘 콘텐츠 중 일부도 배웠다. 내가 많은 것을 배운 기초 콘텐츠의 저자 중 한 명은 회사의 초기 마케팅 리더로, 이후 앱투스(Apttus)와 아나플랜(Anaplan)에서 각각 마케팅 수석 부사장과 CMO를 역임한 마리아 페르골리노(Maria

Pergolino)였다. 오늘날 마리아는 성장, 차별화, 카테고리 리더십을 주도하는 세계적 수준의 시장 진출팀을 구축하기 위한 자신만의 전략서를 개발하여 공유한 B2B 마케팅계의 유명 인사다. 나는 마리아에게 콘텐츠 마케팅과 카테고리 창조의 교차점에 대한 그녀의 관점과 콘텐츠 마케팅 프로그램을 구축하고 확장할 때 마케터들이 염두에 두어야 할 사항을 공유해 달라고 요청했다.

콘텐츠 마케팅 프로그램을 강화하기 위한 팁 10

마리아 페르골리노, 최고 마케팅 책임자(이전에 아나플랜, 앱투스, 마케토에 근무)

콘텐츠 마케팅은 기술만큼이나 빠르게 변화하고 있다. 이로 인해 카테고리 창조 콘텐츠 전략에서 기대하는 결과를 얻지 못할 수도 있다. 와인 한 잔을 마시며 그 이유에 대해 이야기해 보자.

이제는 구매자가 구매 주기를 통제한다는 것을 누구나 알고 있다. 왜 이런 일이 일어나는 것인가? 이러한 현상은 어떻게 개선할 수 있을까? 기본적으로 인터넷은 우리의 손끝에 무궁무진한 양의 데이터를 가져다 주었지만, 의사결정은 그 어느 때보다 복잡해졌으며, 더 많은 사람들이 회사의 구매 대상에 대해 발언권을 원하고 있다. 실제로 가트너의 조사에 따르면, B2B 구매 결정에 관여하는 이해관계자의 수가 2015년 평균 5.4명에서 2017년에는 6.8명으로 증가했다. 누구나 한 표를 행사하지만 대부분은 구매 대상에 대한 전문가가 아니며, 특히 당신과 같은 새로운 카테고리의 경우 문제를 해결할 수 있는 솔루션이 존재하는지조차 모르는 경우가 많다. 더 저렴한 비용으로 즉시 사용 가능한 솔루션이 있는 데도 불구하고 문제를 해결하기 위해 많은 예산과 개발 자원을 들여 자신이나 컨설턴트가 만든 자체 개발 도구를 사용해 문제를 해결했다고 말하는 경영진들과 이야기를 나눈 일이 몇 번이나 되는지 모른다.

그렇다면 구매자가 카테고리를 정의하는 제품을 구매하도록 하려면 어떻게 해야 할까? 구매자는 네트워크에 있는 사람들(친구, 인플루언서, 컨설턴트)에게 어떻게 해야 하는지 물어보거나, 인터넷, 콘퍼런스, 심지어는 이 책과 같은 책을 구입하여 스스로 해결책을 찾을 수 있다. 첫 번째 접근법의 경우 당신이 가장 먼저 떠올라야 하며, 후자의 경우 당신의 콘텐츠가 가장 중요한 위치에 있어야 한다. 두 경우 모두 당신의 브랜드가 대규모 구매팀에 대한 해답으로 떠오르게 하는 것은 꽤나 노력이 드는 일이기에 와인과 함께 이야기해 보자고 한 것이다. 또한 9장에서 고객을 옹호자로 활성화하는 방법과 아래의 10가지 콘텐츠 마케팅 팁을 읽어보기 바란다.

1. **집에 의사가 있는가?** 구매자가 문제에 대한 답을 찾기 위해 검색할 때 콘텐츠를 찾을 수 있도록 하라. 예를 들어, 마케토(그리고 엘로콰와 파닷)가 마케팅 자동화 카테고리를 만들었을 때, 우리는 솔루션이 무엇을 할 수 있는지가 아니라 어떻게 하면 더 나은 방식으로 마케팅을 할 수 있는지에 대한 팁을 공유했다. 이를 통해 타깃 구매자를 확보할 수 있었고, 그들의 비즈니스 어려움을 덜어주면서 신뢰를 쌓을 수 있었다.
2. **책은 표지로 판단된다** 지금 나와 있는 끝없이 많은 마케팅 자료 중에서 여러분의 콘텐츠가 눈에 띄게 하라. 만약 블로그 게시물 몇 개와 백서 목록으로 콘텐츠 마케팅 전략을 요약할 수 있다면 성공에 한계가 있을 것이라고 장담할 수 있다. 그렇다면 왜 그렇게 많은 브랜드가 이러한 접근 방식을 취하고 있을까? 콘텐츠 마케팅이 처음 도입되었을 때는 콘텐츠가 많지 않았기 때문에 이 방법이 효과적이었다. 그러나 이제 구매자들은 정보 과부하 상태에 놓여 있으며, 주의 집중 시간은 날로 짧아지고 있다. 그렇다고 콘텐츠 전략을 포기하라는 뜻이 아니라, 잠재 구매자에게 매우 매력적인 콘텐츠가 되어야 한다는 뜻이다. 블렌더(믹서) 회사인 블렌드텍 토털 블렌더(Blendtec Total Blender)가 윌 잇 블렌드(willitblend.com) 시리즈를 통해 아이폰, 하키 퍽, 루빅스 큐브 등을 블렌딩한 것은 매력적인 콘텐츠를 만드는 데 성공한 예라고 할 수 있다. 블렌더의 강력함을 설명하는 백서를 만드는 대신, 그들은 말 그대로 블렌더를 시험대에 올려놓고 일상적인 물건을 블렌딩하여 구매자를 교육하였다. 이 마케팅은 매우 설득력이 있어 세스 고딘(Seth Godin)의 책에 소개되고 위저(Weezer) 동영상에 등장하기도 했다.
3. **고양이(와 콘텐츠)는 목숨이 아홉 개다** 기업이 제품 마케팅에 대해 고민하기 시작하면 흔히 웹사이트를 만드는 것부터 시작한다. 문제는 앞서 설명한 것처럼 사람들이 여러분과 여러분의 새로운 카테고리에 대해 잘 모르기 때문에 당신의 홈페이지에 방문하지 않을 것이라는 사실이다. 그렇다면 대신 당신은 다양한 유형의 콘텐츠를 만들어 다양한 채널을 통해 공유해야 한다. 여기에는 링크드인, 페이스북, 트위터와 같은 디지털 채널뿐만 아니라 업계 웹사이트, 협회 웹사이트, 보도자료, 온라인 커뮤니티 등이 포함된다. 또한 후원 전시회, 사용자 그룹, 주최된 마케팅 이벤트와 같은 콘텐츠를 공유할 수 있는 물리적 장소도 포함된다.
4. **기회는 문을 찾지 못하면 두드릴 수 없다** 제작한 콘텐츠 유형에 관계없이 콘텐츠를 찾을 수 있도록 해야 한다. 이를 위해서는 콘텐츠가 게재되는 채널에 맞게 콘텐츠를 최적화해야 한다. 소셜 미디어, 인쇄물, 이메일 등 모든 채널에는 잠재 고객에게 표시되는 방식이 다르다. 각 채널에 맞게 최적화하는 방법을 알아내는 데는 시간이 걸릴 수 있지만, 소셜 미디어 대행사부터 검색 엔진 최적화 회사 등 이를 도와주는 컨설턴트와 회사가 많다.
5. **모든 길은 로마(그리고 당신의 카테고리)로 통하도록 하라** 카테고리를 만들 때 초기

단계의 콘텐츠를 활용해야 한다는 앤서니의 의견에 전적으로 동의하지만, 우리의 구매자에게 다음 단계를 알려줘야 한다는 점 또한 잊어서는 안 된다. 고객이 겪고 있는 고통에 대한 콘텐츠를 만들 때는 단순히 고객의 고통을 인식하는 데서 끝나서는 안 되며, 고객이 어떻게 성공을 거두었는지와 비슷한 성공을 거두기 위해 무엇을 할 수 있는지 등 그 고통을 해결할 수 있는 방법을 공유해야 한다.

6. **이것은 로켓 과학이 아니다. 데이터 과학이다** 많은 기업이 훌륭한 콘텐츠를 만들고 다양한 채널을 통해 공유하는 것이 얼마나 중요한지 인식하고 있다. 그러나 잠재 고객에 대한 정확한 최신의 데이터를 확보하여 해당 콘텐츠가 누구에게 전달되는지 파악하는 것도 중요하다. 가령, 우리는 페이스북에 우리가 원하는 고객의 목록을 제공하고 이들에게만 광고가 표시되도록 비용을 지불할 수 있다. 또는 이메일이나 다이렉트 메일과 같은 채널을 사용하여 콘텐츠를 타깃 구매자에게 직접 전송할 수도 있다. 이런 경우에는 콘텐츠가 누구에게 전달될지 알 수 있기 때문에 광고의 낭비를 크게 줄일 수 있다. 그러나 이는 우리가 보유한 잠재 고객 데이터만큼만 유효하므로 데이터는 필히 최신이고 정확해야 한다.
7. **여기 콘텐츠 일인분만 주세요** 콘텐츠는 종종 전체 시장을 대상으로 하는 하나의 문서나 동영상으로 대중을 위해 제작된다. 그러나 솔루션에 많은 비용을 지출하는 구매자가 거의 없는 구매 고려 대상 제품이라면 한 명의 구매자 또는 소수의 구매자를 위한 콘텐츠를 제작하는 것이 더 나은 전략일 수 있다. 이러한 계정 기반 콘텐츠 전략은 매우 기업-대-인간 중심적이며, 잠재 고객에게 당신의 기업이 고객의 문제를 해결하기 위해 얼마나 진정으로 노력하고 있는지 알리고 신뢰를 구축하는 데 도움이 될 수 있다.
8. **카테고리에는 내가 없다** 한 사람의 목소리만으로는 카테고리를 만들 수 없다. 데릭 시버스(Derek Sivers)의 테드 강연(TedTalk), "어떻게 움직임을 시작할 것인가"를 확인해 보라. 강연에서 그는 뮤직 페스티벌의 우스꽝스러운 댄서 때문에 관중들이 큰 소리로 웃게 만들었다. 들판 한가운데서 팔을 허공에 던지며 춤을 추는 이 사람이 약간 미쳤다고 생각하지 않을 수 없다. 하지만 다른 사람들이 그 춤을 따라 추고 나서야 재미있다는 생각이 들면서 거대한 분위기가 조성된다. 앞서 마케토에는 훌륭한 콘텐츠를 만드는 엘로콰와 파닷 같은 경쟁자가 있었다고 언급했다. 우리는 문제가 있다는 것에 동의함으로써 서로에게 신뢰를 주었고 마케터가 직면한 문제를 해결할 수 있는 비슷한 방법을 제시했다. 고객은 어떤 솔루션을 구매할 것인지 선택하기만 하면 되었다. 카테고리 창조를 위한 콘텐츠 마케팅에서 경쟁자는 적이 아니다. 두 번째, 보다 최근의 사례는 새롭게 떠오르는 ABM(계정 기반 마케팅) 카테고리에서 찾아볼 수 있다. 이 카테고리는 콘텐츠 마케팅이 활발하게 이루어지고 있는 새로운 카테고리다. 이 시장의 초기 진입자였던 디맨드베이스(Demandbase)는 수년간 계정 기반 마케팅

에 대한 콘텐츠를 공유했지만 별다른 성장을 이루지 못했다. 강력한 경쟁자인 엔가지오(Engagio)가 등장하면서 이 카테고리는 탄력을 받기 시작했고, 이로 인해 전체 영역에 신뢰성이 부여되면서 두 브랜드 모두 혜택을 받았다.

9. **안녕하세요, 대통령님!** 카테고리가 있기 위해서는 경쟁자가 있어야 하지만, 만들고 있는 카테고리의 리더가 되고자 한다면 경쟁에서 가장 크고, 가장 대담하고, 가장 신뢰할 수 있으며, 차별화된 목소리를 내야 한다. 여러분은 고작 카테고리의 부사장이 되려고 여기 온 것은 아니잖는가? 앤서니가 3장에서 강조한 것과 같이, 시장에 처음 진입한 퍼스트 무버가 리더가 되는 것이 아니라 훌륭한 콘텐츠를 통해 추진력을 얻는 것이 리더가 되는 길이다.
10. **로봇이 대신하고 있다!** 마지막으로, 콘텐츠 제작이 진화하고 있다는 점을 명심하라. 아직 로봇이 슬리퍼를 가져다주지는 않지만, 머신러닝이 콘텐츠를 추천하고, 시리(Siri)와 코타나(Cortana) 같은 AI가 콘텐츠를 찾아주며, IOT가 매일 새로운 방식과 장소에서 콘텐츠를 제공하고 있다. 고객과 마찬가지로 콘텐츠도 진화하고 있는지 확인하여 카테고리의 선두를 유지해야 한다.

1 Abe Garon and James McQuivey, "The Psychology of Early Adopters," Forrester Research, November 2009, https://www.forrester.com/report/The+Psychology+Of+Early+Adopters/-/E-RES55614

2 "Content Marketing," Marketo, https://www.marketo.com/content-marketing/

07

카테고리를 위한 라이프스타일 브랜드 만들기

고백할 것이 있다. 나는 평생 B2B 분야에서 일해왔지만, 동시에 B2C 마케팅에 완전히 매료되었다. 에어비앤비(Airbnb)의 "낯선 도시에서 우리집을 만나다(Belong Anywhere)"와 같은 캠페인, 혹은 디즈니(Disney), 나이키(Nike), (너무 빨리 사라져버린) 버진 아메리카(Virgin America) 팀들이 만들어낸 캠페인을 경험한 마케터라면 B2C 마케팅에 매료되는 것은 당연한 수순일지도 모른다.

B2C 마케터는 단순히 제품과 기능 이상으로 훨씬 더 깊은 수준에서, 소비자로서 우리의 인간성을 대변하는 브랜드를 구축하고 유지할 책임이 있다. 이들은 감성을 자극하고 청중과의 관계를 발전시키고 친밀도에 영향을 미치며 거의 무의식적인 수준에서 구매 결정에 영향을 미친다. 내가 테슬라를 구매하고 싶은 이유는 테슬라 차가 독일 혹은 이탈리아 경쟁사들의 것보다 더 고급스럽다고 생각하기 때문이 아니라, 교통 수단의 미래를 경험해 보고 싶기 때문이며 또한 지속가능한 에너지로의 세계적 전환을 가속화하는 데에 힘을 보태고 싶기 때문이다. 아이를 갖기 전 우리 부부는 해마다 디즈니랜드로 순례를 떠나곤 했는데, 이는 우리가 테마파크에 유별난 열정을 가지고 있었기 때문이라기보다는 다만 어린 시절의 경이와 상상을 다시금 느끼고 싶었기 때문이다. B2C 세계는 비즈니스 성과를 이끌어내는 브랜드의 힘을 이해한다. 이는 B2B 마케팅 내의 우리 역시 영감을 얻을 수 있는 개념이나, 마케팅 퍼널을 구축하고 최적화하는 일상적인 우리

의 작업에서는 거의 활성화되지 않고 있다.

하지만 세상은 변하고 있다. 내가 2장에서 설명한 B2H 현실은 B2B와 B2C 세계가 가정과 직장 모두에서 소비자의 기대라는 무게로 무너지고 있음을 시사한다. 오늘날의 마케터는 단기적 영향(이번 분기 목적 달성에 충분한 리드를 통해 세일즈 목표를 달성하기)과 함께 장기적으로 세대를 아우르는 브랜드 구축하기라는 장기적 영향까지 해결해야 하는 과제를 안고 있다. 특히 카테고리 창조에서는 장단기 투자의 균형을 맞추는 것이 매우 중요하다. 초기 시장 참여자는 시장 리더에게 카테고리 내 일상적 전술에 대한 실질적 지원뿐만 아니라 그것이 어디를 향하고 있는지에 대한 장기적 비전 모두를 기대한다. 두 가지 모두에 힘을 실어주기 위해 마케터가 마음껏 사용할 수 있는 최고의 도구는 여전히 콘텐츠 마케팅이다.

하지만 당신이 소비자로서 개인적인 차원에서 시청한 웨비나가 몇 개나 되겠는가? 업무 이외의 이유로 다운로드한 전자책(아마존이나 애플 북스에서 내려받은 것들은 제외하고)은 몇 개나 되는가? 6장에서 논의한 바와 같이, 이 같은 방식들은 실제로 콘텐츠 마케팅 전략에서 중요한 위치를 점하고는 있지만, 기업들이 전문적인 오디언스에게 콘텐츠를 제공할 수 있는 수단 중에서 최소 충족 요건에 불과하다. B2H 마케팅의 미래는 모든 기업이 최종 소비자가 개인 생활에서 상호작용하는 것과 동일한 방식과 채널을 전문적인 맥락에서 가치를 전달할 수 있는 기회로 간주하도록 도전하게 될 것이다. 이러한 변화를 이끄는 근본적인 트렌드 중 하나는 지난 20년간 탄생한 가장 위대한 카테고리인 마케팅 자동화의 엄청난 성공이다.

점점 더 많은 기업들이 콘텐츠 마케팅 프로그램을 개발하고 배포 채널로 이메일이 갖는 힘을 인식함에 따라, 갑자기 우리의 받은 메일함에 콘텐츠가 넘쳐나게 되었다. 지금 이메일을 한번 살펴보라. 공급업체에서 온 콘텐츠 중 일부는 유용할 수도 있지만, 스팸 필터를 따돌린 수많은 잡음이 대부분일 것이다. 마케팅 자동화 카테고리 자체가 진화하며 캠페인의 상대편에서 소비자의 경험을 향상시키기 위해 재정의되고 있는 것은 전혀 놀라운 일이 아니다. 이메일의 '노이즈 문제'에 대한 또 다른 대응은 계정 기반 마케팅(Account-Based Marketing, ABM) 카테고리가 탄생한 것이다. 이는 디스플레이 네트워크, 다이렉트 메일 및 기업 웹사이트와 같은 다른 채널을 활용하여 특정 계정(또는 대상 계정 집합)에 전달되는 콘텐츠와 컨텍스트를 초개인화하는 마케팅에 대한 새로운 접근 방식이다. 개인화된 캠페인은 낭비되는 수고와 자원을 제거함으로써 다른 대안들보다 훨씬 더 효과적이라는 것이 ABM의 운영 원리다.

ABM은 전체적으로 마케팅 자동화를 위한 올바른 방향으로 나아가는 단계지만, 그것만으로는 광범위한 인지도를 가진 카테고리를 성공적으로 만들기 위해 필요한 장기적인 브랜드 구축 움직임을 해결할 수 없다. B2H 정신을 바탕으로 운영하는 최고 우량 기업들은 장기간의 최적화를 위해 그들이 마케팅하고 판매하는 로고 뒤의 소비자를 참여시킬 수 있는 프리미엄 콘텐츠와 미디어 프로그램을 통해 기존 콘텐츠 마케팅을 보완해야 한다. 기존의 전통적 프로그램과 마찬가지로 프리미엄 콘텐츠는 성장과 긴밀히 연결되며, 다른 무엇보다도 광범위한 인지도를 이끌어내거나 고객 관심을 증가시키고, 시장 내 구매 의도를 파악하기 위한 수단으로서도 그 역할을 할 것은 의심의 여지가 없다. 차이점은 프로그램이 개발되고 영감을 받는 맥락이다. 다시 한 번 시장에서 친화력을 구축하기 위한 인간적 접근법인 라이프스타일 브랜딩에 대한 용어를 이미 만든 B2C 마케팅의 친구들을 살펴보자.

라이프스타일 브랜드란?

B2B 기업에서 '라이프스타일 브랜드'라는 말을 들어본 적이 없을 수도 있지만, B2C 세계에서는 꽤 잘 알려진 말이다. 스테파니아 사비올로(Stefania Saviolo)와 안토니오 마라짜(Antonio Marazza)가 저술한《**라이프스타일 브랜드 : 열망적 마케팅을 위한 안내서(Lifestyle Brands : A Guide to Aspirational Marketing)**》에

따르면, 라이프스타일 브랜드란 '어떤 집단이나 문화의 관심사, 태도, 견해를 구현하기 위해 제품 혹은 서비스를 마케팅하는 기업'을 칭한다. 라이프스타일 브랜드는 소비자의 삶의 방식을 정의하는 데 기여하고자 하는 제품의 목표를 가지고 사람들에게 영감을 주고, 그들을 안내하고, 동기를 부여하는 것을 추구한다. 스포츠와 피트니스를 중심으로 문화를 형성한 나이키(Nike)와 자유라는 공통의 이상을 중심으로 열정적인 팬층의 태도 충성도를 높인 할리-데이비슨(Harley-Davidson) 같은 몇몇 라이프스타일 브랜드의 대표 기업들이 생각난다. 이러한 브랜드들은 단순한 운동 장비와 오토바이가 아니라 다른 시각으로 삶을 바라보는 대표적인 사람들의 진정성 있고 감성적인 스토리를 전달한다. 이러한 이야기들은 그들의 청중들을 공유된 관점의 정신 아래 한데 결집시켜 브랜드를 위한 선호를 만들어내며 궁극적으로는 더 많은 운동 장비와 오토바이를 판매할 수 있게 한다.

최고의 라이프스타일 브랜딩 중 하나는 에너지 음료 카테고리의 창시자인 레드불(Red Bull)이다. 그들이 판매하는 제품은 에너지 음료지만 그들이 마케팅하는 것은 아드레날린, 퍼포먼스, 익스트림한 삶이다. 게토레이(Gatorade)를 비롯한 다른 스포츠 음료가 주류 운동경기의 브랜드 지수를 지배하고 있는 상황에서, 레드불은 경쟁자들이 투자하고 있지 않은 곳에 나가 서핑, 클라이밍, 스카이다이빙, 절벽다이빙, 스케이트보드 등 어떻게 보면 소외되었다고 할 수 있는 스포츠 산업과 친밀감을 쌓는 기회를 포착했다. 그들의 브랜드 약속에 부합하는 것은 명백했다. 레드불과 경쟁하는 다른 음료들이 추종하는 기존 스포츠는 레드불 소비자에게는 충분히 익스트림하지 않았다. 레드불은 아드레날린에 대한 공통된 열정을 공유하며 함께 묶인 운동선수와 개인들의 커뮤니티인 익스트림 스포츠라는 이러한 다른 스포츠 범주들을 점령해 나가기 시작했다.

오늘날 레드불의 웹사이트를 흘깃 들여다보기만 해도 레드불이 마케팅의 초점을 어디에 맞추고 있는지 알 수 있다. 시청자를 위한 콘텐츠를 제작하고, 커뮤니티 내 인플루언서를 참여시키고, 말 그대로 지구 대기권의 끝에서 선수들의 스텐트를 제작하는 전용 미디어 스튜디오가 바로 그곳이다. 이 모든 것의 핵심은 콘텐츠다. 하위 문화의 정체성을 옹호하고, 그들의 활동을 조명하며, 커뮤니티 구성원 간의 상호작용을 촉진하는 콘텐츠. 익스트림 라이프를 위한 라이프스타일 브랜드를 구축한 결과, 레드불은 카페인 인포머(Caffeine Informer)에 따르면 전 세계 에너지 음료 카테고리에서 독보적인 위치를 차지하고 있으며 2018년 미국 전체 에너지 음료 판매량의 43%를 점유했다고 한다.[1]

프리미엄 콘텐츠를 개발하여 카테고리에 대한 문화를 조성하면 수익에 영향을 미칠 뿐만 아니라 여러 세대에 걸쳐 지속될 수 있는 브랜드에 대한 충성도 높은 커뮤니티를 육성하고 참여시킬 수 있다.

새로운 카테고리의 커뮤니티를 위한 라이프스타일 브랜드로서 콘텐츠 마케팅 철학을 생각하는 것은 단기적 · 장기적 결과 모두를 최적화할 수 있는 강력한 방법이다. 카테고리의 '왜'를 명확히 하고 '어떻게'를 교육하는 것도 중요하지만, 콘텐츠가 제작되고 전달되는 방식은 커뮤니티 문화를 만들고 기여하는 데 도움이 될 수 있다. 비즈니스 맥락에서 카테고리를 만드는 기업의 경우, 라이프스타일 브랜드에 비유하자면 콘텐츠 마케팅 노력의 총합이 커뮤니티 구성원들의 전문성 개발에 영감을 주고, 안내하고, 동기를 부여할 수 있는 커리어 동반자라고 할 수 있다. 귀사의 브랜드가 해당 직종에 종사하는 사람들과 함께 '삶을 영위(do life)'하기를 열망할 수 있는가? 프리미엄 콘텐츠 개발에 투자하고 기존 B2B 기업에서 상대적으로 아직 활용하지 않는 채널을 활용한다면 그 답은 '예스'다.

디지털 미디어

고품질 동영상 콘텐츠 제작 비용이 급격히 낮아지고(모든 신형 아이폰에 4K 1080p 해상도가 기본으로 제공됨) 소셜 미디어가 개인 생활과 업무 생활을 지속적으로 연결하면서 고품질 동영상 콘텐츠를 제작하고 배포할 수 있는 기회가 그 어느 때보다 쉬워졌다. 아이폰을 넘어 많은 기업들은 만 달러도 안 되는 돈으로 기본 조명 세트와 SLR 카메라, 마이크까지 갖춘 사내 자체 동영상 제작 스튜디오를 구축하고 있다. 비드야드(Vidyard)의 2019 비즈니스 비디오 현황 보고서에 따르면, "2018년 비디오에 대한 투자가 증가한 기업의 수가 무려 82%에 달했으며, 비드야드의 B2B 고객들은 전년 대비 매월 83% 더 많은 비디오를 게시했다."[2] 비디오는 녹화된 제품 시연 또는 고객 추천 같은 중간-후기 단계 콘텐츠 자산이 계속하여 인기가 있지만, 카테고리의 '왜'와 '어떻게'를 중심으로 에피소드형 초기 단계 콘텐츠를 개발하는 것이 혁신의 방향이다.

동영상은 또한 카테고리에 얼굴을 추가하여 외부 및 내부 대변인 모두에게 도움이 될 수 있다. 커뮤니티의 고객 또는 비고객 구성원을 출연시키는 것은 카테고리의 얼리어답터들의 참신함과 지위 동기에 호소하고 그들의 이야기를 공유할 수 있는 기회를 제공하는 좋은 방법이다. 동영상은 매우 매력적인 매체이므로, 해당 콘텐츠가 네트워크에 공유될 때 네트워크 효과를 창출할 가능성이 높기 때문에 브랜드 모두에게 이익이 될 것이다. 내부적으로도 동영상은 기업의 가치와 문화를 대내외에 알리고 경영진을 이러한 덕목의 구현자로 자리매김함으로써 시장에서 진정성과 신뢰를 구축할 수 있는 놀라운 메커니즘이다. 11장에서는 경영진 커뮤니케이션 전략에 동영상을 활용하는 것이 카테고리 리더십을 강화하는 데 어떻게 도움이 되는지 자세히 살펴보겠다.

디지털 미디어의 새로운 측면으로 떠오르고 있는 라이브 비디오는 시청자가 브랜드와 콘텐츠 활동을 보다 생생하고 즉흥적인 방식으로 경험할 수 있는 채널이다. 현재 라이브 비디오 스트리밍 기능은 링크드인(LinkedIn)을 포함한 대부분의 소셜 네트워크에서 기본으로 제공되며, 아이폰에서부터 전문 인코더가 장착된 SLR 카메라에 이르기까지 모든 기기를 사용하여 제작할 수 있다. 게인사이트는 2014 FIFA 월드컵 기간 동안 라이브 비디오 스트리밍을 실험하게 되었다. 우리는 우리 사무실을 포함하여 업무 시간 동안 방문한 모든 사무실이 주로 공용 공간에 위치한 모니터에 축구 경기 스트리밍을 라이브로 띄워 놓고 있다는 것에 주목했다. 우리는 사람들이 말 그대로 업무 시간을 쪼개어 함께 시청할 정도로 커뮤니티를 위한 매력적인 콘텐츠를 만들 수 없을까 고민했다.

바로 여기에서 올해 초 펄스(Pulse) 콘퍼런스의 상위 7개 세션을 심도 있게 다루는 종일 라이브 워크숍인 펄스체크(PulseCheck)에 대한 아이디어가 탄생했다. 콘퍼런스는 훌륭하지만(이에 대해서는 다음 장에서 자세히 다룸), 의제에 대한 광범위한 내용을 고려할 때 한 가지 주제에 대해 깊이 있게 다루기 어려운 프로그램이라는 것이 일반적인 원칙이었다. 펄스체크는 바로 그 역할을 하는 종일 라이브 경험으로 거듭났으며, 매년 라이브 콘퍼런스보다 1배에서 1.5배의 등록자 수를 기록하고 있다. 또한 월드컵과 마찬가지로 커뮤니티 내 고객 사이트에서 시청 파티를 개최하여 펄스체크를 둘러싼 문화를 만들고 싶었다. 우리는 시청 파티 캠페인을 홍보하여 그날 중요하지 않은 모든 통화를 취소하고 회의실을 예약한 후 하루 종일 펄스체크를 방송하는 무료 팀 빌딩 연습을 하도록 유도했다. 가장 많은 등록을 유도했거나 지정된 계정 목록에 있는 팀에게는 시청 경험을 보완하기 위해 사무실로 음식을 보내기도 했다. 비록 이것이 하루 종일 진행되는 웨비나처럼 들릴 수도 있지만(실제로는 그랬지만), 라이브 비디오는 청중들의 인식을 바꾸었고 웨비나가 될 수도 있었던 행사를 고객 성공 업계를 위한 라이브 글로벌 경험으로 전환시켰다.

동영상 이외의 다른 형태의 디지털 미디어도 고려해 볼 가치가 있다. 이 책의 앞부분에서 언급했지만, 우리가 게인사이트에서 진행한 다소 엉뚱한 캠페인은 **'고객 성공(Who's Fired Up?)'** 이라는 카테고리에 맞는 힙합 곡을 녹음하여 스포티파이(Spotify), 애플뮤직(Apple Music) 등 음악이 제공되는 모든 곳에 배포하는 것이었다. 우리는 가수를 고용하고 로스앤젤레스에 위치한 캐피톨 레코드의 녹음실을 빌려 우리 커뮤니티의 공식 찬가로 사용할 노래를 제작했다. 이 캠페인의 배경이 된 아이디어는 우리 고객들이 소비 생활에서 스포티파이와 애플뮤직을 사용하고 있지만, 이러한 플랫폼에서 고객 성공이나 게인사이트를 검색하면 아무것도 찾을 수 없다는 점에 착안했다. 대신 어느 날 아침 사무실로 출근하는 길에 그날의 업무에 활력을 불어넣어 줄 노래를 발견할 수 있다면 어떨까? 만약 아주 사소한(어쩌면 무작위적인) 방식으로, 기업 소프트웨어 회사가 가장 예상치 못한 곳에서 이들에게 서비스를 제공할 수 있다면 어떨까? 이 캠페인은 결국 큰 성공을 거두었지만, 고객이 노래에 맞춰 립싱크한 뮤직 비디오를 촬영하여 보내주기 전까지는 캠페인이 얼마나 성공적이었는지 알지 못했는데, 이는 5장에서 언급한 커뮤니티가 카테고리 리더의 문화를 반영할 수 있다는 점을 보여주는 놀라운 예다.

힙합 싱글을 녹음하는 것 외에도 B2B와 B2C 모두에서 점점 더 인기를 얻고 있는 디지털 미디어의 또 다른 형태가 있다. 최근에 팟캐스트를 들어본 적 있는가? 자료에 따르면, 미국 인구의 51% 이상이 현재 온라인으로 접근 가능한 66만 개 이상의 팟캐스트를 들어본 적이 있다.[3] 실제로 팟캐스트 청취자들은 2017년의 5개에서 2018년에는 주당 평균 7개 프로그램을 소비하고 있는 것으로 나타났다. 팟캐스트는 동영상의 디지털 미디어와 마찬가지로 업계 모범 사례에 대한 풍부한 초기 단계 콘텐츠를 제작하고 커뮤니티의 목소리와 인사이트를 제공하는 훌륭한(그리고 비용 효율적인) 방법이다. 에디슨 리서치의 **무한 다이얼(Infinite Dial)** 2019 보고서에 따르면, 팟캐스트 청취의 49%는 집에서, 22%는 운전 중에 이루어졌다고 하며,[4] 이는 청중에게 사무실에 있지 않을 때도 콘텐츠를 접할 수 있는 새로운 기회를 열어준다. 팟캐스트를 제작하는 데 드는 비용은 노트북과 소프트웨어 구독부터 몇 천 달러로 사내 스튜디오를 구축하는 것, 스윗피시미디어(Sweet Fish Media)와 같은 전문 대행사를 활용하여 팟캐스트 운영을 대행하는 것까지 비교적 저렴하다. 어떤 방법을 사용하든 경쟁자가 먼저 시작하기 전에 카테고리에 맞는 공식 팟캐스트를 만들어 보라.

교육과 커리어 서비스

사람들은 다양한 방식으로 정보를 소비하는데, 실제로 인간이 사용할 수 있는 학습 방식은 7가지로 구분된다. 우리는 보통 여러 가지 방식을 혼합하여 사용하기를 선호하지만, 다음에서 볼 수 있듯이 각 카테고리마다 우세한 방식이 있다.

1. **시각적(공간적)** 사진, 이미지, 공간에 대한 이해를 선호함
2. **청각적(청각-음악적)** 소리와 음악 사용을 선호함
3. **구두적(언어적)** 말하기와 쓰기 모두에서의 단어 사용을 선호함
4. **신체적(운동감각적)** 몸, 손, 촉각의 사용을 선호함
5. **논리적(수학적)** 논리, 추론, 체계의 사용을 선호함
6. **사회적(대인관계)** 집단으로 혹은 타인과 함께하는 학습을 선호함
7. **고립적(성찰적)** 홀로 일하기와 독학을 선호함

교육은 초기 카테고리를 위한 콘텐츠 마케팅 프로그램에서 매우 중요한 요소이므로 마케터는 위의 7가지 학습 스타일 각각에 맞는 콘텐츠를 제작해야 할 책임이 있다. 이를 위한 가장 좋은 방법은 교육 전문가와 손을 잡고 새로운 카테고리에서 성공하는 데 필요한 기본 사항 및 기술과 연계하는 산업 자격증 과정(혹은 과정 카탈로그)을 만드는 것이다. 복잡한 일처럼 들릴 수 있으나, 6장에서 여러분이 만들기로 약속한 "어떻게 할 것인가"에 대한 내용이 가장 중요한 콘텐츠의 대부분이다. 교육 설계자는 제작한 콘텐츠를 학습 경로에 맞게 편집하고 학습관리시스템(LMS)의 렌즈를 통해 대상자에게 교육 경험을 전달할 수 있다.

산업 자격증 프로그램을 만들면 많은 이점이 있는데, 특히 소비자는 시장 선도업체에서 배우기 위해 프리미엄을 지불할 것이기 때문이다. 이러한 프로그램들은 일반적으로 초기 단계 고객들에게 홍보되며, 이는 반드시 고객이 되지 않아도 누구나 온라인에서 진행되는 과정에 자율적으로 등록할 수 있음을 의미한다. 강좌에 대한 비용을 청구하여 수익을 창출할 수도 있다(과도한 마케팅 예산의 일부를 상쇄하기 위해). 시장을 개척하기 위해 강좌를 무료로 제공하거나 최소한 일부를 무료로 제공할 수도 있다. 어떤 가격을 책정하든 산업 자격증 프로그램은 회원 또는 커뮤니티 잠재 고객의 온라인 전환과 참여를 이끌어낼 좋은 방

법이다. 또한 이러한 프로그램은 계약 협상 중에 영업팀에서 거래 조건을 개선하고 제품 판매에 따른 수익을 보호하기 위해 활용할 수 있다. 특히 일부 교육과정을 공동 개발하거나 제품을 공동 브랜드화하여 잠재 고객에게 라이선스를 판매할 수 있는 기회가 있다면 파트너도 산업 인증 자격증을 매우 선호한다. 결국 당신은 이 프로그램을 통해 데이터베이스를 확장하고, 영업팀의 거래 성사에 도움이 되며, 그리고 프로그램 수료생들이 자격증을 그들의 링크드인 프로필과 이력서에 자랑스럽게 표시할 때, 성공했음을 알게 될 것이다.

B2B 맥락에서 공식적인 교육 프로그램은 종종 커리어 서비스와 함께 진행된다. 시장은 카테고리 리더인 당신의 기업이 해당 카테고리 분야에서 성공하는 방법(어떻게)뿐만 아니라 누가 정말 잘하고 있는지에 대한 권위자라고 가정할 것이다. 이는 필연적으로 시장에서 여러분의 네트워크에 있는 유능한 임원 및 실무자를 소개해 달라는 수많은 문의로 이어질 것이다. 비공식적으로 새로운 기회를 수동적으로 찾고 있을 수 있는 후보자들을 스프레드시트에 기록해 두면 이러한 대화에 도움이 될 수 있다. 더구나 잠재 고객과의 관계를 구축하는 데 그들의 리더(그리고 당신의 미래 임원 후원자)가 새로운 기회를 얻을 수 있도록 돕는 것보다 더 좋은 방법이 있을까? 또한 해당 카테고리의 채용 담당자와 적극적인 구직자 모두를 위한 커리어 서비스를 중심으로 보다 공식적인 프로그램을 구축하는 것도 고려해 볼 수 있다.

공식적인 커리어 서비스 프로그램을 만드는 가장 쉬운 방법은 커뮤니티 구성원이 채용 공고를 게시하고 지원할 수 있는 온라인 구인 게시판을 개설하는 것이다. 회사 웹사이트를 성공적으로 자신의 카테고리에 맞는 온라인 홈으로 전환했다면, 웹사이트의 트래픽은 구직자와 채용 담당자 모두에게 타기팅되고 높은 가치를 가지게 된다. 방문자가 새로운 채용 기회를 찾을 수 있도록 해당 카테고리의 채용 공고 게시판과 직접 소통할 수 있는 기회를 제공하고, 다른 온라인 소스에서 선별된 데이터 피드를 가져와 공고 목록을 활성 상태와 최신 상태로 유지하는 것을 고려해 보라. 가장 좋은 소식은 구인 게시판을 매우 저렴하고 쉽게 구축할 수 있다는 점이다. 테마숲닷넷(ThemeForest.net)에서는 전체 프로그램을 구동시킬 수 있는 워드프레스 테마를 49달러에 제공하고 있다. 여러분이 해야 할 일은 해당 경험을 브랜딩하고 새로운 구인/구직란을 회사 웹사이트에 통합시키는 것이다. 가치가 부가된 교육과 커리어 서비스 프로그램을 카테고리를 위한 라이프스타일 브랜드로 개발함으로써 귀사가 시장에 보내는 신호는 당신이 그들의 성공에 대해 진심으로, 그리고 세심하게 마음을 쓰고 있으며 그들의 여정에 동행하겠다는 것이다. 이후 12장에서는 당신이 CFO에게 이 프로그램이 어떻게 새로운 시장에서 고객의 성공을 이끄는 강력하고 중요한 부수적인 효과인 수익 창출에도 기여할 수 있는지 설명할 때 필요한 도구들을 알려줄 것이다.

시장에서 해당 카테고리를 중심으로 라이프스타일 브랜드를 구축하는 데 경이로운 성과를 거둔 기업 중 하나는 웹사이트 트래픽을 검증된 미팅으로 전환하는 선도적인 대화형 마케팅 플랫폼인 드리프트(Drift)다. 드리프트의 마케팅 부사장인 데이비드 게르하르트(David Gerhardt, 애칭 'DG')는 비즈니스-투-휴먼(B2H) 마케팅이라는 새로운 시대를 개척하고 있으며, 대화형 마케팅 카테고리를 구축함에 있어 디지털 미디어와 창의적인 활동을 활용하여 마케팅에 휴먼(인간성)을 되살린다는 개념을 중심으로 한 커뮤니티를 만드는 방법에 대한 자신만의 전략서를 작성하고 있다. 나는 DG에게 그가 마케터를 위한 라이프스타일 브랜드를 만드는 여정에서 배운 것과, 해당 전략이 어떻게 드리프트 브랜드에 후광효과를 만들어냈는지를 질문했다. 다음은 그가 공유한 5가지 원칙이다.

1. **게임의 학생이 되어라** DG는 회사 입사 초기부터 드리프트에서 마케팅 팀을 어떻게 구축할 것인지에 대한 자신의 생각을 구체화하는 데 도움이 되는 비즈니스 서적을 읽도록 권유받았다. 그러나 그는 《**클라우드의 뒤편(Behind the Cloud)**》이나 《**혁신가의 딜레마(Innovator's Dilemma)**》와 같은 고전적인 B2B 도서 외에도 브랜드 마케팅 분야 고전인 광고에 관한 《**오길비의 생각(Ogilvy on Advertising)**》과 《**22가지 브랜딩 불변의 법칙**(The 22

Immutable Laws of Branding)》 등도 읽었다. 그는 호기심에 따라 프록터 & 갬블(Procter & Gamble)과 유니레버(Unilever) 같은 대표적인 소비자/CPG(Consumer Packaged Goods, 생활소비재) 브랜딩 사례를 연구했고, 이는 B2B 이외의 마케터들이 브랜드에 초점을 맞춤으로써 시장에서 어떻게 차별화하는지도 확인하였다. B2B 마케터를 위한 DG의 호기심의 이면에는 B2B 마케팅 전략 수립을 위한 영감은 꼭 동종 업계 동료가 아니라 소비자와 브랜드 지향적인 기업의 사례 중 우리가 채택할 수 있는 교훈에서 오기도 한다는 생각이 자리 잡고 있었다. DG는 이러한 배움을 드리프트에 적용함으로써 B2H 마케팅의 초기 개척자가 되었으며, 헌신적인 추종자들과 카테고리 지배를 꿈꾸는 놀라운 브랜드의 토대를 구축하였다.

2. **콘텐츠 채널의 신호 대 잡음비를 이해하라** 신호 대 잡음비는 희망하는 신호의 수준을 배경 잡음의 수준과 비교하는 과학이자 공학적 개념이다. 이 비율이 1 : 1보다 높으면(0데시벨 이상) 잡음보다 신호가 더 많다는 것을 의미한다. 이 장의 초반에서 논의했다시피, 오늘날 콘텐츠 마케팅의 신호 대 잡음비는 차트에서 벗어났다. 점점 더 많은 기업들이 블로그, 웨비나 프로그램 그리고 팟캐스트를 운영하고 있다. 기업이 타깃 고객과 완전히 관련성이 높은 최고 품질의 정보를 보유하고 있더라도 이메일과 소셜 피드의 채널 용량으로 인해 해당 콘텐츠를 적절한 사람에게 전달하는 데 한계가 있을 수 있다. 그렇다면 어떻게 해야 눈에 띌 수 있는가? DG는 초기이고 잡음 관점에서 비교적 미개발지인 새로운 경로를 시험해 보라고 제안한다. 기업들이 기업 이메일 계정을 처음 출시했을 때 온라인 마케팅 캠페인의 효과, 즉 85%의 수신율을 상상해 보라! DG가 초기에 활용했던 채널은 링크드인 영상(LinkedIn video)인데, 링크드인 영상은 전문가 네트워크와 교류하고 관계를 맺기에 강력하고 매력적인 방법이었다. DG는 오로지 손에 쥔 아이폰 하나와 사람들에게 공유할 만한 심오한 콘텐츠만 가지고, 링크드인 뉴스피드의 잡음을 뚫고 진정성 있는 방식으로 마케팅 토론에 기여할

수 있었다.

3. **경쟁자들이 재그할 때 지그하라** DG는 드리프트가 시장에서 승리할 수 있는 방법은 업계 최고의 '애드워저(Adwordser)'를 능가하는 것이 아니라, 오히려 잡음을 뚫고 브랜드에 집중함으로써 시장에서 눈에 띄는 방법을 찾는 것임을 알고 있었다. 이는 표면적으로는 단순한 아이디어지만, 카테고리 창출이라는 맥락에서는 심오한 것이다. 어떻게 하면 경쟁자가 없는 곳으로 갈 수 있는가? DG는 지깅(zigging)의 열쇠는 고객에 대한 깊은 공감에 있다고 믿는다. 드리프트 팀이 직접 캠페인의 반대편에 있다면 어떤 카테고리를 만들 수 있을까? 이러한 생각은 작가와의 독점 인터뷰, 업계 최고의 지성들이 전하는 경영 수업, 영업, 마케팅, 제품 분야의 최고 리더들이 제공하는 화이트보드에서의 방법 세션, 전문가 수준의 대화형 마케팅 및 영업 교육, 기타 테마의 프리미엄 콘텐츠 프로그램 등을 포함하는 무료 콘텐츠 구독 서비스인 드리프트 인사이더(Drift Insider) 프로그램으로 이어졌다. 이러한 유형의 콘텐츠는 DG와 드리프트 팀이 자신의 비즈니스와 커리어를 성장시키기 위해 선택하는 것이지, 다른 벤더의 웨비나에 참여하기 위해 선택하는 것이 아니다. 누구도 판매를 원하지 않으며, DG의 말에 따르면 우리 업계는 실제로 소비자 생활에서 판매에 대한 알레르기가 생겼다. 다른 사람들이 재그하는 동안 우리가 지그하여 시장의 빈틈을 파고드는 콘텐츠 프로그램을 생각해내는 것은 커뮤니티 내에서 유의미한 참여를 유도하고 소비자로서 우리의 심장을 단단하게 만드는 놀라운 성과를 만들게 된다.

4. **사람들은 프리미엄 콘텐츠에 기꺼이 돈을 지불한다** 인바운드 마케팅과 마케팅 자동화 카테고리의 성공으로 콘텐츠는 일종의 상품이 되었다. 전 세계의 거의 모든 정보 라이브러리를 구글(Google) 검색이나 "헤이, 시리(Hey, Siri)" 한 번만 말하면 이용할 수 있다. 언제나 이랬던 것은 아니다. 우리 모두는 정보가 지금보다 훨씬 더 부족했던 시절, 즉 ESPN이 스포츠 이야기를 지배하고 CNN이 글로벌 뉴스의 원천이었던 시절을 기억하고 있다. 오

늘날에는 정보의 출처가 수천 가지 이상이고 어떤 출처를 더 신뢰할 수 있는지 알아내는 것이 점점 더 어려워지고 있다. 이로 인하여 고객은 무료로 쉽게 이용할 수 있는 콘텐츠보다 신뢰할 수 있고 더 낫다고 판단되는 콘텐츠에 기꺼이 돈을 지불하려는 새로운 현상이 나타났다. "싼 게 비지떡이다"라는 옛 속담이 이런 맥락에서는 사실일지도 모르겠다. 소비자의 구매 패턴은 독점적이라고 인식되거나 제작품질이 높은 콘텐츠에 기꺼이 비용을 지불하겠다는 것을 알려주고 있다. 일반적으로 무료거나 저렴한 핵심 서비스 외에, 추가로 돈을 더 내야 하는 유료 프리미엄 서비스인 애플 뉴스+, 디즈니+, 혹은 ESPN+와 같은 최근의 소비자 사례를 생각해 보라. DG는 콘텐츠 유료화가 훌륭한 대화의 시작이라고 믿으며, 드리프트 인사이더+ 프로그램의 성공을 통해 데이터는 이러한 그의 비전을 뒷받침하고 있다. 전문 개발 콘텐츠에 대한 유료화는 소프트웨어 이외의 타깃시장에서 예산을 확보할 수 있는 좋은 방법이며, CFO의 도움이 있다면 마케팅 프로그램 자체의 제작 및 배포에 자체 자금을 조달할 수도 있다.

5. **출판 산업은 여전히 중요하다** 나는 드리프트가 책을 여러 권 출판했다는 데 주목했고, DG와 이에 대해 이야기를 나눈 후 이러한 프로그램과 그의 독서에 대한 열정 사이에 어떤 상관관계가 있는지 궁금했다. 알고 보니 회사의 핵심 가치 중 하나가 항상 서로 배우고 가르치는 문화를 장려하는 '학생과 교사'다. 현실은 누구나 300자 이내의 블로그 게시물을 작성할 수 있으며, 일상 생활에서 280자 이내의 온라인 베스트 프랙티스에 대해 이야기하는 경험은 없으면서 입만 산 방구석 전문가들을 일상적으로 목격한다. 반면에 책을 쓴다는 것은 성명서, 즉 DG의 표현을 빌리자면, 책은 책이다. 6만 개 이상의 단어에 진심을 쏟아 부어 그 내용을 현실로 만들고, 그 내용을 구성하는 데 들어간 깊은 생각과 의도를 세상에 알리는 데는 많은 노력이 필요하다. 출판이 죽었다는 보도는 사실 대단히 과장된 것이다. DG는 자체 출판이 그 어느 때보다 쉬워졌을 뿐만 아니라 책을 인쇄하는 것(온라

인에 배포하기 말고) 역시 비용이 많이 들지 않는다고 말한다. 위와 같은 이유로 시장은 디지털보다 실물 사본에 프리미엄을 붙일 것이며, 커뮤니티에 실물 사본을 제공하는 것은 큰 기쁨을 줄 수 있는 좋은 방법이다. 당신이 카테고리를 창조하고 있다면, 카테고리에 대한 책을 쓰는 것은 그 자체로 브랜드 경쟁력에서 우위가 된다.

마케팅에 인간성을 되살리는 데에 집중함으로써, DG와 드리프트 팀은 B2H 마케팅의 새로운 시대를 여는 데 일조하고 있다. 이러한 프로그램과 다른 프로그램들의 순기능으로 드리프트는 자신들이 만들어낸 카테고리인 대화형 마케팅(챗봇, 라이브 채팅, 소셜 미디어, 메시징 앱과 같은 대화형 채널을 통해 잠재 고객 및 현재 고객과 소통하는 프로세스) 분야에서 리더십을 확고히 했다. 이러한 노력의 또 다른 성과는 마케팅 성과를 창출하고 그 과정에서 커리어에서 자아실현을 하는 방법에 대한 리더십을 얻고자 하는 열정적이고 충성도 높은 브랜드 옹호자 커뮤니티(고객 또는 다른 현명한 사람들)를 개발하고 큐레이션한 것이다. 커뮤니티는 카테고리 창조자들에게 가장 강렬한 콘텐츠 전달 수단이며, 올바르게 실행된다면 다른 어떤 프로그램과도 비교할 수 없는 경쟁력 있는 브랜드 방어막을 구축할 수 있다.

1 James Foster, "Top Selling Energy Drink Brands," Caffeine Insider, February 7, 2019, https://www.caffeineinformer.com/the-15-top-energy-drink-brands

2 "2019 State of Video in Business Report," Vidyard, 2019, https://www.vidyard.com/state-of-video-report/

3 Ross Winn, "2019 Podcast Stats & Facts (New Research from Mar 2019)," Podcast Insights, March 6, 2019, https://www.podcastinsights.com/podcast-statistics/

4 "The Infinite Dial 2019," Edison Research and Triton Digital, March 6, 2019, https://www.edisonresearch.com/infinite-dial-2019/

08

카테고리 관련 커뮤니티 육성 : 라이브 이벤트와 경험 2배 늘리기

인간으로서 우리에게 에너지를 주는 대면 경험은 무엇일까요? 우리는 돈을 지불하고 콘서트에 가서 라디오에서 틀어주는 노래를 따라 부르거나 스포츠 경기에 참석하여 TV로 볼 수 있는 팀을 응원한다. 우리는 우상으로 여기는 연예인과 같은 장소에 있기 위해, 또는 우리가 정말 그 장소에 있었다는 것을 사교 집단에 증명할 목적의 셀카를 찍기 위해 (인정해라, 그것이 사실이지 않나?) 이러한 경험에 프리미엄을 지불한다. 어쩌면 이는 보다 커뮤니티에 관한 것, 공동의 대의명분으로 결속된 다른 팬들과 경험을 공유하고자 하는 보편적이고 선천적인 욕구에 관한 것일지도 모른다. 한 번도 만난 적 없는 낯선 사람들이지만, 함께 있을 때 우리는 외우고 있는 노래 가사와 좋아하는 선수의 경기 기록만으로 하나가 된다. 디지털로 초연결되어 있으면서도 분열된 세상 속에서 외로움을 느낄 때, 커뮤니티는 우리가 간절히 원하는 소속감을 선사한다.

연결과 소속 추구는 인간의 심리 깊숙이 새겨져 있으며 직장에서 마음대로 껐다 켰다 할 수 있는 스위치 같은 것이 아니다. 이것은 팀, 회사 및 산업 내에서 소속을 추구하는 직원, 고객 및 시장 전반을 충족시킬 수 있는 메시지를 만들고 서비스를 제공할 수 있는 프로그램을 만들어야 하는 B2H(Business-to-Human, 기업 대 인간) 마케팅의 핵심 원칙이다.

특히 카테고리 창조의 맥락에서, 시장을 중심으로 커뮤니티가 성장하고 발전하게 하는 일은 성공에 직결된다. 시장에서 확인된 충족되지 못한 요구는 앞서 언급한 콘서트와 스포츠 이벤트의 사례와 유사하게 청중을 하나로 묶는 공통의 원인이다. 그러나 기존의 팬 층이 존재하는 사례와 달리, 카테고리 창조의 초기 단계는 참여자들에게 종종 외롭게 느껴질 수 있다. 문제를 해결하는 방법을 알아내는 데 있어 혼자라는 압도적인 느낌, 효과적인 자원이 충분하지 않다는 사실, 전략에 기여할 수 있는 권한이 부족하다는 사실을 깨닫게 될 수 있다.

여기서 해당 커뮤니티의 얼리어답터를 모으고 다양한 프로그램을 통해 그들의 흥미를 증진시키기 위한 의도적이고 확실한 노력인 커뮤니티 마케팅(community marketing)이 개입한다. 시장 문제의 무게를 짊어지고 있는 사람들이 오랜만에 처음으로 혼자가 아니라는 느낌을 받으면서 자신의 집단을 받아들이는 것보다 카테고리 창조에 더 강력한 것은 없다. 제품이 점점 더 범용화로 치닫고 있는 세상에서 브랜드의 커뮤니티는 우리 사업을 경쟁자로부터 보호할 수 있는 울타리를 만들어 상당한 기업 가치를 창출한다. 세일즈포스는 그들의 커뮤니티를 **트레일블레이저스(Trailblazers)**라 부르고, 마케토는 그들의 독실한 지지자들을 **마케팅 네이션(Marketing Nation)**이라 부른다. 두 사례 모두에서 커뮤니티는 제품을 구매하는 고객에 국한되지 않고 해당 카테고리에 관심을 가지는 모든 사용자를 포함한다. 게인사이트에서 우리는 시장성 있는 데이터베이스(marketable database)를 커뮤니티가 어떤 모습이고 어떻게 성장하고 있는지를 측정하는 척도로 간주하는 경향이 있다.

회사 초기, 고객 성공(Customer Success) 관리자들이 실리콘밸리 주변의 사무실 단지에서 만나 교류하고 배움을 주고받는 것을 목격하였다. 우리는 고객 성공의 모범 사례 공유와 네트워킹을 목적으로 하는 커뮤니티 관계자들이 최대한 많이 모일 만한 산업 콘퍼런스를 개최하기로 일찍이 결정했다. 펄스(Pulse)라는 이름의 이 콘퍼런스는 300명 이상의 참석자를 모으는 데 성공했으며, 이로부터 우리의 전체 마케팅 전략의 기반이 되는 단서가 만들어졌다. 하지만 첫 번째 콘퍼런스의 가장 큰 장점은 측정할 수 없을 정도로 느껴지는 커뮤니티의 에너지와 정신이었다. "**드디어 나와 같은 생각을 가진 사람들이 함께 모였다**"라는 소속감이 널리 퍼져 있었다.

커뮤니티의 또 다른 매력적인 특성은 본질적으로 라이프스타일 브랜드가 카테고리를 중심으로 발전함에 따라 커뮤니티가 복합적으로 형성된다는 점이다. 콘텐츠와 프로그램에서 가치를 발견한 회원은 동료에게 알리고, 동료는 웹 양식을 작성하여 사고 리더십(thought leadership) 프로그램에 등록한다. 2013년 펄스 콘퍼런스가 처음 개최된 이후 7년간 20배 가까이 성장했으며 영국과 호주에 자매 행사를 개최하게 되었다. 이러한 성장의 큰 부분은 브랜드가 유기적으로 발전한 데 힘입은 바가 크며, 이는 시장성 있는 데이터베이스의 대규모 확장으로 나타나고 있다. 6장과 7장에서 설명한 것처럼 콘텐츠 마케팅 프로그램을 구축하는 것은 커뮤니티를 성장시키고 참여를 유도하는 데 매우 중요한 요소지만, 디지털 프로그램이 라이브 경험을 대체할 수는 없다.

이벤트가 아닌 경험을 창조하라

최근 몇 년 사이 라이브 이벤트는 마케팅 도구로 중요해졌다. 이벤트 테크 회사인 비자보(Bizzabo)는 〈이벤트 마케팅 2019 벤치마크 및 동향 보고서〉에서 대부분의 마케터(41%)가 이벤트가 디지털 광고, 이메일 마케팅 및 콘텐츠 마케팅보다 가장 효과적인 마케팅 채널이라고 답했으며, 이는 2017년 이후 32% 증가한 수치다.[1] 또한 연간 20개 이상의 이벤트를 주최하는 기업의 수가 2017년과 2018년 사이에 17% 증가한 것으로 나타났다. 시장에서 이벤트가 점점 더 흔해지면서 수많은 이벤트 중에서 눈에 띌 수 있는 이벤트 프로그램을 구축하는 것이 그 어느 때보다 중요한 시기다. 이러한 도전과제로 이벤트 마케팅 업계에서는 이벤트보다는 **경험**을 창출하는 새로운 트렌드, 즉 참석자들의 감성적이고 감각적인 여정을 활성화하여 인간적인 연결과 관계를 형성하는 데 창의적인 프리미엄을 부여하는 전략이 대중화되고 있다.

공항 래디슨 호텔의 창문도 없는 방에서 하루 종일 진행되는 세미나, 해피아워까지 몇 분 남지 않은 시간을 세며 간신히 점심 식사를 하는 등 별로 유쾌하지 않은 경험을 제공하는 기업 이벤트에 가본 적이 있을 것이다. 내용과 배움은 훌륭했을지 몰라도 여러분은 다음 세미나에 참석하는 것을 망설이게 될 것이다. 한편, 소비자로서의 우리는 코첼라 밸리(Coachella Valley) 뮤직 앤드 아츠 페스티벌과 같이 공연을 한층 더 향상시켜 잊을 수 없는 놀라운 경험을 선사하는 음악 축제나, 아이스크림 박물관처럼 의도적으로 감정과 감각을 자극하도록 설계된 도시형 팝업 행사에 참석해 왔다. 이러한 사례는 이벤트 마케터에게 완전히 새로운 고려사항을 요구하는 신선한 접근 방식이며, 기업 내에서도 경쟁해야 하는 새로운 기준이자 경쟁 상대다.

기업 경험을 창출할 때 디테일이 중요하다. 기업 이벤트를 계획하는 과정에서 종종 중요하지 않다고 여겨지는 아주 세부적인 것들, 가령 참석자들이 방에 들어설 때 연주되는 음악이나 제공되는 음식의 질, 또는 하루 일정의 완급 조절까지도 신경을 기울여야 한다. 참석자들이 어떻게 서로 인적 관계를 맺을 것인지, 어떻게 해당 이벤트에서 얻은 정보를 간직할 것인지를 결정하는 것은 상당 부분이 디테일이다. 다양한 의미에서, 기업에게 이벤트 경험은 또 하나의 '제품'이 되며, 제품으로서 관리되어야 옳다. 또한 5장에서 설명한 것처럼 이벤트는 커뮤니티가 직접 목격할 수 있도록 기업 문화를 보여줄 수 있으며, 이는 카테고리 리더로서 시장에서 브랜드 자산을 구축할 수 있는 강력한 방법이다.

기업 경험의 유형

현장 이벤트, 커뮤니티 그룹, 최고 경영자 포럼 그리고 업계 콘퍼런스로 구분되는 4가지 유형의 경험은 모두 커뮤니티의 구축과 육성에 뚜렷한 역할을 수행하며 카테고리 창조와 관련이 많고 가치가 높다.

- **현장 이벤트** 전통적으로 현장 이벤트는 새로운 시장에서 파이프라인을 구축하고 가속화하기 위한 영업 주도의 활동으로 여겨져 왔지만, 카테고리 사고 리더십을 회사 본부를 넘어 커뮤니티로까지 확산시킬 수 있는 매우 유용한 방법이기도 하다. 이러한 프로그램들은 관습적으로 저녁 만찬 혹은 비공개 이벤트의 형식으로 진행되었지만, 그와 동시에 많은 기업들은 로드 쇼 프로그램을 개발하여 경영진과 고객을 해당 카테고리의 모범 사례를 보여주는 지역으로 보내기도 했다. 이것이 카테고리 창조의 맥락에서 현장 이벤트가 가지는 핵심 뉘앙스, 즉 시제품과 구매 설득 이전에 모범 사례로 물꼬를 트는 것이다. 물론 영업을 통한 수익 기회를 예상하는 것도 가능하겠지만, 사람들을 지역 시장으로 모이게 하여 영감을 주고, 교육하고, 연결시키는 것은 브랜드의 가치를 기하급수적으로 증대시키고 따라서 영업에 더 유리한 위치를 점할 수 있게 할 것이다.
- **커뮤니티 그룹** 커뮤니티 그룹은 현장 이벤트와 달리 자원한 지역 리더들이 조직한 카테고리 애호가들의 자체 조직으로 기업에서 다소 자율적으로 운영된다. 사용자 그룹을 생각하면 되지만, 반드시 고객으로만 구성될 필요는 없다. 커뮤니티의 복합적인 효과를 고려할 때, 이러한 프로그램은 현지 팀이나 사무실이 없더라도 카테고리 에너지가 넘치는 주요 도시에서 브랜드 입지를 구축하고 성장시킬 수 있는 좋은 기회가 될 수 있다. 어차피 전 세계 주요 도시에서 시장성 있는 데이터베이스를 구축하고 있다면, 이메일 한 통만 보내도 현지 리더의 모임 홍보를 지원할 수 있다. 커뮤니티 그룹은 시장 개발을 위한 노력에도 영향을 미치며 어디에 집중해야 하는지, 어디에 전담 운영을 구축해야 하는지에 대하여 기업이 데이터 중심의 결정을 내리는 데 도움을 줄 수 있다. 전문 브랜드를 만들고 카테고리와 제휴할 수 있는 기회가 주어지기 때문에 지역 리더들에게도 가치가 있다.
- **경영진 포럼** 경영진은 직접 연설하거나 회의에 참석하지 않는 한 보통은 대규모 콘퍼런스에 참여하지 않기 때문에, 경영진 포럼은 동일한 사고 리더십

에너지를 고위 임원 그룹에 적합한 보다 친밀한 형식으로 제시할 수 있다. 참석자 명단의 영향력 그리고 어떤 동료가 참석자 목록에 있는지가 다른 무엇보다도 이 그룹에게는 중요할 것이다. 일반적으로 포럼은 초대받은 사람만 참석 가능한, 소규모 그룹 실습과 대규모 그룹 낭독회가 혼합된 밀도 높은 경험이다. 사실 경영진들은 연사의 기조 연설을 듣는 것보다 서로에게서 더 많이 배우며 더 큰 가치를 획득한다. 실제로 마케팅 부서는 계획 수립의 다른 어떤 측면보다 참석 임원들을 소규모 그룹으로(기업 규모, 업종 및 기타 벡터별로) 편성하는 데에 더 많은 시간을 할애한다. 게인사이트에서 우리는 전문 퍼실리테이터/경영 코치와 협력하여 커리큘럼을 개발하고 경험을 안내하는 것이 경영진 참석자들의 공감을 얻을 수 있는 귀중한 방법임을 알게 되었다. 종종 기술 구매보다 전략 정의가 선행되는 초기 시장에서 경영진 포럼은 카테고리 창조자에게 의사 결정권자의 참여를 유도하고 영업 대화로 이어지는 경로를 가속화할 수 있는 기회를 제공한다.

- **업계 콘퍼런스** 지난 10년 동안 기업 이벤트 팀들은 그들 전략의 핵심인 새로운 프로그램, 업계 콘퍼런스를 개발해 왔다. 한동안 존재해 온 사용자 및 파트너 콘퍼런스와 달리, 모든 규모의 기업들이 콘퍼런스 마케팅 전략을 상위 피라미드로 옮기고 있으며, 무엇보다도 새로운 카테고리에서 사고 리더십을 확립하기 위한 수단으로 산업 중심의 행사를 개최하고 있다. 업계 콘퍼런스가 성공하면 주최자는 카테고리 리더십을 강력하게 나타낼 수 있으며, 참석자의 증가는 당신이 구축 중에 있는 카테고리의 성장 탄력을 암시한다. 경영진이 카테고리가 나아갈 방향에 대한 분위기를 조성하고, 팀 동료, 고객 및 잠재 고객을 무대에 올려 대화에 기여할 수 있는 기회기도 하다. 참석자의 관점에서 볼 때, 콘퍼런스는 커리어 여정의 친숙한 부분이 되었다. 비즈니스 전문가들은 정기적으로 콘퍼런스에 참석하여 업계 명사들에게 영감을 얻고, 몇 단계 앞서 있는 사람들이 공유하는 모범 사례를 통해 배우며, 커뮤니티의 동료들과 진정성 있는 인간관계를 맺는다.

이러한 각 경험의 유형에는 분명 장점이 있지만, 카테고리 창조에 가장 큰 영향을 미치는 프로그램은 업계 콘퍼런스를 개발하는 것이다. 콘퍼런스는 카테고리, 커뮤니티 그리고 브랜드에 후광효과를 일으키는 강력한 촉진제로서, 인간의 소속감 추구에 완벽히 부합한다. 콘퍼런스가 대부분의 기업에서 점점 더 인기를 얻고 있는 것은 놀라운 일이 아니지만, 카테고리 크리에이터에게는 절대적으로 중요하다. 초기 시장에는 매년 교육과 연결을 위한 목적지가 필요하며 이러한 가치를 제공할 수 있는 브랜드가 되면 지속 가능한 경쟁 우위를 확보할 수 있다. 그러나 업계 콘퍼런스를 처음부터 개발한다는 아이디어는 복잡하고 비용이 많이 들 것이다. 어디에서부터 시작해야 할까?

카테고리에 맞는 업계 콘퍼런스를 기획하는 방법

업계 콘퍼런스를 기획하는 것은 주로 마케팅 팀의 책임이지만, 결국에는 전사적인 노력의 결과물이라는 점을 잊지 말라. 연례 행사는 새로운 제품이나 기능 출시를 준비하는 엔지니어링 부서, 새롭고 신선한 메시지를 선보이는 마케팅 부서, 새로운 서비스와 교육 프로그램을 준비하는 고객 성공 팀 등 기업 전반의 각 부서가 목표로 삼고 힘을 모으는 자리가 된다. 따라서 잘 실행된 업계 콘퍼런스는 완전히 새로운 파이프라인 생성, 기존 파이프라인 가속화, 제품 수용률 증가, 순유지율 향상, 팀원 참여 촉진 등 비즈니스의 모든 측면에 걸쳐 심대한 영향을 미칠 수 있다.

콘퍼런스 기획을 위한 조직 문화를 조성하는 것도 중요하지만, 마케터가 콘퍼런스 기획을 맡게 되면 명심해야 할 7가지 중요한 원칙이 있다.

제품이 아닌 무브먼트에 초점을 맞추라

업계 콘퍼런스가 다른 콘퍼런스와 차별되는 주요 특징은 회사 제품 및 영업 홍보보다 카테고리 모범 사례에 전적으로 집중한다는 점이다. 콘텐츠 마케팅 관점에서 이것이 중요한 이유는 6장에서 자세히 설명했지만, 업계 콘퍼런스에서는 정교 분리가 훨씬 더 신성시된다. 참석자들은 이러한 프로그램에 시간과 예산을 투자하여 학습과 네트워킹을 위해 참석하는 것이지, 깜짝 세일즈를 강요받기 위해 참석하는 것이 아니다. 이러한 신뢰를 위반하는 경우 참석자들은 소셜 미디어, 이벤트 모바일 앱 또는 순추천지수(NPS) 설문조사 등을 통해 자신이나 일반 대중에게 이를 알리는 데 주저하지 않을 것이다. 아직 카테고리 내에서 브랜드 인지도를 쌓는 단계인 초기 시장에서는 여러분의 회사 로고를 행사의 주최자로 하는 것만으로도 충분하다. 시장은 프로그램 뒤에 있는 기업을 인지하고 인정할 만큼 똑똑하며 만약 참석자들이 진실로 가치를 얻을 수 있었다면 주최자 및 사고의 리더로서 공로를 인정받게 될 것이다. 청중과의 신뢰를 유지하며 아슬아슬한 줄타기를 계속하다 보면 콘퍼런스의 인구 통계가 고객보다 잠재 고객 쪽으로 더 많이 치우치는 현상을 목격하게 될 것이다. 7년 차로 접어든 게인사이트의 펄스 콘퍼런스는 참석자의 60퍼센트 이상을 잠재 고객(비고객)으로 구성하는 데에 성공했으며, 이는 시장성 데이터베이스에 기반을 둔 등록 캠페인 그리고 영업 및 영업 개발 담당(Sales Development Representative, SDR) 팀의 집중력을 반영한 결과다. 우리의 의도는 고객이든 아니든 모든 참석자가 콘퍼런스에서 영감을 얻고, 올바른 직업을 선택했으며, 새로운 카테고리의 선구자가 되어 커뮤니티의 발전에 작은 역할을 하고 있다는 것을 느끼는 것이다.

시간이 지남에 따라 산업 모범 사례와 제품 혁신 사이의 구분이 모호해질 수 있으며, 특히 카테고리가 성숙해지고 고객 참석자가 절대적으로 증가하며 카테고리 내에서 제품을 조달하는 개념이 더 잘 받아들여질 수 있다. 사실, 일부 참석자는 처음에 공유하고자 했던 것보다 제품에 대해 더 많은 것을 듣고 싶어 하기 때문에 결국 추는 완전히 반대 방향으로 움직일 수 있다. 언제 다이얼을 돌려야 할지 알기는 까다롭지만, 의제에서 명확하게 구분된 제품 중심의 트랙을 발표하여 실험해 볼 수 있다. 참석자들은 제품 중심 세션에 참여한다고 해서 놀라지 말고 의도적으로 그 세션을 찾아야 한다. 카테고리가 정말로 성숙해지고 당신의 제품이 그 카테고리 내에서 혁신의 대명사가 되었을 때, 전체 세션 앞에서 제품 기조 연설을 시도해 보라. 우리는 펄스 5년 차에 제품 혁신 기조 연설을 준비했고, 청중에게 부정적인 반응은 전혀 듣지 못했다. 실제로 설문조사를 통해 알게 된 사실은 그들이 고객이든 아니든 제품 관점에서 다음 단계의 제품을 볼 수 있어 매우 기뻐했다는 것이다.

카테고리에 유효성과 신뢰성을 더하는 연사를 섭외하라

콘퍼런스를 처음 개최할 때의 불안 요소로서, 유료 입장권이 아깝지 않을 만큼 브랜드 신뢰도가 높지 않다는 데서 기반한, 아무도 참석하지 않을 것에 대한 두려움이 있다. 합리적인 생각일 수도 있지만, 매년 프로그램의 신뢰도를 구축하고 확장하는 가장 좋은 방법은 연사의 인지도를 활용하는 것이다. 인상적인 연사 명단을 확보하는 것은 다양한 쓰임이 있지만, 주로 명망 있고 유명한 기업의 업계 최고 인재들이 당신의 카테고리에 대해 할 말이 있다는 것을 세상에 알리는 역할을 한다. 그보다 더 나은 검증이 어디 있겠는가? 콘퍼런스가 보유한 훌륭한 연사는 등록을 격려하는 것을 넘어, 참석자들에게 그들이 올바른 진로를 선택했고 사업의 성공에 매우 중요하다는 것을 알리는 신호가 된다.

콘퍼런스의 신뢰도와 영향력을 위해 흥미로운 연사 명단을 작성하는 것이 중요한 만큼, 다양한 유형의 연사와 당신의 의제와 관련하여 그들이 수행하는 고유한 역할을 이해하는 것 역시 중요하다. 그림 8.1은 각 산업 콘퍼런스에 포함해야 할 3가지 유형의 연사(VIP 기조 연사, 경영진 그리고 실무진)를 보여준다. 기업은 하나 또는 몇 명의 키노트 연사 비용만 고려하는 경향이 있는 반면, 목표 구매자와 사용자는 의제의 긴 꼬리까지 관심이 있을 수 있기에 해당 그림은 의도적으로 디자인되었다. 각각의 세부 사항을 살펴보자.

- **VIP 기조 연사** 피라미드의 꼭대기에는 일반적으로 기조 연사들이 있는데, 이들은 연사협회(단체)에 속해 있거나 또는 여타의 이유로 사례금을 받는다.

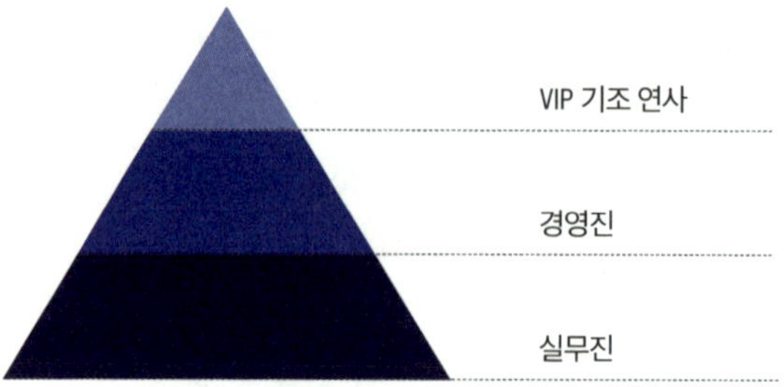

그림 8.1 업계 콘퍼런스의 연사 유형 3가지

유명 연예인, 운동선수, 작가, 자선가, 정치인 또는 적지 않은 돈을 받고 이벤트에서 연설하는 것에 익숙한 다른 유명인이 이에 속한다. 일 년 내내 행사들을 순회하며 효과적으로 연설하는 '직업 연사'도 물론 존재한다. 이러한 연사 중 한 명 혹은 그 이상의 연사와 계약하는 것은 일반적으로 콘퍼런스에 유익한 발상인데, 유명인은 잠재 참석자들에게 곧 '매력'이 되어 행사에 즉각적으로 신뢰성을 더해주기 때문이다. 이들의 참여는 이들의 연설을 기대하고 있거나 어쩌면 이들과 몰래 셀카를 찍을 기회를 기대 중인 쇼 참석자들에게 매우 좋다. 대부분의 경우 유명인과 직업 연사 모두 해당 카테고리에 대한 실용적 지식이 거의 없지만 문제는 되지 않는다. 그들의 목적은 해당 카테고리 전문가가 되는 것이 아니라 당신이 만들고 있는 콘퍼런스 브랜드에 대한 활기와 흥분에 기여하는 것이기 때문이다. 진짜 문제는, 연사 계층이 일반적으로 계약당 약 500만 원에서 5,000만 원, 심지어 오프라 같은 인물의 경우에는 10억 원 이상의 사례금을 지불해야 할 정도로 비싸다는 것이다. 유료 연사를 기반에 두고 콘퍼런스를 진행하기로 결정한 경우에는 연사의 무대 시간을 전후한 시간에 VIP들과의 만남, 책 사인회 등의 추가 행사를 선불 계약으로 협상하여 콘퍼런스에 있는 그들의 존재를 최대한 이용하라.

- **경영진** 사례금을 지불했든 하지 않았든, 콘퍼런스의 매력 요소로서 VIP 기조 연사를 확정했다면 나머지 일반 세션 및 키노트 세션 등은 타깃 고객층

에 속한 회사의 최고 경영진이 담당해야 한다. 참석자들이 관련성이 있고 열망할 만한 브랜드의 CEO 또는 기타 고위 임원은 이벤트에 신뢰성을 더하고 청중에게 그들이 하는 일이 중요하다는 실질적인 검증을 제공할 수 있다. 이는 고위 경영진이 자신의 노력을 인정할지 여부에 대한 불안감으로 인해 소속감을 추구하는 초기 시장에서는 이러한 효과가 특히 중요하다. 경영진 연사의 경우 사례비를 청구하기보다 이와 같은 콘퍼런스 참여를 경영진 커뮤니케이션 전략의 일부로 여긴다. 이러한 상황에 더해, 경영진은 보통 극도로 바쁘고 그들의 시간을 선별적으로 사용하기 때문에 경영진의 참여를 이끌어내는 것은 결코 쉽지 않다. 게인사이트에서 우리는 보통 고객 계정에서 경영진 연사를 우선적으로 물색하기도 하지만, 타깃 잠재 고객/고객의 임원들과 관계를 발전시키기 위한 방법으로도 참여시킬 수 있다. 카테고리 창조의 장기적 관점에서 관계는 중요하며, 경영진에게 사고 리더로서 당신의 새로운 카테고리에 대한 그들의 관점을 공유할 무대를 마련해 주는 것은 매우 효과적이다.

- **실무진** 콘퍼런스에 참석하는 연사들은 대부분 제품 및 서비스의 구매자, 사용자 또는 관리자가 되어야 한다. 기조 연사와 경영진 연사는 청중들에게 영감을 불어넣어 주고 높은 수준의 배움을 제공할 수 있지만, 참석자들은 일반적으로 실무자만이 가지고 있는 도메인 전문 지식이 필요한 주제를 깊이 있게 다루기를 원할 것이다. 이러한 연사는 대체로 조직의 이사/상무 직급 정도에 해당된다. 사용자/관리자는 콘퍼런스에 참석한 개별 참석자와 일선 관리자에게 도움이 되는 실용적인 세션 및 워크숍을 진행할 수 있다. 경영진 연사와 마찬가지로, 실무진 연사에게 사례비를 지불하는 경우는 거의 없으며 실은 정반대에 가깝다. 콘퍼런스 브랜드가 해당 카테고리의 공인된 이벤트로 인정받게 되면 그곳에서 발언할 수 있는 기회에 프리미엄이 붙는다. 이는 성장하는 커뮤니티의 구성원들에게 업계 최대 규모의 무대에서 자신의 지식을 공유할 수 있는 기회가 되기 때문이다.

궁극적으로, 행사의 주최자이자 커뮤니티의 관리자로서, 명망 있는 기업 출신에 훌륭한 이야기를 가지고 있으며 그 이야기를 대중과 연결되는 설득력 있는 방식으로 전달할 수 있는 연사를 구하는 책임은 당신에게 있다. 당신의 인적 네트워크에 속한 유명한 기업의 거물들은 많은 관중을 끌어모을 수 있겠지만, 막상 무대 위에 올랐을 때 실망스러운 경우도 왕왕 있는 이유로 기획 단계에서 세 가지 희망사항을 모두 충족하기는 쉽지 않다. 참석을 부탁하기에 앞서, 유튜브에 있을 잠재 연사의 영상을 참고하여 그들이 무대에서 침착함을 유지할 수 있는지 잘 알아보는 것이 좋다.

이벤트에서의 다양성 및 포용성 확보하기

로렌 소머스(Lauren Sommers), 게인사이트의 기업 마케팅 부사장

이벤트의 다양성 및 포용성(D&I) 전략에 대해 생각해 보지 않았다면, 지금 당장 최우선 순위로 삼으라. 다양성과 포용성은 단순히 커뮤니케이션이나 인적 자원(HR) 전략이 아니라, 모두에게 동등한 기회와 대표성을 보장하는 문화적 이벤트와 경험을 만들기 위한 중요한 경로다. 이벤트는 본질적으로 무대와 복도에 있는 사람들을 통해 업계에 인간적인 얼굴을 부여하는 커뮤니티 의인화 프로그램의 축소판이다. 이벤트 마케터로서 우리는 기업 이벤트의 다양성과 포용성을 의미 있는 방식으로 변화시키기 위해 함께 노력해야 한다. 나이, 인종, 성별, 성적 취향, 종교적 신념, 사회경제적 지위, 교육 수준 또는 기타 속성에 관계없이 매력적인 스토리를 가진 모든 사람을 위한 체험 플랫폼을 만들어 이벤트 마케팅의 미래를 형성하는 변화의 일부가 될 책임이 있다. 이는 당연한 일이지만, 그 외에도 다양성은 더 나은 이벤트를 만들고 커뮤니티의 여러 목소리를 잘 대변해 준다.

"이벤트 프로그램을 위한 다양성 및 포용성(D&I) 전략 개발을 도대체 어디에서부터 시작해야 할까?"라고 혼자 고민하고 있다면, 혼자가 아니니 걱정 말라. 대부분의 기업이 처음으로 이와 같은 고민에 유의미하게 맞닥뜨리는 것이 현실이다. 세계적인 수준의 이벤트 D&I 전략은 성별을 훨씬 뛰어넘는 것이다. 이벤트 D&I 프로그램을 개발할 때 고려해야 할 몇 가지 중요한 사항을 소개한다.

1. 회사의 가치가 이벤트 D&I 전략과 일치하는지 확인하라. 라이브 경험은 이러한 가치를 실현할 수 있는 강력한 기회다.

2. 연사뿐만 아니라 이벤트의 모든 측면에 걸쳐 D&I를 고려하라. 참석자 모집의 폭을 넓히고, 유연한 등록 옵션을 제공하며, 다양성 자체에 대한 세션을 통합하는 것을 고려하라.
3. 목표를 설정하고 이를 달성하기 위해 책임을 지는 계획을 세우라. 계획과정 전반에 걸쳐 다양성 목표에 대한 진행 상황을 측정하라.
4. 성별을 넘어 가능한 한 다양한 연사로 연사 풀을 채우라. 온라인에는 다양한 배경을 가진 훌륭한 콘퍼런스 연사를 찾을 수 있는 몇 가지 훌륭한 리소스가 있다.
5. 브랜딩 기회를 제공하라. 커뮤니티 내의 다양성을 눈에 띄는 방식으로 조명할 수 있는 방법을 생각해 보라.
6. 이벤트 웹사이트에서 의미 있는 D&I 정책을 개발하라. 의도를 공유하고 다른 사람들을 포용할 수 있는 아이디어와 방법에 대해 문을 활짝 열어 두어라.
7. 이벤트에 참여할 수 없는 소외 계층에게 무료 또는 할인 티켓을 제공할 수 있는 방법을 생각해 보라. 다수의 기업이 참석 비용을 상쇄하기 위한 목적으로 장학금 프로그램을 개발한 바 있다.
8. 이를 기업 PR의 기회로 이용하지 말라. 중요한 것은 말보다 행동이다.
9. 어떠한 실수라도 인정하라. 개선의 여지는 언제나 있는 반면, 정직하고 자각적인 태도를 취하는 것은 함께 배워가는 다른 모든 마케터와 당신의 브랜드 모두에게 이롭다.

포용적이고 대표성 있는 다채로운 이벤트 경험을 만들기 위해 노력해야만 해당 카테고리에서 쌓은 리더십 자산과 성장하는 커뮤니티에 기여하게 될 것이다.

영감을 주고 교육적인 아젠다를 구축하라

이벤트가 끝난 후에도 참석자들에게 오랫동안 남는 콘퍼런스 경험에는 여러 가지 측면이 있지만, 아젠다에 포함된 콘텐츠의 품질보다 더 중요한 것은 없다. 사람들이 업계 콘퍼런스에 참석하는 주된 이유가 학습을 위해서며, 이벤트 세션에서 실질적인 학습이 이루어지지 않는다면 콘퍼런스와 카테고리 리더십 양쪽 모두에 치명적인 결과를 초래할 수 있다는 점을 기억하라. 이러한 노력의 좋은 출발점은 모든 참석자 페르소나(개별 참석자, 기술 관리자, 인사 관리자 등)를 매핑하고 각 참석자가 전시회에서 큐레이팅된 여정과 경험을 갖도록 하여 발견할 수 있는 격차를 파악하는 것이다. 또한 세션 유형에 따른 다양한 형식 요소— 패널, 노변담화, 기조 연설, 테드(TED) 스타일의 '플래시' 강연, 워크숍 또는 완전히 다른 형태의 세션—를 고려하라. 예를 들어, 패널은 시간 제약으로 내용이 충분히 깊지 않은 경우가 많기 때문에 패널을 2~3명으로 제한하지 않는 한 청중에게 인기가 떨어지고 있다. 그리고 세션 유형에 관계없이 가능하면 청중 Q&A를 반드시 포함하라. 발표자와 세션에 방해가 되지 않는 방식으로 청중 Q&A 및 실시간 투표를 진행할 수 있는 슬라이도(Slido)와 같은 청중 상호작용 솔루션에 대해 제작팀에 문의하라.

기업 문화를 보여줄 수 있는 잊지 못할 경험을 만들어라

B2H 시대의 또 다른 핵심 원칙은 고객, 잠재 고객 그리고 심지어는 이벤트 참석자들까지도 콘퍼런스 입장 전 문 앞에서 그들의 인간성을 확인하지 않는다는 것이다. 우리는 개인적인 삶 속에서 웃고 즐길 수 있는 기회를 찾거나 나 자신보다 더 큰 것을 위해 살도록 영감을 주는 심오한 질문을 던질 수 있는 기회를 찾는다. 디스토피아적인 비판이 존재할 수 있지만, 비즈니스는 근본적으로 인간의 노력이다. 과거의 공항 래디슨 세미나를 기획하는 대신, 콘퍼런스에서 이러한 인간성에 호소할 수 있는 방법을 찾는다면 참석자들에게 잊지 못할 경험을 선사하고 기업 문화의 진수를 보여줄 수 있을 것이다.

게인사이트의 기업 가치 중 하나는 '어린아이 같은 기쁨'으로, 어린이가 가진 것과 같은 무한한 기쁨을 우리의 매일 업무에도 적용해야 한다는 생각이다. 우리는 지난 수년 동안 펄스(Pulse)에 깜짝 놀랄 만한 순간들을 심어 놓아 어린아이 같은 기쁨의 정신으로 청중을 사로잡고 즐거움을 선사했다. 우리는 브로드웨이와 디즈니에서 영감을 받은 유일한 고객 성공 뮤지컬 극장 공연을 제작했다. 기조 연설 무대를 드라마 〈프렌즈〉의 핵심 장소 센트럴 파크처럼 꾸며놓고 1990년대 인기 TV쇼의 잊혀진 에피소드를 성우를 배우로 기용해 재연했다. 또한 스탠드업 코미디언을 고용하여 상장 기업의 CFO인 척하고 진행자를 조롱했다(실수로 맨 앞줄의 참석자들을 불편하게 만들기도 했다). 관객들 사이에 아카펠라 그룹을 배치하여 즉석에서 청중이 함께 노래하는 시간을 가졌는데, 아카펠라 그룹은 무대에 올라 '샤우트(Shout)'를 부르며 관객을 이끌었다. 이는 기업 행사 프로그램에 유머와 즐거움을 불어넣기 위해 만든 몇 가지 예시에 불과하며, 이러한 순간들은 집중력과 정보 유지력을 높이고, 참석자 간의 네트워킹을 촉진하는 대화를 만들고, 콘퍼런스와 커뮤니티에 브랜드를 부여하여 펄스를 단순한 비즈니스 콘퍼런스 이상으로 만들었다.

그러나 잊지 못할 경험을 만드는 일에 꼭 뮤지컬이나 아카펠라 그룹이 동원되어야 할 필요는 없다. 다음 목록은 이벤트 기획의 고정관념에 도전하고 청중의 입에 오르내리는 경험을 구축하기 위해 고려해야 할 몇 가지 사항이다.

- **창의적인 장소** 막 시작하였거나 콘퍼런스의 규모가 크지 않을 경우, 호텔 및 컨벤션 센터의 트렌드를 깨고 이색적인 장소를 찾아 회의를 개최하는 것도 고려해 보라. 미술관, 스포츠 경기장, 심지어 도서관, 정원, 고성(古城)과 같은 역사적 공간도 당신의 프로그램을 군계일학으로 만들 독특한 환경이 될 수 있다.
- **더 나은 음식** 일부 식음료(F&B) 요건이 엄격한 행사장도 있지만, 전통적인 뷔페나 포장 도시락에서 벗어남으로써 행사 경험에 큰 영향을 미칠 수 있다. 행사장에 맛집 푸드트럭을 부르거나, 고객 맞춤형 메뉴 제작을 위해 유명한 셰프를 고용하는 것을 고려하라. 이벤트 등록 양식에 식단 제한 사항을 기재하여 모든 식단 제한 사항을 고려하는 것을 잊지 말라.
- **편의성** 대규모 이벤트는 특성상 휴대폰 충전, 통화할 조용한 장소 찾기, 즉석 회의 진행 등이 불편할 수 있다. 행사장에 참석자들이 필요로 하는 모든 사소한 것들을 해결할 수 있는 공간을 마련하여 참가자의 편의를 도모하라. 우리는 콘퍼런스에 수유실, 기도실, 심지어 웰니스 공간까지 모든 것에서 벗어나 휴식을 취할 수 있는 전용 공간을 마련하는 데 집중하였다. 이벤트 공간에서 와이파이(Wi-Fi)가 강력하고 안정적으로 작동하는지 꼭 확인하여

콘퍼런스 후 NPS 설문조사에서 +5점의 추가 점수를 보장받으라.

- **테마** 일부 기업은 콘퍼런스 경험을 브랜드화하기 위한 방법으로 테마를 사용하기도 하는데, 이러한 테마는 해당 카테고리의 포지셔닝과 관련이 있거나(미래의 직업 등), 단순히 재미를 위해(스포츠, 음악 페스티벌, 혹은 과거의 향수를 불러일으키는 시대적 테마) 선택하기도 한다. 우리가 펄스에서 활용한 최고의 테마는 '1990년대' 테마로, 바닐라 아이스(Vanilla Ice)의 깜짝 공연, CEO의 깜짝 무대 데뷔 그리고 뒤풀이를 날려버린 1990년대 커버 밴드가 애프터 파티의 열기를 한껏 고조시켰다.

다행히도 이 모든 것을 파악해야 하는 이벤트 마케터에게 기업 이벤트를 계획하려면 일반적으로 많은 작업을 수행하는 외부 대행사 및 공급업체와 협력해야 한다. 참석자에게 믿을 수 없이 훌륭한 경험을 선사하기 위해서는 파트너를 신중하게 고르고, 가장 엉뚱한 아이디어마저 살려낼 수 있는 고품질의 오디오 및 비디오 제작에 투자를 아끼지 말아야 한다. 파트너와 협력하여 쇼 순서에서 가장 작은 세부 사항까지 기록하고 전체 팀이 동일한 정보를 공유할 수 있는 쇼 흐름(또는 Q2Q) 문서를 공동 개발할 수 있다.

가격 전략과 팀 활성화를 통해 등록을 유도하라

당신은 어쩌면 1989년 개봉한 영화 〈**꿈의 무대(Field of Dreams)**〉에서 널리 알려진 격언, "네가 만들면, 그들은 올 것이다"라는 말이 콘퍼런스에 적용될 수 있는지 궁금할 것이다.

안타깝게도 마케터에게 이벤트 등록을 유도하는 것은 아이오와 주의 옥수수밭에 야구장을 짓는 것보다 더 많은 노력이 필요한 일이다. 표 8.1은 콘퍼런스를 시작할 준비가 되었을 때 콘퍼런스 등록을 유도하는 데 가장 효과적인 5가지 주요 수단을 보여준다.

참석률을 높이기 위해 애쓰는 다양한 부서를 보면 알 수 있듯, 콘퍼런스는 진

표 8.1 콘퍼런스 등록을 독려하는 5가지 수단

수 단	담당 부서	대상(목표)
광고	마케팅	추종자, 대상 거래처
데이터베이스 이메일	마케팅	사전동의 고객
아웃바운드 콜	세일즈 개발	대상 거래처 중 잠재 거래처
관계	세일즈, 고객 성공	활발한 파이프라인, 고객
영향력	경영진, G&A	투자자, 분석가

실로 기업의 전사적 노력이 필요하다. 마케팅은 각 부서(또는 솔직히 말해서 직원)가 프로모션 코드, 이메일 템플릿, 소셜 이미지 그리고 기타 자산을 이용하여 등록 노력을 확대할 수 있도록 지원하는 데에 중점적인 역할을 할 수 있다. 하지만 이러한 모든 노력에도 불구하고 등록의 대부분은 마케팅이 주도하는 이메일 캠페인을 통해 마케팅 가능한 데이터베이스로 유입된다는 사실을 발견했다. 그렇다면 어떤 종류의 캠페인이 효과적일까?

연사 발표, 의제의 일반 공개 또는 기타 쇼 프로그램과 같은 캠페인은 콘퍼런스에 대한 입소문을 내고 청중이 결정을 내리도록 유도하는 데 유용하지만, 실제로 법인 카드를 긁을 정도로 설득하는 캠페인은 단 한 가지 유형, 즉 돈이라는 사실이 밝혀졌다. 특정 가격대가 만료될 예정이거나 특정 날짜에 가격이 인상될 예정이거나 혹은 티켓이 얼마 안 남았다는 등의 메시지를 청중에게 전달하면 등록을 확보하는 데 도움이 될 수 있다. 따라서 가격 인상에 대한 몇 가지 긴급한 클릭 유도 문안을 중심으로 최적화하는 가격 전략과 프로모션 캘린더를 개발하는 것이 매우 중요하다. 콘퍼런스의 재무 모델을 구축할 때 예산에 부합하는 참석자 수당 최종 수익을 도출하고 해당 참석자 수당 최종 수익까지 할인된 가격으로 슈퍼 얼리버드, 얼리버드 및 고급 SKU를 구성하라. 만료된 가격을 존중하거나 프로모션 코드를 사용하여 영업 개발, 영업 및 고객 성공 팀이 다양한 대역에서 가격을 조정할 수 있게 하는 것으로 효과적인 동기부여가 될 수 있으며 또한 당신의 팀을 영웅처럼 보이게 할 수 있다.

업계 콘퍼런스가 주로 모범 사례와 네트워킹에 중점을 두기 때문에, 기업들은 한 명을 등록하는 것보다 여러 명의 팀원을 행사에 보내는 데 관심이 있을 수 있다. 이벤트 마케터는 이러한 행동을 장려하기 위해 등록 인원이 추가됨에 따라 가격 할인을 제공하는 동시에 현장 전용 회의 공간, 콘퍼런스 기념품, 독점 입장권 및 교육 자원과 같은 경험 향상에 도움이 되는 혜택을 제공하는 팀 패키지를 만들 수 있다. 잠재적 참가자는 등록 할인을 기대하지만, 콘퍼런스에서 팀 경험을 향상시키는 일부 부가 가치 활성화는 거래 결정에 큰 영향을 미칠 수 있다. 많은 기업이 콘퍼런스 참석을 위해 사용할 수 있는 교육 및 훈련 전용 예산을 보유하고 있으며, 이러한 이니셔티브를 중심으로 프로그램을 구축하고 현장 조직에 담보를 제공하면 단일 계정에서 수백 건은 아니더라도 수십 건의 등록을 유도할 수 있다. 카테고리가 성숙하며 콘퍼런스의 참석자가 매년 늘어나는 것은 해당 카테고리 및 커뮤니티의 모멘텀을 보여주는 좋은 증거이므로, 등록 노력을 어떻게 확장할지 신중하게 고려하는 것이 중요하다.

잠재 고객 경험에 가치를 더하여 수익을 창출하라

저는 산업 콘퍼런스가 기업이나 제품에 관한 것이 아니라 해당 카테고리의 움직임에 관한 것임을 설득시키며 이 7가지 원칙의 목록을 시작했다. 그러나 콘퍼런스가 실제 제품이 아닌 이상, 구축 중인 커뮤니티에 팔고자 희망하는 기본 제품 또는 서비스가 있기 마련이다. 커뮤니티 구축과 수익 창출 사이의 균형을 맞추는 것은 무척 까다롭지만, 그럼에도 영업, 마케팅, 고객 성공 팀이 협력하여 잠재 고객 경험에 가치를 더함으로써 비즈니스 성과를 이끌어낼 수 있는 방법이 있다. 이를 올바르게 수행하면 다른 마케팅 프로그램과는 다르게 당신의 콘퍼런스는 수익을 창출하고, 가속화하고, 영향을 미치게 될 것이다. 다음은 산업 콘퍼런스에서 잠재 고객 및 고객의 참여를 유도하는 데 성공했으며 매출에 직접적인 영향을 미치는 것으로 입증된 몇 가지 전략이다.

- **콘퍼런스에서의 미팅에 동의** 콘퍼런스 프로그램에서 측정하는 가장 중요한 지표는 콘퍼런스에서 예약 및 진행된 잠재 고객 및 고객 미팅의 수다. 영업 및 고객 성공 팀에게는 매우 간단한 요청이지만, 냉담한 잠재 고객의 경우 영업 개발 담당자(SDR)가 컨시어지 역할을 하도록 교육하여 잠재 고객이 참석하고 싶은 세션을 계획하고 잠재 고객을 대신하여 소개를 진행하는 등 세심한 고객 맞춤형 서비스를 제공한다. 이 프로그램은 영업 개발 담당자가 콘퍼런스 주최로서의 신뢰를 손상시키지 않으면서 등록된 데이터베이스에 접근할 수 있는 근거를 제공한다.
- **임원/VIP 만찬** 마케팅은 영업 및 고객 성공 조직을 위한 여러 임원 만찬을 조율하여 임원급 바이어와 영향력 있는 자를 보다 친밀한 형식으로 참여시킬 수 있도록 지원한다. 콘퍼런스에서의 긴 하루를 보낸 임원들은 카테고리 창조자이자 업계 사고 리더 그리고 커뮤니티 큐레이터로서 하루 종일 전시된 브랜드를 보았을 것이며, 저녁 만찬에서 보다 영업 중심적인 토론을 할 수 있는 분위기를 조성할 수 있을 것이다.
- **엑스포 홀 내 부스의 존재** 대부분의 콘퍼런스는 이벤트 제작 비용을 상쇄하기 위하여 파트너 에코시스템을 활성화해야 하고, 일반적으로 부스로 가득 차고 토론으로 떠들썩한 엑스포 홀을 포함하는 프로그램을 진행한다. 전시장 내에 위치한 이 공간은 모집 전용 공간으로, 콘퍼런스의 타이틀 스폰서로서 제품을 시연하고 전시하기에 안성맞춤이다. 전시 부스는 일반적으로 턴키(turnkey) 방식(일괄수주계약)으로 운영되며 투자 수준과 가용성에 따라 크기가 다양하고, 자신의 부스의 크기와 규모가 다른 부스보다 돋보일 수 있도록 맞춤형으로 준비해야 한다.
- **현장 이그제큐티브 브리핑 센터(EBC)** 회의에 앞서 예약한 회의를 개최하기 위해 행사장 내 부동산을 전용으로 사용하는 것은 특히 인상적인 브랜드 공간을 구축할 수 있다면 좋은 아이디어다. 이러한 공간은 개인 회의실로 설계하고, AV를 지원하며, 하루 종일 물, 차, 커피, 건강 스낵을 완벽하게 제공해

야 한다. 잠재 고객 및 고객의 훌륭한 경험을 위한 투자에 앞서 내부 팀이 미팅룸을 미리 예약할 수 있는 프로세스를 만들고, 행사가 진행되는 동안 모든 사람이 동일한 정보를 공유할 수 있게 하라.

성공을 측정하라

콘퍼런스는 그렇게 간단하지 않고, 많은 노력이 필요하다. 하지만 카테고리 창조에서 콘퍼런스 프로그램을 시작하고 확장하는 것보다 효과적인 무기는 없다. 콘퍼런스가 기업 성장에 미칠 수 있는 영향을 12장에서 자세히 살펴보겠지만, 먼저 프로그램 자체의 성공을 측정하는 방법에 대해 언급하는 것이 중요하다. 다음은 고려해야 할 몇 가지 지표다.

- **순추천고객지수(NPS)** 이벤트 후 모든 참석자를 대상으로 설문을 실시하여 NPS를 계산하라. 핵심 질문은 다음과 같으며, 10점 만점으로 평가된다. 해당 콘퍼런스를 친구나 동료에게 추천할 의향이 얼마나 있는가? 응답자는 아래와 같이 분류된다.
  - 옹호자(9~10점) : 콘퍼런스에 꾸준히 참여할 열성적인 지지자다.
  - 중립자(7~8점) : 만족하였으나 열성적이지 않고 경쟁에 취약하다.
  - 비판자(0~6점) : 불만족 참석자로 부정적 입소문을 통해 브랜드를 손상시킬 수 있다.

  옹호자의 비율에서 비판자의 비율을 빼면 순추천고객지수가 산출되며, 점수는 -100점(모든 참석자가 비판자인 경우)부터 100점(모든 참석자가 옹호자인 경우)까지 다양하다.
- **참석자 수 증가** 얼마나 많은 사람들이 콘퍼런스에 참석했는지, 등록 대비 참석자 비율은 어떤지, 올해의 성과가 전년도와 비교해 어떤지를 자세히 살펴보라. 카테고리 창조자의 경우, 이 지표는 투자자 및 이사회 슬라이드에서 해당 카테고리의 모멘텀을 나타내는 지표로 반복해서 표시된다.

- **미팅과 파이프라인에 미치는 영향** 콘퍼런스를 앞두고 예약된 미팅 수와 실제 쇼에서 진행된 미팅 수를 고려하라. 순 신규 파이프라인 소싱과 기존 파이프라인의 발전에 미치는 영향을 입증하여 데이터를 세분화하라.
- **마감 수익** 콘퍼런스 직후에는 예측하기 어려울 수 있지만, 콘퍼런스에서 소싱하고 영향을 받은 신규 비즈니스 거래와 콘퍼런스가 갱신/순 유지 및 상향 판매/교차 판매 수익에 미치는 영향을 지속적으로 모니터링하라.

이러한 계량적 지표 외에도 콘퍼런스는 종종 스프레드 시트에 나타나지 않는 흥미롭고 무형의 방식으로 비즈니스에 영향을 미칠 수 있다. 콘퍼런스에 참석한 당신의 고객은 시장 선도기업과 연계한다는 것에 큰 자부심을 느낄 것이다. 직원들은 자신이 회사보다 더 큰 무언가에 기여하고 있다는 사실을 알고 동기부여가 되어 퇴근할 것이다. 당신의 투자자들은 당신과 당신의 팀에 투자한 것에 대한 확신을 갖게 될 것이다.

업계 콘퍼런스를 기획할 때 이 7가지 원칙을 따르면, 여러분은 충성도 높은 브랜드 지지자(고객 또는 미래 고객)로 구성된 커뮤니티를 성장시키고 이들이 카테고리 내에서 자아실현을 할 수 있도록 돕는 카테고리 창조의 가장 강력한 부분을 활용할 수 있다. 이러한 프로그램은 소속감을 추구하는 인간의 기본적인 욕구에 호소하며, 결과적으로 당신이 만드는 브랜드와 당신이 이끄는 커뮤니티 사이의 엄청난 친밀감을 형성하는 데 도움이 될 것이다.

1 Anna Sang, "2019 Event Marketing Statistics, Trends and Data," The Bizzabo Blog, December 17, 2018, https://blog.bizzabo.com/event-marketing-statistics

09

브랜드 홍보대사로 고객 활성화하기

이 책을 처음 접했을 때 기업이 카테고리를 창조한다는 선입견을 가졌을지 모른다. 지금까지 소개한 거의 모든 사례에서 새로운 카테고리의 성공이 특정 브랜드에 기인한다는 점을 보면 그 이유를 이해할 수 있다. 이 전략서에서 상세히 기술한 전략들은 카테고리 지배를 꿈꾸는 회사가 지원하는 자금으로 운영된다. 사실 이 이야기에는 새로운 카테고리를 창조할 수 있는 모든 영향력과 권한을 실제로 가지고 있는 당사자, 즉 고객이 빠져 있다. 이전 장에서는 고객, 비고객, 파트너, 투자자 및 조직 외부의 기타 구성원으로 구성된 활기찬 생태계인 커뮤니티가 카테고리 생성에 얼마나 중요한지 설명했다. 결국, 카테고리를 성공적으로 만드는 기업의 능력은 생태계의 검증과 불가분의 관계에 있으며, 그 시작은 고객이 가장 큰 영향력을 행사하는 관계에서 비롯된다.

외부의 검증 없이 허공에 새로운 카테고리 포지셔닝을 외치는 기업을 생각해 보라. 결국, 이 회사는 이러한 접근 방식이 효과가 없다는 것을 깨닫고 새로운 시도를 하게 될 것이다. 하지만 같은 회사가 평판이 좋은 기업의 신뢰할 수 있는 목소리를 통해 카테고리를 포지셔닝하는 다른 목소리를 위한 플랫폼을 만들었다면 어떨까? 이러한 노력은 다른 결과를 만들어낼 수 있을까? 과학은 기업과 제품에 대한 시장의 인식을 둘러싼 심리에 사회적 증거가 내재되어 있다고 말한다. 베스트셀러 작가이자 영향력 과학 분야의 연구자인 로버트 치알디니 박사(Dr.

Robert Cialdini)는 설득의 여섯 가지 원칙 중 하나로 **합의(consensus)**를 제시하였는데, 이는 사람들이 자신의 결정을 위해 다른 사람들의 행동을 참고하는 경향을 의미한다. **디맨드 젠 리포트(Demand Gen Report)**의 최근 설문조사에서도 "구매자의 65%가 업계 인플루언서로부터 나온 콘텐츠에 높은 선호도를 부여하며, 구매자의 78%는 콘텐츠 출처의 신뢰도에 더 중점을 두고 있다"고 답했다.[1] 이는 브랜드에 신뢰성이 부족하다는 것을 의미하지는 않지만(초기에는 그럴 수 있지만), 고객 검증은 매우 심오하고 강력한 방식으로 커뮤니티 내에서 신뢰와 브랜드 자산을 구축하고 유지할 수 있게 해 준다.

커뮤니티의 참여자로서, 고객은 당신의 성공에 투자한다. 고객이 당신의 제품과 서비스에 금액을 지불함으로써, 그들은 당신이 카테고리에 대한 비전을 달성하고 시장 선도자로 부상할 것에 베팅하는 것과 진배없다. 이는 고객이 커뮤니티 내에서 소수를 차지할 수 있는 초기 단계에서 특히 중요한 발견 사항으로, 이 시기의 고객은 몇 년 후 수백 명의 고객을 확보하는 것보다 당신에게 더 큰 기회를 걸고 있기 때문이다. 고객의 성공에 투자하면 고객이 실제로 고객을 대신하여 옹호하고 싶어 한다는 것을 알게 될 것이다. 6장에서 정보, 참신함, 권위가 새로운 시장 내 얼리어답터의 주요 동기라고 설명한 것을 상기해 보라. 기업은 이 세 가지 동기(motivator)에 모두 어필할 수 있는 프로그램을 만들고, 구석구석에서 기회를 찾아 자사보다는 고객의 우수성을 강조할 수 있다. 이를 염두에 두고 고객이 카테고리를 만드는 다양한 방법을 살펴보자.

고객은 어떻게 카테고리를 창조하는가

당신의 카테고리를 이해하지 못하는 사람들이 전체 산업과 경제에 다수 존재하지만, 이해하려는 고객층도 소수 존재한다. 이러한 고객들은 브랜드 자산을 임대함으로써 당신의 리더십과 당신이 창조하고 있는 카테고리의 유효성을 검증하는 데 중요한 역할을 수행할 것이다. 이제 임대는 영원하지 않다. 이 장의 뒷부분에서는 고객의 성공을 위해 기업이 해야 할 일을 자세히 살펴보고, 이를 통해 향후 몇 년간 고객 옹호 운동에 활력을 불어넣을 수 있을 것이다. 다음은 고객이 카테고리 창조에 영향을 미칠 수 있는 몇 가지의 실질적인 방법이다.

고객은 당신이 발견한 고통이 실재한다는 것을 검증한다

카테고리 창조의 핵심 원칙 중 하나는 시장에서 충족되지 않은 니즈를 발견하고 대중화하는 것이다. 콘텐츠 마케팅 전략의 초기 초점이 '왜'를 명확히 하는 것이어야 한다는 점을 상기하면, 콘텐츠 노력은 대중화를 촉진할 수 있다. 그러나 이전에 실현되지 못한 시장의 고통에 대해 진정으로 공감을 이끌어내기 위해서는, 귀사만 이에 대해 말해서는 안 된다. 고객이 소셜 미디어에서 콘텐츠를 증폭하여 반응하든, 자신의 관점을 담은 콘텐츠를 제공하여 반응하든, 고객이 직접 이야기를 들려주면 해당 카테고리에 대한 검증과 후광효과가 발생할 수 있다.

고객이 대화에 참여하고, 이상적으로는 해당 카테고리의 이름을 언급함으로써, 고객은 자신도 여러분이 관찰한 고통을 느꼈고, 그 고통에 대한 해결책은 이 새로운 카테고리를 수용하는 데 있으며, 귀사가 모든 사람의 고통을 없애기 위한 노력을 주도하고 있다는 것을 효과적으로 세상에 알릴 수 있다. 고객은 심지어 브랜드 가치를 구축하고 성장을 촉진하는 데 도움이 될 수 있는 전체 솔루션의 일부로 제품 가치를 전도할 수 있으며, 이는 시간이 지남에 따라 고객 마케팅 조직의 일부로 운영되어야 한다. B2B에서는 고객의 경험이 중요하며, 직책과 회사 로고도 중요하다. 업계에서 주목받는 선도적인 브랜드를 통해 대화를 조율하는 능력은 검증 노력에 큰 힘이 될 것이다. 만약 '**에크미 크롭**(Acme Crop)'이 이 카테고리에 대해 이야기하고 있다면 주목해야 할 것이다.

고객은 산업의 모범 사례를 공동 저술한다

이제 더 많은 기업들이 카테고리의 미션에 동참하면서, 이러한 초기 고객들이 새로운 분야의 첫 번째 실무자가 되고 있다. 기업이 콘텐츠 마케팅 활동의 일환으로 발표한 모범 사례를 배포하고 배틀 테스트를 진행하든, 아니면 자체적으로 비즈니스 내에서 이 분야를 운영하면서 새로운 길을 개척하든, 고객들은 의심할 여지없이 여러분이 관찰한 문제를 해결하는 방법에 대해 더 똑똑해지고 있다. 고객이 배운 것을 네트워크와 공유하는 것은 드문 일이 아니지만, 대신 플랫폼에서 자신의 이야기를 공유할 수 있는 기회를 제공하면 상호 이익을 얻을 수 있다. 고객 자신도 새로운 브랜드와 콘텐츠의 가시성을 높이는 데 활용할 수 있는 홍보 효과를 누릴 수 있다. 기업 입장에서는 커뮤니티가 서로의 학습 내용을 공유할 수 있는 플랫폼을 구축함으로써 신뢰할 수 있는 사고 리더십을 강화하고, 온라인에서 해당 카테고리를 둘러싼 대화를 지속적으로 주도할 수 있다.

현실적으로 모든 고객이 동일한 것은 아니다. 회사의 규모, 판매하는 산업 및 업종, 심지어는 영업 지역까지 모든 기업이 각기 다른 모습을 보일 가능성이 높다. 혼자서 시장의 모든 잠재력을 충족시킬 수 있는 콘텐츠를 만들고자 하는 것은 어리석은 일이다. 사실 카테고리 창조자로서 여러분이 배우고 작성하는 모든 것은 자신의 카테고리와 회사의 성숙도에 따라 다소 미묘한 차이가 있다. 성장하는 고객 프로필의 전체 스펙트럼의 지원 없이는 혼자서 카테고리에 맞는 '방법' 콘텐츠를 제대로 작성할 수는 없다. 대기업의 복잡한 문제를 해결하는 스타트업이라고 상상해 보라. 문제 해결을 위한 최선의 접근 방법을 발견할 수는 있지만, 매일매일 비즈니스에서 같은 고민을 하고 있지는 않을 것이다. 대신 고객으로 하여금 그들의 접근법을 전 세계와 공유할 수 있도록 허용하는 것이 훨씬 더 신뢰할 수 있을 것이다. 고객은 카테고리가 어떻게 진화하고 있는지에 대한 당신의 생각을 밀어주고 혁신의 기회가 어디에 있는지 알려줄 것이다.

고객은 제품을 더 좋게 한다

비록 10배의 제품을 보유하는 것이 카테고리 창조의 전제 조건은 아니지만, 판매할 실제 제품 없이는 카테고리를 만들 수 없다. 이 모든 과정의 결과 중 하나는 리더십을 수익화할 수 있을 만큼 충분한 제품을 판매하여 처음에 설정한 카테고리의 목적을 실제로 달성하는 것이다. 당신이 그 과정에서 이례적으로 성공적인 기업을 만들 수 있을지 누가 알겠는가? 그렇게 되려면 결국 여러분의 제품이 해당 카테고리에서 성공하기 위한 사실상 표준으로 널리 인정받아야 한다. 시장에 다른 경쟁 제품이 없다는 뜻이 아니라 여러분의 제품이 더 우수하다는 뜻이다.

고객은 커뮤니티의 유료 회원이므로, 제품 자체가 판매 주기에 걸쳐 약속된 결과를 어떻게 실현할 수 있을지에 대해 일반 고객보다 훨씬 더 많이 기대한다. 고객이 당신의 기술을 사용하는 과정에서 제품팀에 피드백을 전달할 수 있는 채널을 만드는 것은 카테고리 초기 로드맵에 영향을 미치는 가장 강력한 방법이다. 물론 고객의 요구사항이 항상 회사의 비전보다 우선해야 한다는 말은 아니지만, 마케팅 및 판매할 모든 회사가 여러분과 비슷하지는 않다는 점을 기억하라. 고객이 규율에 익숙해지면 귀사의 제품 사용에도 더 능숙해질 것이며, 진정으로 시장을 주도하기 위해 어떻게 진화해야 하는지 구체화할 것이다.

고객은 카테고리 선도자를 왕좌에 앉힌다

이 주제에 대해서는 다음 장에서 더 자세히 다루겠지만, 기업이 카테고리를 창조하지 않는다는 데는 대체로 동의하지만, 생태계 내에서 누가 실제로 카테고리 리더가 될 수 있는지에 대해서는 약간의 논쟁이 있었다. 일부는 오늘날까지 산업 분석가가 그러한 역할을 담당하고 있으며, 그들의 연구, 브리핑, 유료 대중 연설 등을 통해 새로운 시장이 어디에서 형성되고 있는지 그리고 어떤 기업이 그것을 이끌고 있는지 파악할 수 있다고 생각한다. 이 연구는 궁극적으로 시장 지도 혹은 아마도 연구의 순 효과를 요약하는 신성한 2×2 사분면으로 나타날 것이다. 내 말투가 약간 건방진 것 같겠지만, 실제로 나는 분석가들이 카테고리 창조에 있어서 대단히 중요한 역할을 한다고 믿으며, 이를 10장에서 사례로 옹호할 것이다. 그러나 동시에 이러한 기관이 설립된 이후로 세상은 변했으며, 따라서 고객은 이제 어렵지 않게 자신의 목소리를 공유하고 전 세계가 보는 앞에 그들의 브랜드 충성도를 알릴 수 있게 되었다고 믿는다.

그들의 목소리는 온라인 리뷰 플랫폼에 나타나기도 하지만, 이러한 전달 수단의 광범위한 주제는 고객이 공개적으로 카테고리 리더에게 기꺼이 투표를 한다는 것이다. 이는 고객이 회사 홈페이지에 로고를 게재하는 것을 허용하거나 고객과 제품을 통해 실현한 성공 사례 연구에 동의할 때 나타날 수 있다. 어쩌면 고객이 산업 연사로 나서서 귀사와의 성공적인 제휴 경험을 포함한 이야기를 매력적인 동료 청중들 앞에서 공유하는 것에 동의할지도 모른다. 초기 시장에 진출한 기업은 초기 고객에게 성공을 제공하는 것뿐만 아니라 고객이 브랜드와 카테고리 전반의 홍보대사로서 여러분을 대신하여 옹호할 수 있는 기회를 만드는 것이 매우 중요하다. 이를 위한 노력은 기업 여정에서 아무리 일찍 시작해도 빠르지 않다. 이 네 가지의 중요한 검증 활동에서 고객을 지원하기 위해 당신의 기업이 할 수 있는 역할이 무엇인지 한번 알아보자.

어떻게 브랜드 옹호자를 만들고 식별할 것인가

고객층 내에서 옹호자를 찾아내는 것은 그들을 시장에서 브랜드 홍보대사로 활성화하기 위한 중요한 단계지만, 고객이 기꺼이 옹호자가 되려면 먼저 고객이 제품을 통해 성공을 거둘 수 있도록 만들어야 한다. 이러한 일이 반드시 하루아침에 일어나는 것은 아니지만, 결국 마케팅의 역할은 고객이 카테고리에서 성공을 거둔 것을 축하하고 성장하는 업계에서 선구자로 자리매김할 수 있도록 하는 것이다. 초기 단계 스타트업의 경우, 제품 측면의 가치가 아직 실현되고 있는 동안 브랜드 홍보대사로 활동하고 존경받는 기업의 노련한 리더에게 자문 및 에반젤리스트로서 지분을 보상하는 회사들을 본 적이 있다. 이는 기업의 제품이 아직 그 비전에 비해 미성숙할 수 있는 초기에 즉각적인 지지 및 카테고리 검증을 얻을 수 있는 꽤 좋은 방법임이 입증되었다.

하지만 우리에겐 고객을 성공으로 이끄는 예술과 과학을 고객 성공이라고 부르는 분야가 있다. 이것이 지난 7년간 게인사이트가 구축해 온 카테고리기 때문에 내가 좀 편향되어 있을 수는 있지만, 고객 성공에 초점을 맞추면 본질적으로 고객 기반 내에서 기꺼이 지지하는 군대를 만들 수 있다는 것이 현실이다. 첫 장에서 고객 성공에 대한 공식적인 정의를 공유했으므로 이 개념을 방정식으로 간단하게 설명하면 다음과 같다. CS = CX + CO, 즉 고객 성공은 고객 경험에 고객 성과를 더한 것과 같다. 경험은 세일즈 개발 담당자와의 첫 대화에서부터 회사로부터 받은 이메일의 수, 심지어는 고객이 회사에 제출한 지원 티켓의 해결 속도에 이르기까지, 고객이 당신의 회사와 가질 수 있는 모든 접점의 총합이다. 반면에 성과는 제품 구매에 대한 고객의 목표와 이를 달성하기 위해 판매 전, 판매 중, 판매 후에 무엇이 필요한지에 대한 공유된(그리고 문서화된) 비전이다. 이 두 가지 이니셔티브에 집중함으로써 기업은 잠재적 지지자로 구성된 열정적인 팬층을 형성하는 고객 성공 전략을 구축할 수 있다. 그림 9.1은 게인사이트에서 수백 건의 구현과 수십 년 동안의 전사적 고객 성공 경험을 바탕으로 한 몇 가지 규범적 프로세스(옹호자 참여 포함)를 시각화하여 보여준다.

잘 실행된 고객 성공 전략이 고객 지지를 구축할 수 있다는 것을 이해하는 것은 중요하지만, 이를 시작하는 것이 상당히 어렵게 여겨질 수 있다. 궁극적으로, 창업자와 경영진은 고객 성공이 하향식, 전사적 노력이 필요하지만, 고객 성공을 전담할 팀이 필요하며 그들이 현장을 소유해야 한다는 것을 인식해야 한다(이 주제는 별도의 책 한 권을 쓸 만한 가치가 있으니 믿어도 좋다). 하지만 당신이 그 책을 찾기 위해 아마존닷컴으로 향하기 전에, 고객 성공을 시작하기 위한 9가지 단계를 요약해 보겠다.

1. **성공을 정의하라** 고객 성공이 중심이 되는 문화를 만들기 위해 취할 수 있는 가장 큰 단계는 고객에게 성공이 무엇을 의미하는지 명확히 하는 것이다. 많은 기업이 다양한 사용 사례에 사용할 수 있는 수평적 제품을 판매한다. 만약 당신이 CEO 혹은 고위 경영진이라면, 여러 부서가 참여하는 교차 기능적 과정을 통해 당신의 제품에 대한 일반적인 사용 사례를 표준화하고

그림 9.1 교차 기능적 고객 성공을 위한 게인사이트의 개념적 틀

각 사용 사례에서 성공이 고객에게 무엇을 의미하는지 정의해야 한다. 이를 간단하게 생각해 보자. 고객에게 "우리 회사의 큰 성공이 여러분에게 어떤 의미일까요?"라고 물었을 때 어떤 대답이 나올까? 목표를 정의하지 않으면 목표를 중심으로 회사의 역량을 결집하기 어렵다.

2. **성공을 중심으로 조직을 정렬하라** 다음으로 조직을 검토하여 각 기능 영역이 고객 성공을 지원하기 위해 무엇을 해야 하는지 파악하라. CS팀이 이니셔티브의 중추적인 역할을 할 수 있지만, 각 부서의 지지가 필요하다. 예를 들어, 매월 제품팀과 함께 CS 피드백을 검토하고, 세일즈 자격 기준을 정의하고 개선하며, 마케팅 및 고객 성공 팀과 정기적으로 메시지를 검토하는 등의 작업을 할 수 있다.
3. **고객 성공 팀의 말을 경청하라** 당신이 고위 경영진이나 CEO라면, 분명 고객, 파트너, 투자자 및 직원에게서 받는 비즈니스 관련 신호가 넘쳐날 것이다. 고객 성공 팀이 고객의 눈과 귀라는 점을 명심하고, 쇄도하는 신호 중 핵심 부분이 고객 성공 팀에서 나오는지 확인해야 한다. 고객 성공 문제에 대한 정기적인 검토를 수립하라. 모든 경영진 회의, 이사 회의 및 주요 전략적 의사결정에 고객 성공 담당 임원을 포함시켜라. 그리고 세일즈 담당 리더의 의견을 중요하게 생각하는 것처럼 고객 성공 담당 리더의 의견을 진지하게 받아들여라.
4. **고객 성공을 최우선으로 하라** 여기서 중요한 일이 벌어진다. 모든 기업은 제한된 자원을 가지고 있으며, 따라서 절충점을 찾아야 한다. 고객을 만족시키는 기능이 데모를 유도하는 기능에 항상 우선순위가 밀리고 있지는 않는가? 셀프-서비스 구현 프로젝트가 채널 파트너 출시에 밀리고 있지는 않는가? 고객 성공 관리자(CSM) 교육이 세일즈 교육을 이유로 연기되고 있지는 않는가? 고객 성공을 이끌고 싶다면, 우선순위를 정하라.
5. **고객 성공 팀에 권한을 부여하라** 같은 맥락에서, 만약 당신이 고객과의 성공을 이끌 팀을 만들었다면, 팀을 지원하기 위한 조치를 취해라. 아래는 몇 가

지 고려해야 할 사항이다.

- 고객 성공 담당 임원의 직급을 세일즈 담당 책임자와 동등하게 하라.
- 고객이 관리팀으로 이전될 때에도 CSM에 계속 정보를 제공하라.
- 가능한 경우 CSM이 고객에게 영웅적인 역할을 하도록 하라(가령, 고객의 계약 변경 혹은 지침 요청에 동의했음을 CSM이 고객에게 알리는 것이 이상적임).
- 고객의 관점을 CSM이 대변한다는 것을 나머지 조직 전체에 명확히 하라.

6. 고객 성공을 측정하라 적용하기로 합의된 지표가 없다면 고객 성공은 결코 진지하게 받아들여지지 않을 것이다. 총이탈률, 순 유지율 및 기타 척도를 포함하여 최종 결과에 대한 지표를 정의하라. 지표가 무엇을 의미하는지 모두가 확실히 인지하도록 하라. 이에 더해 고객 건전성 지수, 수용 지수 및 순추천고객지수(NPS)와 같은 조기 경고 지표를 만들어 고객 성공이 어디로 가고 있는지 추적하라.

7. 고객 성공에 인센티브를 지급하라 기업은 행동을 유도하기 위해 보상 계획을 세운다. 따라서 고객 성공을 촉진하고 싶다면 직원들에게 보상을 지급하라. 순 유지율, NPS, 고객 건전성 지수 등의 고객 성공 지표를 회사의 보너스 플랜에 추가하라.

8. 기업을 압박하라 매출 상승과 분기별 목표 달성을 위해 회사를 압박하는 것과 마찬가지로 고객 유지, 고-라이브(Go-live), 고객 만족도 지표, 수용 목표와 같은 고객 성공 목표를 달성하도록 기업을 독려하라.

9. 성공을 축하하라 고객 성공은 쉽지 않다. 고객 성공은 항상 통제할 수 있는 것은 아니며, 고객은 때로 까다로울 수 있다. 대부분 기업은 훈장, 샴페인, 여행, 재미있는 내기 등 세일즈를 응원하기 위한 전통이 있다. 고객 성공을 위해서도 똑같이 하라. 스스로 CSM 훈장을 취득하여 고객 성공이 전사적 차원의 하향식 노력이라는 신호를 보내라.

고객 성공 전략을 수립함으로써, 기업은 고객 유지 및 수익 증대를 비롯한 다양한 방법을 통해 지속 가능한 성장을 이끌어낼 수 있는 강력하고 흥미로운 비즈니스 지렛대를 확보할 수 있다. 이 모든 것의 중심에는 의도적이고 즐거운 경험을 통해 기업과 함께 긍정적인 결과를 지속적으로 실현하는 고객이 있다. 지금 이 글을 읽고 있는 마케터라면, 이러한 성공적인 고객이 옹호 프로그램의 후보일 뿐만 아니라, 당신의 브랜드를 대신하여 지지하기를 원할 것이다. 다음 단계는 그들이 그렇게 할 수 있는 기회를 만드는 것이다.

어떻게 옹호자를 참여시키고 동원할 것인가

당신이 나와 비슷한 사람이라면, 다른 사람에게 부탁을 하는 것이 매우 불편할 수 있다. 도움을 받지 못해서가 아니라, 나를 위해 다른 사람에게 불편을 주고 싶지 않은 것이 내 본성이기 때문이다. 그렇기 때문에 옹호의 순간은 호의를 베푸는 것이 아니라 고객이나 팀 동료, 혹은 커뮤니티의 일반 구성원들이 그들의 개인적인 이야기와 경험을 기록에 남길 수 있는 기회라는 사실을 깨닫는 데에 시간이 좀 걸렸다. 일반적으로 고객 성공 팀은 고객과 가장 가까운 곳에 있고 관계를 맺고 있지만, 마케터는 프로그램 및 채널 소유권을 가진 크리에이티브이므로 누가 요청을 해야 하는지 이해하는 것이 중요하다. 각 조직마다 선호하는 프로세스가 다를 수 있지만, 고객 성공 팀이 고객 건전성 점수 데이터를 사용하여 잠재적 옹호자를 식별하고 마케팅 소유의 옹호 프로그램에 등록하도록 장려하는 것은 지난 몇 년 동안 게인사이트에 큰 도움이 되었다.

옹호자는 영향력이 큰 고위 임원부터 브랜드에 열광하고 제품을 열정적으로 사용하는 일선 실무자까지 다양한 규모로 존재한다. 두 프로필 모두가 중요하다. 상위 4분의 1에 해당하는 직급의 계층은 고객 자문위원회를 구성하거나 경영진 스폰서 프로그램을 활용하고 투자하는 등 보다 세심한 관리가 필요하지만, 기업 및 카테고리 검증 그리고 가속화 측면에서 상당한 가치를 제공한다. 조직도의 아래쪽에 있는 옹호자들은 종종 훨씬 더 깊고 실무적인 관점을 제공할 수 있다. 커뮤니티에는 경영진보다 실무자의 수가 더 많을 가능성이 높기 때문에, 이들이 제공하는 폭넓은 배포 가치의 혜택을 누릴 수도 있다. 인플루티브(Influtive, 옹호 마케팅의 카테고리 창조자)와 같은 훌륭한 기술 플랫폼이 있어 옹호자 가운데 실무자를 포함한 하위 80% 직급을 가진 롱테일 그룹의 참여를 운영하는 데에 도움을 줄 수 있다.

옹호 프로그램에 활기를 불어넣는 방법 중 한 가지는 참여를 장려하거나 행동에 대한 대가로 보상을 제공하는 것이다. 이 전략이 일부 독자에게는 적합하지 않을 수도 있지만, 대부분의 자발적인 지지자들의 심리는 6장에서 설명한 얼리어답터의 심리와 밀접하다. 정보, 참신함, 지위는 얼리어답터에게 핵심 동기부여 요소지만, 지지자들은 여기서 한 걸음 더 나아가 인플루언티브에서 말하는 접근성, 권력, 물건을 중요하게 생각한다.[2] **접근성**이란 고객을 VIP 또는 록스타로 대우하고 산업 콘퍼런스에서 개인적인 네트워킹 이벤트 또는 고객 전용 라운지와 같은 특별한 경험을 제공하는 것을 의미한다. **권력(파워)**은 피드백에 대한 대가로 메시징이나 제품 출시에 대한 베타 액세스와 같은 프로그램을 통해 지지자들이 실제로 비즈니스 또는 카테고리의 전략에 영향을 미칠 수 있다는 믿음을 심어준다. **물건**은 보다 물질적인 성격을 띠는, 기프트 카드나 회사 기념품 등이 될 수 있으며 지지자 중 하위 80%인 롱테일 그룹에게 더 어필할 수 있다. 마지막 카테고리를 제외하면, 인센티브가 반드시 선물일 필요는 없으며, 신뢰의 표시에 대한 감사의 마음을 전할 수 있는 기회로도 충분하다는 것을 알 수 있다.

성공적인 고객을 발굴하고 앞서 설명한 참여 메커니즘을 구축했다면 옹호자를 동원할 준비가 된 것이다. 이들에게 카테고리의 모멘텀을 창출하고 기여할 수 있는 적절한 기회를 제공하면 옹호자를 넘어 진정한 **브랜드 홍보대사**를 확보할 수 있다. 이 장의 앞부분에서는 고객이 카테고리에서 관찰된 고통을 검증하고, 업계 모범 사례를 공동 저술하고, 제품 개발의 경계를 넓히고, 말과 행동을 통해 업계 리더를 응원함으로써 카테고리를 창조하는 방법에 대해 논의했다. 표 9.1

은 구체적인 옹호의 순간이 카테고리 창조자가 고객을 통해 이끌어내고자 하는 결과와 어떻게 매핑될 수 있는지 설명한다.

전 세계적으로 인플루티브(Influitive)의 CEO 마크 오간(Mark Organ)만큼 카테고리 창조의 맥락에서 옹호의 힘을 많이 연구한 사람은 없다. 1장에서 마크에 대해 썼지만, 그는 인플루티브를 설립하기 전에 마케팅 자동화 카테고리의 창시자인 엘로콰(Eloqua)의 창립자이자 CEO였다. 다시 말하지만, 엘로콰는 2012년에 상장한 후 그해 말 오라클에 8억 1,000만 달러에 인수되는 놀라운 성과를 거두었다. 마크의 가장 큰 직업적 열정 중 하나는 수십억 달러의 새로운 카테고리를 만드는 것인데, 그는 감사하게도 공개 포럼과 산업 콘퍼런스에서 자신

표 9.1 성과의 맥락에서 옹호의 순간 이해하기

성과	옹호의 순간
고객은 당신이 발견한 고통이 실재한다는 것을 검증한다.	• 초기 단계 콘텐츠 협업 • 온라인 : 블로그 게시물, 영상물, 전자책, 팟캐스트, 웨비나 등 • 오프라인 : 이벤트에서 말하기 등 • 언론 및 애널리스트 • 콘텐츠 및 프로그램 확대
고객은 산업 모범 사례를 공동 저술한다.	• 초기 단계 콘텐츠 협업 • 온라인 : 블로그 게시물, 영상물, 전자책, 팟캐스트, 웨비나 등 • 오프라인 : 이벤트에서 말하기 등 • 언론 및 애널리스트 • 콘텐츠 및 프로그램 확대
고객은 제품을 더 좋게 만든다.	• 메시징, 포지셔닝 및 로드맵에 자원 투입 • 고객 자문 위원회 • 온라인 고객 커뮤니티 • 로드맵 웨비나
고객은 카테고리 선도자를 왕좌에 앉힌다.	• 후기 단계 콘텐츠 협업 • 사례 연구, 추천 영상물 • 인용문/언론 기사 • 입소문 • 참조 프로그램 • 온라인 리뷰 사이트 참여 • 소셜 미디어 참여 • 리퍼럴 마케팅

의 깊은 경험을 기꺼이 빌려주며 이 주제에 대해 토론해 왔다. 이제 카테고리 창조의 '후발 주자'가 된 마크는 기업이 지지자를 발굴, 육성, 동원하여 매출을 가속화하고 고객 생애 가치를 높일 수 있도록 지원하는 소프트웨어와 서비스를 제공하는 인플루티브에서 고객 기반 기업의 탄생을 주도하고 있다. 옹호자 마케팅(advocate marketing)이라는 새로운 카테고리인 이 관행은 옹호자가 잠재 고객을 고객으로, 신규 고객을 성공적인 고객으로 전환하는 참여형 고객 커뮤니티를 만든다. 마크는 두 차례의 카테고리 창조자이자 옹호자 마케팅 분야의 전문가로서 초기 시장을 창출하고 운영하는 기업이 이 두 가지를 어떻게 융합할 수 있는지에 대해 친절하게 자신의 노하우를 공유했다.

어떻게 신흥 카테고리에서 고객을 브랜드 홍보대사로 활성화할 것인가

마크 오간, 인플루티브의 CEO이자 창립자

카테고리 리더가 되면 얻을 수 있는 혜택은 분명하다. 대부분의 경우 카테고리 리더는 이전 카테고리 전체를 합친 것보다 더 큰 가치가 있다. 클라우드 기반 CRM의 세일즈포스닷컴 대 온-프레미스 CRM 솔루션 전부를 합친 것이든, 테슬라(Tesla) 대 고급 세단 전부를 합친 것이든, 시장과 시대를 불문하고 그 패턴은 동일하다. 가장 좋은 카테고리 리더가 될 수 있는 최고의 기회를 가진 기업은 가장 처음으로 해당 카테고리를 창조한 기업이다.

카테고리를 '창조'라는 개념으로 설명하는 것이 편리하고 비유적이지만, 경험에 비추어 볼 때 이는 옳지 않다. 그들은 카테고리를 최초 발견한 다음 이를 대중화한 사람이다.

카테고리는 먼저 세상을 다른 사람들과는 다르게 보는 열광적인 사람들의 마음속에 있다. 이들은 1960년대에 웨이트 트레이닝으로 보디빌딩을 한 사람들, 1970년대에 직접 컴퓨터를 만든 사람들, 1980년대에 전화 접속 모뎀을 통해 서로를 연결한 사람들, 1993~1996년에 온라인으로 상품과 서비스를 구매한 사람들, 2000~2003년에 클라우드 기반 소프트웨어를 사용하여 비즈니스를 운영한 사람들 그리고 2010~2013년에 인플루언서를 활용하여 독점적으로 마케팅을 하는 사람들이다. 카테고리 창조자는 일차적으로 카테고리 발견자로, 세상을 색다르게 바라보는 '괴짜'들의 트렌드를 파악한다. 인류학자처럼 이들의 사고 모델을 이해하여 더 나은 서비스를 제공한다.

앤서니는 이 책에서 고객 성공이라는 카테고리에 대해 설명하는데, 이 카테고리는 시간이 지나면 수십억 달러 규모의 카테고리가 될 것이라고 생각한다. 이 카테고리는 먼저 고객 성공 전문가와 리더로 구성된 커뮤니티를 기반으로 구축되었다. 내가 클라우드 기반 수요 창출 자동화 소프트웨어(괴상한 수요 창출 전문가 커뮤니티를 기반으로 구축됨)의 카테고리 발견자인 엘로콰의 CEO였을 때, 2002년에 최초의 고객 성공 부서를 만들었다. 자금난에 몰려 있었기 때문에 한 푼의 반복 매출도 놓치지 않는 것이 매우 중요했다. 경영 컨설턴트로 일했던 경험이 제품을 통한 전략적 성공을 위한 영감이 되었다. 당시에는 SaaS 제품의 도입을 보장하는 동시에 기업의 미션 수행에 필수적인 목표를 추진해야 한다고 주장하는 소수의 외로운 목소리가 있었고, 이들은 종종 자신의 직함에 '성공'이라는 단어를 넣었다. 2002년에 세일즈포스닷컴과 엘로콰는 이 새로운 기능을 '고객 성공'이라고 했다.

일단 이해되면, 그 카테고리는 대중화된다. 새로운 카테고리의 엄청난 이점을 마케팅하여 더 많은 사람들이 전환할 수 있도록 한다. 만약 이 마케팅이 잘 집행되고, 근본적인 기술과 기타 트렌드가 강력하다면, '괴짜'들은 곧 다수가 될 것이다. 카테고리를 대중화하는 가장 좋은 방법은 애초에 커뮤니티를 구성하는 바로 그 사람들과 함께하는 것이다. 결국 이 사람들은 신뢰할 수 있고 올바른 언어를 사용하며 해당 카테고리를 가능한 한 크게 만들고자 하는 동기가 부여되어 있다.

앤서니가 8장에서 설명한 바와 같이, 영리한 카테고리 창조 기업은 카테고리 커뮤니티도 조직한다. 이는 콘퍼런스, 지역 강연 행사, 저녁 만찬 등을 통해 오프라인으로 이루어질 수도 있고, 토론 및 커뮤니티 소프트웨어, 링크드인 및 페이스북 그룹과 같은 사이트에서 생성된 공개 네트워크 커뮤니티 참여, 슬랙 및 왓츠앱과 같은 모바일 기술로 만들어진 비공개 메시징 채널을 통해 온라인으로 이루어질 수도 있다.

기업은 카테고리 마케팅에 집중하고 기업의 지지자 커뮤니티는 특정 기업과 제품을 홍보하는 역할을 해야 한다. 인플루티브가 카테고리 참가자 및 잠재 고객을 위해 만찬 행사를 주최할 때의 원칙은 음식, 와인, 자녀 및 취미에 대한 이야기만 할 수 있다는 것이다. 판매는 행복한 고객 옹호자를 통해 이뤄진다. 이들은 신뢰받으며 적절한 언어를 구사하고 동기 부여된 사람들이기에 경영진보다 판매에 훨씬 탁월하다. 잘 수행된 카테고리 콘퍼런스들도 비슷한 모델을 따른다. 게인사이트의 펄스(Pulse)와 인플루티브의 애드보캠프(Advocamp) 콘퍼런스는 카테고리 창조자가 주요 후원자이자 주최자이며, 로고는 거의 보이지 않는다. 이러한 이벤트는 고객 성공과 고객 마케팅 전문가의 니즈를 최우선으로 고려한다는 메시지를 전달한다.

카테고리 창조자는 언제 커뮤니티를 구성해야 하냐고? 최대한 빨리 해야 한다! 커뮤니티가 일찍 형성될수록 기업은 제품 개발 및 마케팅 모두에서 커뮤니티의 혜택을 얻을 가능성이 높아진다. 카테고리 창조자인 스마트폰 제조업체의 창업자 칼 페이(Carl Pei)는 가격과 성능 면에서 획기적인 제품을 만들고 싶었다. 시제품을 만들기 1년 전부터, '스마트폰 괴짜'들로 구성된 온라인 커뮤니티를 만들어 여러 가지 어려운 제품 디자인 결정에 대해 토론했다. 원플러스 원(OnePlus One)이 만들어졌을 때, 해당 커뮤니티는 이 제품에 대해 부모와 같은 유대감을 느끼며 이를 대중화시켰다. 원플러스 원은 출시 첫 해에 3억 달러 넘게 팔렸으며, 마케팅 비용은 3,000달러도 채 사용하지 않았다. 모든 홍보는 원플러스 커뮤니티에서 유기적으로 만들어졌다.

원플러스의 사례는 카테고리 창조자의 지지자들이 기업을 대신하여 재량껏 일하도록 동기를 부여하는 원칙을 강조한다. 인플루티브를 시작하기 전, 수백 명의 '슈퍼-옹호자'를 인터뷰하여 그들의 사고 모델과 그들이 지금보다 더 많은 지지 활동을 하기 위해 필요한 것이 무엇인지 파악했다. 이 조사 결과는 브랜드 홍보대사 동원을 위한 프레임워크의 기반이 되었다.

1. **배타적 집단(tribe)** 왜 어떤 사람들은 그들 팀의 스포츠 행사에 참여할 때 얼굴에 페인트를 칠하고 특정한 색깔의 옷을 입는 걸까? 혹은 왜 어떤 사람들은 '할리-데이비슨(Harley-Davidson)' 같은 회사의 이름을 문신으로 새기는가? 사람들은 운동, 종교 등 신봉할 수 있으며 자신보다 더 큰 무언가의 일부가 되기를 갈망한다. 그들은 선교적 서사를 믿고 싶어한다. 기독교는 죽음 이후의 삶에 대한 강렬한 이야기를 가지고 있다. 원플러스는 사람들이 일반 기기 가격으로 최고의 스마트폰 기술을 누릴 자격이 있다는 의미의 구호, "결코 만족하지 마라(Never Settle)"를 외치며 커뮤니티에 활력을 불어넣었다. 훌륭한 카테고리 커뮤니티는 구성원들의 참여와 활동을 독려하는 목적의식과 결부된 뚜렷한 정체성이 있어야 한다.
2. **측정 가능한 영향력** 사람들은 자신의 기여에 대한 피드백을 받을 때 더 많은 활동을 수행한다. 슬롯 머신, 이메일 확인, 소셜 미디어 피드 스크롤하기가 그토록 중독적인 이유는 활동에 다양한 보상이 주어지기 때문이다. 잘 설계된 커뮤니티는 소셜 미디어 게시물의 좋아요 수, 콘퍼런스 연설의 청중 평가, 자신이 제공한 추천이 시범 단계에 들어갔다가 마감되었는지 여부 등 참여자에게 자신의 효과에 대한 피드백을 제공한다.
3. **사회적 자본** 참여자가 커뮤니티 안에서 잘 해냈음을 커뮤니티가 인정할 때, 참여자는 큰 감동을 받는다. 그러나 만약 어떤 카테고리와 기업을 옹호함으로써 그들의 커리어와 삶의 전망이 향상된다면 이는 강박적인 수준의 활동을 이끌어낼 수 있다. 링크드인(LinkedIn)에 공개적으로 전시할 수 있는 상과 배지 그리고 연설, 쓰기와 같은 커리어 증진 활동의 기회를 제공하는 것은 사회적 자본에 기여한다.

위의 것들은 장기적인 커뮤니티 참여와 지지를 이끌어내는 거시적 요인이다. 이러한 요소들은 참여를 극대화하는 데 필요하지만 충분하진 않다. 미시적 요인은 지지자가 당신의 커뮤니티와 함께하는 모든 세션을 통해 브랜드와의 유대감을 높이고 투자를 유도할 수 있도록 한다. 옹호활동에 대한 마찰을 제거하는 것이 옹호활동에 대한 보상을 늘리는 것만큼이나 중요하다.

비디오 게임 설계자들은 오래전부터 이를 파악하고 사용자가 적절한 타이밍에 '도파민의 강타'를 받아 게임에 대한 투자 수준을 높일 수 있도록 한다. 영리한 마케터라면 같은 아이디어를 활용할 수 있다. 온라인 및 오프라인 커뮤니티 모두에서 활동에 대한 대가로 감사의 표시로 소액의 보상을 제공할 수 있다. 이러한 보상은 성과에 대한 보상이 아니라 그들이 들인 시간에 대한 보상으로 인식되는 것이 중요하다. 온라인 커뮤니티의 가상 배지나 콘퍼런스의 목줄에 꽂는 핀은 귀중한 인정을 제공하지만 비용은 별로 들지 않는다. 독점적 콘텐츠에 대한 접근과 인적 네트워킹은 실제 세계와 가상 세계 모두에서 작동한다.

미래의 카테고리 리더는 말 그대로 고객의 활동으로 움직일 가능성이 높으며, 이는 업계 지배를 위한 압도적인 추진력을 제공한다. 이러한 기업들은 제품 개발부터 고객 성공, 마케팅부터 판매에 이르기까지 비즈니스의 모든 측면에 고객이 참여하고 있다. 무보수로 일하지만 매우 유능한 사람들이 회사를 만들어가고 있다면 성공하지 못할 이유가 없다. 이런 식으로 고객 중심이 되는 데 투자하면 카테고리를 만드는 것에 대한 보상이 훨씬 더 커진다.

1 "2018 Content Preferences Survey Report," *Demand Gen Report*, April 2018 https:// www.demandgenreport.com/resources/research/2018-content-preferences-survey-report

2 Truman Tang, "Irresistible Incentives That Motivate and Engage Customer Advocates," Influitive, March 28, 2014, https://influitive.com/blog/incentives-customer-advocates/

10

분석가가 아닌 고객이 카테고리 창조자임을 인식하기

이 책이 불과 몇십 년 전에 쓰여졌다면, 6만 자 이상의 원고 전체가 업계 분석가들에게 당신의 새로운 카테고리를 인식하도록 하기 위한 세부적인 설명서가 되었을 것이다. 20세기 중후반 독립 리서치 및 컨설팅 회사가 등장한 이후, 주요 산업 분야의 기업 바이어들은 주목해야 할 트렌드와 그 트렌드를 주도하는 공급업체에 대한 조사와 조언을 얻기 위해 이들 기관을 찾았다. 분석가들은 시장 리더십과 구매 결정에 영향을 미치는 매우 중요한 역할을 담당하게 되었고, 기업(특히 B2B)은 브랜드와 가치 제안을 최우선으로 고려하기 위해 **애널리스트 관계(analyst relations)** 기능을 중심으로 전담팀을 구성했다.

산업 분석가 관계 연구소(IIAR)는 산업 분석 애널리스트를 '정보통신 기술(ICT) 관련 제품 및 서비스를 조달, 배포 및 사용하는 방법, 이유, 장소에 대한 연구를 작성 및 발표하고 조언하는 것을 비즈니스 모델로 삼는 개인 또는 회사에서 일하는 사람'[1]으로 정의한다. 일반적으로 각 분석 회사는 일련의 고유한 서비스 또는 제품군을 가지고 있지만, 대부분 다음과 같은 활동이 비즈니스 모델에서 핵심이 된다.

- **의뢰 또는 구독 기반 자문** 연구 접근권(일반적으로 아젠다 포함), 콘퍼런스 좌석, 일정 시간 동안 분석가와 대화할 수 있는 권리가 제공된다. 분석가에

대한 접근은 일반적으로 **문의**라고 하며, 발표된 연구에 대한 궁금증을 해결한다.

- **숫자와 연구** 전략적 계획 수립 혹은 최종 사용자층을 대상으로 하는 콘텐츠 개발을 위한 데이터 수집 및 연구 서비스다.
- **공급업체 컨설팅** 신제품 출시 또는 인수와 같은 전략적 개발에 대해 회사에 업데이트할 수 있는 기회로, 일반적으로 **브리핑**이라고 한다. 애널리스트의 참여는 관심도와 가용성에 따라 결정되므로, 경우에 따라서는 애널리스트 회사의 유료 고객이 아니어도 브리핑에 참여할 수 있다.
- **마케팅과 의견** 콘퍼런스, 백서 제작 및 제공, 프레젠테이션 및 강연 기회를 포함하여 공급업체 마케팅을 지원하는 다양한 '아웃바운드' 서비스를 제공한다.

이 시장의 '고릴라'는 가트너 주식회사(Gartner Inc.)로 연간 매출이 39억 달러를 넘고 전 세계 1만5,000명 이상의 고객을 보유하고 있다. 2013년 기준, 산업 전체 매출의 62% 이상이 '판매 측' 애널리스트(연구에 영향을 미치는 공급자)가 아닌 '구매 측'(자문을 구하는 최종 사용자)에서 발생했다. 대부분 조직의 애널리스트 관계 팀은 판매 측 애널리스트의 리서치 아젠다에 영향을 미치기 위해 브리핑, 문의 및 기타 참여 방식을 통해 판매 측 애널리스트와 관계를 구축하는 데 시간을 할애한다. 시장 파괴적 혁신가의 경우, 이는 자신이 속한 관련 카테고리와 관련된 조사에서 우호적으로 나타나는 것을 의미한다. 카테고리 창조자의 경우, 이는 리서치에서 신뢰할 만한 시장으로 인정받음을 의미한다. 이러한 관행은 오늘날에도 널리 받아들여지고 잘 이해되고 있지만, 세상은 실제로 변화하기 시작했다.

고객의 목소리는 어떻게 산업 분석가에 도전하는가?

인터넷의 발달, 특히 소셜 미디어의 폭발적인 인기로 고객들은 그 어느 때보다 더 많은 목소리를 낼 수 있게 되었다. 이러한 미디어의 특성 덕분에 브로커나 중개자 없이도 생각나는 모든 것에 대해 공개적이고 자유롭게 말할 수 있는 채널과 권한을 사회에 부여했다. 물론 대화가 280자 이하로 제한되는 대화로 인한 피해도 있지만, 보다 낙관적인 측면에서 보면 고객들은 긍정적이든 부정적이든 자신의 경험을 전 세계가 볼 수 있도록 브랜드와 공유할 수 있는 충분한 기회를 갖게 되었다. 쇼핑이나 여행지를 결정할 때 업종별 전화번호부 대신 옐프(Yelp)를 이용하거나, 프로머스(Frommer's) 대신 트립어드바이저(TripAdvisor)를 이용하는 등 소비 생활에 미치는 영향의 증거를 이미 보아왔다. 인류는 구매를 고려하는 방식을 바꾸어 왔으며, 전문가보다 일반 대중에게 더 많은 권한을 부여하고 있다. 우리는 최신 트렌드, 트렌드 세터가 누구인지, 어떻게 하면 가장 좋은 가격에 참여할 수 있는지에 대한 정보를 동료들에게서 찾는다. 이러한 기대는 우리 소비 생활의 표준적 관행이며, 이는 사무실에도 적용되기 시작했다.

하지만 아무리 혹독한 고객 의견이나 기업 제품에 대한 리뷰라도 해당 공급업체의 성공에 영향을 미치지는 못했다. 수십 년 동안 공급업체와 고객 사이에는 계약금 전액을 선불로 지불하는 다년 계약이 체결되었다. 그런 다음 공급업체는 고객에게 제품을 배송하고, 고객이 제품을 연결하든 안 하든 공급업체는 해당 매출을 인식하고 다음 판매로 넘어가곤 했다. 선한 의도를 전제로 고객의 목소리는 다년 계약이 갱신되기 45~60일 전까지는 공급업체의 재정적 성공에 기술적으로 중요하지 않았다. 그 시점이 되면 전화가 걸려오고 레드카펫이 깔리지만, 고객은 애초에 구매를 통해 가치를 얻지 못했고 이미 다음 공급업체로 넘어간 상태였다. 21세기 구독 및 종량제 비즈니스 모델이 등장하기 전까지는 고객 성공과 비즈니스 성공이 완전히 단절된 세상이었다.

오늘날 고객은 경제 방정식에서 공급자에 대해 전권을 쥐고 있다. 고객은 판매 주기에 참여하기 전에 온라인에서 직접 조사하고 다른 사람들이 귀사에 대해 말한 내용을 통해 귀사가 누구인지, 귀사가 무엇을 상징하는지, 귀사 제품의 가치가 무엇인지에 대해 훨씬 더 많은 정보를 얻는다. 고객이 귀사의 제품 및 서비스를 통해 원하는 결과를 얻지 못하거나 그러한 결과가 대단한 경험을 대가로 치뤄야 가능한 것이라면, 고객은 이탈하여 경쟁사로 브랜드를 옮길 것이다. 거기서 다가 아니다. 그 후에 고객은 온라인에서 자신의 목소리를 공유하여 브랜드에 대한 부정적인 소문에 기여하거나 전 세계가 볼 수 있도록 브랜드를 대신하여 옹호하는 등 순환의 고리를 완성할 가능성이 높다.

역사상 처음으로 고객의 목소리는 이제 기업의 재정적 보상을 실현하는 방법과 불가분의 관계에 놓이게 되었으며, 공급업체는 이러한 신뢰를 얻고 유지해야 한다는 압박을 받고 있다. 이러한 트렌드가 소비 생활에서 전문적인 영역으로 이어지면서 고객들은 애널리스트 커뮤니티의 중개된 조언에 돈을 지불하기보다는 동료와 신뢰할 수 있는 네트워크에 제품 구매에 대한 조언을 구하는 것을 선호하고 있다. 이러한 현상이 절대적으로 우세하거나 업계 애널리스트가 현대 사회에서 설 자리가 없다는 것은 아니지만, 온라인에서 무료로 제공되는 투명성 수준과 업계 애널리스트 프로세스가 완전히 사라진 것이 이러한 변화를 가속화하는 데 도움이 되고 있다. 소셜 미디어 외에도 캡테라(Capterra), 지투(G2), 트러스트래디어스(TrustRadius)와 같은 온라인 리뷰 플랫폼은 수십만 건의 사용자 리뷰를 검증하여 전문가들이 어떤 소프트웨어나 서비스를 구매할지 더 현명한 결정을 내릴 수 있도록 도와주는 이러한 유형의 대화를 위한 장을 마련했다. 고객의 목소리는 초기 시장에서 가장 영향력을 발휘하는 힘으로서 카테고리를 만드는 초기 단계에 가장 적합한 전략이다.

현대의 카테고리 창조에서 분석가(애널리스트) 관계의 도전

6장에서 우리는 얼리어답터의 사회심리와 카테고리 창조자가 정보, 참신함, 지위라는 동기를 활용하여 새로운 카테고리에 대한 관심을 끌고 참여를 유도하는 방법을 살펴보았다. 이어서 8장에서는 카테고리 리더가 제시하는 목적과 비전을 통해 공동의 대의명분으로 묶인 집단과 커뮤니티로 자기 정체성을 확립하는 참여자들이 새로운 시장의 초기에는 얼마나 외로움을 느낄 수 있는지 살펴보았다. 이전 장에서는 제품 및 서비스로 초기 고객을 성공적으로 확보한 다음 이들을 브랜드 옹호자 및 홍보대사로 활성화하여 새로운 카테고리의 이익을 검증하고 정의하며 발전시키는 방법에 대해 설명했다. 이러한 모든 힘이 합쳐져 고객에게 그 누구보다도 궁극적인 권한을 부여함으로써 유효한 카테고리와 그렇지 않은 카테고리를 결정할 수 있다.

이러한 추세의 주요 문제는 애널리스트가 선을 형성하기 위해서는 많은 점을 봐야 한다는 것이다. 대부분의 기업은 구매 측에서 받는 문의의 양이 상당히 많아진 후에야 비로소 트렌드에 주목하기 시작한다. 이러한 패턴 매칭 원칙에 따라 공급업체의 애널리스트 관계 팀은 초기 고객 몇 명을 동원하여 해당 기업과의 브리핑 자리를 마련함으로써 판매 측에 영향력을 행사한다. 이 전략은 장기적으로는 효과적일 수 있지만, 새로운 시장을 창출하는 초기 단계에는 매우 어렵다. 카테고리 창조의 초기 단계에서는 모든 연결점이 보이지 않고 오로지 선만 보일 수 있다. 다른 사람보다 먼저 시장의 문제를 발견했거나 적어도 발견한 문제를 가장 먼저 대중화해야 한다. 최초가 되려면 다른 분석가의 도움을 받기 전에 먼저 카테고리의 점들을 연결하기 시작해야 한다. 이는 비즈니스 모델에 설계된 보편적 진리다.

게인사이트에 합류한 지 한 달 만에 CEO 닉(Nick)은 시장을 이해하는 신뢰할 수 있는 출처로부터 회사의 포지셔닝 방법을 모색하는 데 도움을 받기 위해 주요 애널리스트 회사 두 곳과 계약을 체결했다. 돌이켜보면 당시의 결정을 '대기업 본능'이라고 농담 삼아 말하지만, 실제로는 분석가들이 우리에게 말해주거나 (혹은 말해주지 않은 것이) 궁극적으로 우리를 고객 성공에 관한 카테고리를 만들 수 있는 입장에 서게 해 주었다. 우리는 고객(당시에는 모두 8개의 고객사)과의 브리핑을 준비하고, 우리 솔루션이 발전하는 시장에 어떻게 적합한지 제품

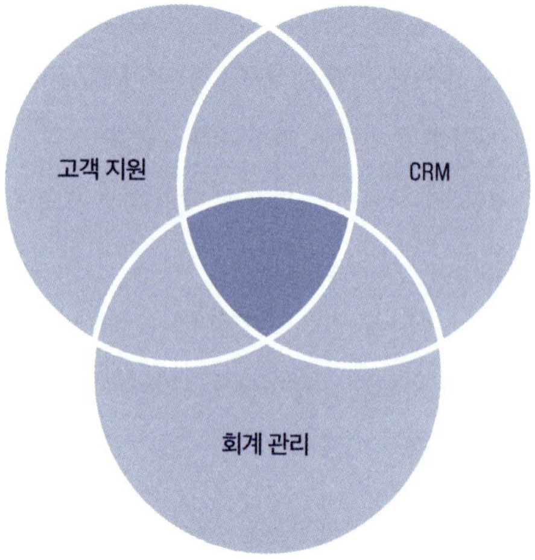

그림 10.1 게인사이트의 시장 기회에 대한 분석가 입장(2013년 1월)

데모를 진행하기 시작했다. 전체 비전을 공유한 후, 두 회사의 피드백이 우리의 비전에서 벗어나 이미 진행 중인 연구 아젠다로 향하는 것을 보고 놀랐다(그림 10.1 참조).

두 회사에 따르면, 게인사이트의 성공을 위해서는 사전 예방적 고객 지원 솔루션, 차세대 CRM(고객관계관리) 제공업체, 또는 최신식 회계 계정 관리를 위한 플랫폼으로 포지셔닝하는 것이 최선이었다. 오해하지 말라. 이와 같은 조언은 연구를 기반으로 하며 데이터를 바탕으로 도출된 것으로, 신생 기업인 우리에게는 분명 실행 가능한 옵션이었다. 그러나 이는 분석가 애널리스트보다 고객의 목소리를 우선하여 경청하는 것에 더욱더 확신하기 시작했던 우리의 비전을 담고 있지 않았다. 이러한 확신은 우리를 업계의 그 어떤 기업도 유의미한 방식으로 주의를 기울이거나 감싸주지 않는, 고객 성공이라는 직책을 짊어지는 작지만 열정적인 얼리어답터 집단으로 이끌었다. 우리는 그들을 위해 일할 방법을 찾는 데에 몰두하게 되었고, 그 과정에서 이 책이 담고 있는 바로 그 철학과 전략 그리고 고객 성공이라는 유망하고 새로운 전문직 및 소프트웨어 카테고리를 만들었다.

회사 운영 초기에 체결한 고가의 계약이라는 사실을 밝히지 않는다면 실례가 되겠지만, 신생 스타트업에게 애널리스트 회사와 바로 계약을 체결하라고 권하고 싶지는 않다. 대부분의 기업에서 무료로 브리핑을 진행할 수 있으므로, 이러한 기업의 작동 방식을 더 잘 이해하기 위해 노력할 가치가 있다는 점을 기억하라. 그러나 일단 카테고리를 창조하기로 결정하고 기존 시장을 중심으로 한 포지셔닝과 관련하여 애널리스트의 권고를 포기한 경우에도 브랜드 자산의 활용을 목적으로 애널리스트와 소통할 수 있는 몇 가지 방법이 있다.

1. **콘텐츠 개발을 위한 후원 연구** 앞서 언급했듯이, 특정 기업들은 시장에서 가설을 검증할 연구의 수행을 위해 공급자를 고용하도록 허용할 것이다. 이러한 연구는 일반적으로 백서 또는 기타 긴 형식의 콘텐츠로 출력되며, 분석 회사가 유료로 라이선스를 제공한다. 종종 웨비나와 같은 연구 활동을 포괄하는 서비스를 제공하기도 한다. 이러한 프로그램은 상당히 비쌀 수 있지만, 벤더가 새로운 카테고리에서 발견된 문제와 관련된 자사 브랜드의 연구를 만들기 위해 애널리스트에게 직접적인 영향력을 행사할 수 있는 방법이기도 하다. 신뢰할 수 있는 타사 애널리스트 회사의 로고가 있고 카테고리 이름이 헤드라인에 포함된 콘텐츠를 홍보하는 것은 투자할 만한 가치가 있다. 이러한 서비스를 제공하는 주요 기업 중 하나는 포레스터 리서치(Forrester Research)로, 그들은 이 서비스를 '사고 리더십 페이퍼(TLP)'라고 부른다.
2. **애널리스트 강연 기회** 현장 이벤트나 산업 콘퍼런스 등 이벤트 전략을 개발할 때 티어 1 기업의 애널리스트를 고용하여 청중에게 연설할 수 있다. 이러한 프로그램은 일반적으로 데이터를 기반으로 한 콘텐츠가 청중에게 훨씬 더 큰 영향을 미칠 가능성이 높기 때문에, 그들과 함께 수행한 후원 연구 투자의 연장선상에서 고려해 볼 가치가 있다. 후원된 콘텐츠의 근거와 유사하게, 주요 기업의 애널리스트가 당신의 이벤트에서 연설하도록 하는

것은 당신의 프로그램에 일정 정도 신뢰성을 더할 수 있으며 당신의 커뮤니티에 "주류 연구 커뮤니티가 우리가 이미 알고 있는 것에 주목하기 시작했다"는 신호를 보낼 수 있다. 만약 콘퍼런스에서 발표할 애널리스트를 고려하고 있다면, 8장에서 논의한 것과 동일한 발표 기준에 따라 후보자를 심사하여 발표의 질과 전달 능력이 모두 높은지 확인해야 한다.

3. **정기적인 브리핑 및 문의 주기** 결국, 해당 카테고리가 주목을 받기 시작할 때 비로소 '게임'을 시작하고 진정한 애널리스트 관계 프로그램을 개발해야 할 때가 될 수 있다. 가트너 매직 쿼드런트(Gartner Magic Quadrant) 또는 포레스터 웨이브(Forrester Wave)로부터 당신의 카테고리를 공식적으로 인정받는 것은 분명 축하할 만한 가치가 있는 이정표가 되겠지만, 이는 카테고리가 만들어졌다는 결정적인 증거는 결코 아니다. 그러나 이러한 이정표를 향해 나아가기 위해 기업은 애널리스트와 함께 다가오는 제품 출시, 고객 사례, 포지셔닝 개발 또는 애널리스트의 연구 의제에 영향을 미칠 수 있는 기타 관련 회사 업데이트에 대해 정기적으로 브리핑하는 다년간의 프로세스를 준비해야 한다. 또한 애널리스트는 구매 측에서 문의가 많은 것으로 입증된 카테고리에만 관심을 기울이기 때문에 애널리스트에게 해당 카테고리에 대한 문의를 할 수 있도록 지지자를 동원하는 것도 도움이 될 수 있다는 점을 기억하라.

카테고리가 더 명확해지면 애널리스트는 궁극적으로 회사 라이프사이클에서 더 많은 도움을 줄 수 있다. 특히 포춘 1000대 기업에 속하는 고객에게 판매하거나 거래 구조가 복잡하고 변화무쌍하며 비용이 많이 들거나 중요한 경우, 잠재 고객이 카테고리 내에서 구매 결정을 내리는 데 분석가의 영향력이 도움이 될 수 있다. 하지만 카테고리를 만드는 초기에는 고객과 함께 시간을 보내는 것이 더 좋지만, 고전적인 의미에서 애널리스트의 정의를 확장할 수 있다면 앞서 언급한 몇 가지 교훈을 더 폭넓게 적용할 수 있다.

'분석가(애널리스트)'의 정의 확장하기

훌륭한 애널리스트 관계 프로그램은 인플루언서에게 영향력을 행사한다는 개념으로, 자신의 주장을 뒷받침하는 신뢰할 수 있는 제3자 검증을 각자의 청중에게 제공할 수 있는 개인과의 프로그램 구축 및 정기적인 참여를 포함한다. 대부분의 경우 인플루언서는 고객층에 속하는 개인이거나 아직 제품의 유료 고객이 아닌 커뮤니티의 확장된 구성원이다. 그러나 제품의 유료 고객은 아니지만 신생 카테고리에서 어느 정도 영향을 행사하는 개인도 있을 수 있다. 그들을 내 편으로 만드는 것이 중요하다. 다음은 카테고리 창조과정에서 등장할 수 있는 분석가의 세 가지 유형이다.

1. **주제 전문가** '사고의 리더'라고도 불리는 주제별 전문가는 관심을 끌 수 있는 팔로워를 확보하고 있는 독립적인 블로거 혹은 지지자가 여기에 속한다. 일반적으로 이들은 경쟁업체에 고용되어 있지 않으며, 시장의 어려움과 요구사항을 중심으로 커뮤니티를 구축하는 선구자 중 한 명으로 간주된다. 이들은 보통 자발적으로 고용된 사람들로 참여에 대한 비용을 요구하지 않기에 당신은 이들과 그들의 팔로워를 통해 마케팅을 할 수 있다. 오히려 이들은 스스로의 영향력을 키우고 해당 분야에서 독립적이고 벤더 중립적인 플레이어로서 정상에 오르는 데 집중한다.
2. **특급 컨설턴트** 주제 전문가와 마찬가지로 특급 컨설턴트는 젊은 시장에서 명성을 얻고 있는 독자적인 전문가다. 주제 전문가와 구분되는 점은 이들은 당신에게 서비스에 대한 비용을 청구한다는 것이다. 이들은 강연 참여, 콘텐츠 파트너십, 워크숍 및 기타 맞춤형 프로그램을 위한 컨설팅 서비스를 제공하는 개인들로 단순히 콘텐츠 활동을 확대하는 것 이상의 것에 집중한다. 특히 시장이 아직 다음 단계의 애널리스트에게 기울지 않은 경우, 당신은 대의명분에 신뢰성을 더하기 위해 특급 컨설턴트와의 협력을 고려해 볼 수 있다.

3. **메이저** 이들은 우리가 이번 장에서 자세히 설명한 업계 최상위 티어 1 기업이다. 메이저 중 한 곳과 함께 일한다는 것은 업계 내에서 가장 큰 목소리를 내는 사람들의 지지를 얻기 위해 싸운다는 것을 의미한다.

결국, 카테고리 창조에서 고객의 목소리보다 더 관련성이 높고 중요한 목소리는 없다. 전통적인 방식으로 표현되어 분석업체를 통해 중개되든, 온라인 리뷰 플랫폼과 같은 현대적이고 직접적인 채널을 통해 전달되든, 고객의 목소리가 전달하는 신뢰의 표는 어떤 카테고리가 신뢰할 수 있고 어떤 기업이 카테고리를 주도하는지에 대한 최종적인 결정이다.

이 새로운 시대를 열어가는 기업 중 하나인 지투(G2)는 편견 없는 실시간 사용자 리뷰 플랫폼으로, 구매자가 자신의 비즈니스에 가장 적합한 제품을 객관적으로 평가할 수 있도록 돕는다. 지투는 매달 300만 명 이상의 구매자가 읽는 70만 개 이상의 독립적이고 인증된 사용자 리뷰를 사용하여 B2B 구매에 투명성을 부여하고 의사결정 방식을 변화시키고 있다. 나는 지투의 최고 연구 책임자인 마이클 포세트(Michael Fauscette)에게 고객의 목소리가 가장 중요한 이 새롭고 투명한 세계에서 카테고리가 어떻게 만들어지는지에 대한 그의 관점을 공유해달라고 요청했다. 최고 연구 책임자로서 공급업체와 협력하여 카테고리를 정의하고 포지셔닝하는 것은 말 그대로 그의 직무에 속한다. 그 외에도 마이클은 대기업인 IDC에서 거의 10년 동안 기업 소프트웨어 연구 그룹을 이끌며 기업들이 전통적인 의미의 카테고리 포지셔닝을 탐색하는 데 도움을 주었다. 기업이 고객의 목소리를 극대화하여 새로운 카테고리를 창조할 수 있는 방법을 고객의 입장에서 그리고 그 반대편에서 이야기할 수 있는 사람으로 마이클만큼 적임자는 없다.

실시간 분류 체계

마이클 포세트, 지투(G2) 최고 연구 책임자

어떤 산업에서든 새로운 시장을 창출하거나 기존 시장을 변화시키기 위해 새로운 제품이나 서비스를 도입하는 기업이라면 그 과정이 매우 어려울 수 있다. 더욱이 기술, 특히 소프트웨어는 고유한 특성을 가지고 있기 때문에 새로운 제품에 대한 시장 검증을 거치고 신뢰를 얻는 것이 기존 산업보다 훨씬 더 까다롭다. 기하급수적으로 가속화되는 기술의 변화 속도를 따라잡는 것은 비즈니스 사용자와 비즈니스 리더 모두에게 어려운 일이다. 즉, 변화의 신호를 포착하고 기술 사용자에게 최상의 가시성을 제공하기 위해 카테고리를 조정하려면 새로운 실시간 접근 방식이 필요하다. 융통성 없고 경직된 시스템에서는 이를 따라잡기가 너무 어렵다. 이를 이해하기 위해서는 역사적으로 전통적인 기술 시장이 정의되고 검증되던 방식을 살펴보는 것이 유용하다.

전통적인 시장 검증

소프트웨어 시장을 정의하고 추적하는 방법의 토대는 지난 45여 년 동안 발전해 온 활동과 느슨하게 연결되어 있다. 기술 산업 분석가, 기술 공급업체, 전통 및 온라인 미디어는 기본 분류 체계, 일련의 설명, 필수 기능 및 카테고리 간의 상호관계에 대한 구조를 제공한다. 기술 분석 회사는 업계에서 제품을 분류하고 시장 검증을 제공하는 방식을 추적하고 업데이트하는 데 가장 큰 역할을 했다. 기존 빅 3 업체인 가트너(Gartner), 포레스터(Forrester), IDC가 일반 시장에서 가장 큰 비중을 차지했지만, 이들 업체 간에는 불일치나 의견 차이가 있기도 하다. 빅 3와 나머지 업계 분석업체는 분류 체계를 사용하여 기업과 소프트웨어 공급업체 모두에게 조언을 제공한다. 이들은 또한 조직 구조(시장별 분석가), 보고서, 특히 가트너 매직 쿼드런트(Gartner Magic Quadrant), 포레스터 웨이브(Forrester Wave), IDC 마켓스케이프(IDC MarketScape) 등과 같은 '큰' 보고서의 작성, 매출/시장 점유율 추적 등 다른 용도로도 같은 분류 체계를 사용한다. 특히 시장 예측과 시장 점유율(과거 시장 점유율 포함)에 영향을 미치는 매출 추적과 같이 애널리스트 회사에서 이 분류법을 많이 사용하기 때문에 변화에 대한 저항이 크다. 다시 말해, 이 시스템은 관성이 강해 카테고리가 상당히 경직되고 빠른 시장 변화에 적응하지 못한다. 기업들은 카테고리가 어떻게 진화할지 지켜보면서 변화를 미루다가 시장의 주류가 되었을 때만 변화를 시도하는 경향이 있다. 이 모델에서, 새로운 카테고리를 구축하는 것은 시장이 어디로 진화할지 예측하는 것이 아니라, 시장이 어디까지 왔는지에 대한 역사적 표현이다. 이는 경쟁 우위를 위해 기술 혁신에 의존하는 오늘날의 기술 중심 비즈니스에는 적합하지 않다.

공급업체는 카테고리를 변경하고 추가하는 데 중요한 역할을 한다. 새로운 비즈니스 문제를 해결하거나 오래된 문제를 새로운 방식으로 해결하는 새로운 유형의 소프트웨어를 개발하는 것은 소프트웨어 기업, 특히 스타트업의 생명선이다. 이는 또한 비즈니스를 현대화하고 훨씬 더 역동적인 경제에서 경쟁력을 갖추기 위한 원동력이기도 하다. 기업들이 직면하고 있는 이른바 디지털 트랜스포메이션은 비즈니스 플랫폼을 뒷받침하는 종합적인 기술 전략의 우선순위를 높였다. 모든 시장에서의 경쟁은 그 어느 때보다 치열하며, 경쟁 우위를 확보하는 것은 종종 새로운 기술과 연관되어 있다. 이러한 환경에서 성공한다는 것은 많은 기업에게 변화하는 시장 상황에 실시간으로 적응할 수 있는 민첩하고 유연한 비즈니스 플랫폼을 구축하는 것을 의미한다. 경쟁 우위를 창출하는 데 도움이 되는 기술에 대한 수요가 그 어느 때보다 높은 수준이다.

이러한 시장 현실은 소프트웨어 분야의 혁신이 최고조에 달하고 있으며, 새로운 기술이나 진화된 기술로 빠르게 입소문을 낼 수 있는 스타트업에게는 엄청난 기회가 있다는 것을 의미한다. 선발 주자 또는 후발 주자의 우위가 유니콘의 지위와 생존을 가를 수 있다. 새로운 카테고리를 구축하거나 기존 카테고리를 변경하여 회사의 메시지를 전달하고 비즈니스에 공감을 불러일으키는 기존의 접근 방식은 실망스러울 정도로 느릴 수 있다. 심지어는 인접해 있거나 유사한 기술 카테고리와 관련된 주요 인플루언서의 관심을 끄는 것조차 매우 어려울 수 있다. 애널리스트의 시간은 귀중하고 제한적이기 때문에 기업들은 시간의 우선순위를 신중하게 정한다. 애널리스트의 관심과 검증을 통해 가장 큰 혜택을 받을 수 있는 신규 또는 진화하는 카테고리의 초기 단계 스타트업의 경우, 많은 기업과 유료 계약을 맺는다는 것은 예산상 불가능하다. 그렇다면 기술 공급업체가 기존 기업의 보수적이고 경직된 카테고리 관리의 관성을 극복하고 기술 소비자의 주목을 끌기 위해 필요한 시장 검증을 받으려면 어떻게 해야 할까?

사용자의 목소리

오늘날 초연결되고 빠르게 변화하는 비즈니스 환경의 많은 것들이 그러하듯, 카테고리/시장 검증에 대한 보다 혁신적인 접근 방식을 취해야 할 때다. 새롭게 진화하는 기술의 분류와 관련하여 최상의 경험을 제공하려면 시장과 동일한 속도로 변화를 포착하고 대응할 수 있는 방식으로 구축되어야 한다. 인터넷은 다수의 혁신과 가치 창출 기회를 만들어내었다. 하지만 이러한 기회는 과거에는 경험하지 못한 방식으로 소비자의 목소리를 대변하는 플랫폼을 만드는 등 큰 혼란을 수반한다. 이러한 변화는 옐프(Yelp), 트립어드바이저(TripAdvisor)와 같은 리뷰 플랫폼의 발전과 온라인에서 신뢰를 구축하기 위해 동료 리뷰에 크게 의존하는 이베이(eBay), 아마존(Amazon)과 같은 마켓플레이스의 폭발적인 성장으로 B2C 업계에서 가장 먼저 두드러지게 나타났다. 소비자가 모든 종류의 구매 결정을 내릴 때 동료 리뷰를 활용하는 것은 B2B 구매 활동에도 영향을 미쳤다. 사람들은 자신과 비슷하고 비슷한 문제를 겪고 있는 기업이나 개인에게 검증받기를 원하고 필요로 한다. 우리는 일반적으로 이를 일컬어 '나처럼' 증후군이라고 부른다. 이는 온라인과 오프라인 모두에 존재하는 동료 네트워크의 연장선상에 있으며, 링크드인(LinkedIn)과 트위터(Twitter)와 같은 온라인 소셜 네트워크의 등장으로 그 범위와 중요성이 더욱 커졌다.

비즈니스 기술 구매를 위한 데이터 중심의 의사결정 프로세스를 지원하기 위해 리뷰 데이터를 사용하는 것은 상당히 새로운 현상이다. 지난 몇 년간 사이트 수는 증가하였고, 이러한 사이트 중 일부는 빠르게 규모를 키우며 비즈니스에 영향력을 행사하고 있다. 하지만 이러한 사이트들은 비즈니스 모델과 데이터 품질 면에서 매우 다양하다. 대부분의 사이트는 무료 소비자 사이트와 매우 유사한 비즈니스 모델을 가지고 있으며, 사이트 트래픽(및 방문자 데이터)을 사용하여 기술 공급업체를 위한 유료 검색 배치 및 수요 창출 기회를 제공한다. 이러한 사이트는 콘텐츠 마케팅과 간단한 리뷰에 더 중점을 두어 트래픽 흐름과 리뷰어의 경험을 최대한 원활하게 유지하여 방문자를 빠르게 수익화할 수 있는 실구매로 전환할 수 있는 기회를 극대화하는 경향이 있다. 이러한 모델로 운영되는 사이트는 노출 및 수요 창출에는 효과적이지만 시장 검증과 새로운 카테고리를 지원하는 데 도움이 되는 데이터 및 리서치 생성에는 그리 유용하지 않다. 지투(G2)와 같은 소수의 B2B 동료 평가 사이트는 양방향 마켓플레이스 플랫폼을 기본으로 하고 소프트웨어 사용과 소프트웨어가 해결하는 문제에 대해 훨씬 더 자세한 인사이트를 제공하는 보다 상세하고 엄격하게 검증된 리뷰에 중점을 두는 다른 비즈니스 모델을 가지고 있다. 이 모델의 사이트는 기술 구매자와 기술을 만드는 기업 모두를 지원하기 위해 광범위한 데이터 세트를 수집 및 활용한다. 이들의 비즈니스 모델은 사용자의 목소리를 기반으로 하고, 기본 분류 체계에 따라 훨씬 더 유연하고 적응력이 뛰어나다는 점에서 기존 분석 회사와 일부 유사하다.

내가 가장 잘 아는 예를 들자면, 지투(G2)와 같은 사이트는 1,500개 이상의 카테고리에서 4만 개 이상의 공급업체가 제공하는 약 9만 개의 제품과 서비스가 분류되어 있다. 새로운 제품이 등장함에 따라 제품과 카테고리는 계속 빠르게 증가하고 있으며, 글로벌 확장은 지역 및 로컬 소프트웨어 및 서비스 제공업체에 대한 데이터를 연결하고 수집하는 것을 의미한다. 예를 들어, G2는 2018년 3월부터 2019년 3월까지 사이트 내 제품 수를 95% 늘렸다. 산업과 지역의 비즈니스 대상이 다양해질수록 사이트를 방문하여 솔루션을 조사하는 구매자를 지원하기 위해 더 많은 데이터가 필요하다. 가트너(Gartner)와 같은 전통적인 기업의 분석가들은 400개 카테고리(시장)의 1,100개 공급업체만 추적하는 것과 비교해 보면 알 수 있다. 기술 구매자에게 가장 상세하고 유용한 정보를 제공하고자 하는 열망을 가지고 다양한 기술 범주에 걸쳐 광범위한 범위를 커버하는 리서치 플랫폼에 접근하고 참여하면 초기 시장 검증을 받을 확률이 가장 높다. 오늘날 사용자의 목소리는 구매자에게 가장 큰 영향력을 발휘한다. 최근 설문조사에 따르면(G2, 2019년 4월, 모집단 = 1,362명), 응답자의 82%가 정보를 수집하고 관심 있는 비즈니스 제품이나 서비스에 대한 추천과 소개를 받기 위해 온라인 리뷰 사이트를 이용한다고 답했다.

실시간 분류 체계

지투(G2)가 개발하고 관리하는 실시간 분류 체계는 몇 가지 방식으로 변경될 수 있다. 여기에는 다음이 포함된다.

- 새로운 카테고리 추가하기
- 단일 카테고리에서 하위 카테고리(들)로 진화하기
- 둘 (혹은) 이상의 카테고리를 하나의 카테고리로 통합하기

새 카테고리의 추가는 몇 가지 방법으로 촉발된다. 보통 초기의 대화는 직접 새로운 카테고리를 창조하려는 공급업체의 문의로 시작된다. 또한 시장의 변화로 변화하는 카테고리를 파악할 수 있으며, 때로는 사이트에서 조사하는 구매자의 문의가 새로운 카테고리의 개발을 알리는 신호가 되기도 한다. 아래 항목은 새로운 카테고리의 개발을 가속화하는 데에 도움을 줄 수 있다.

- 새로운 카테고리가 다루는 비즈니스 문제의 목록
- 시장 내 경쟁자 목록. 카테고리를 설정하려면 최소 6개 이상의 공급업체를 확보하는 것이 좋지만, 가장 최적의 숫자는 10개다. 물론, 이는 새로운 카테고리에서 쉽지 않은 일이기에 솔루션에 대한 접근법이 조금 다를지라도 해당 공급자가 비즈니스를 위해 경쟁하고 있는 모든 기업의 목록을 작성하는 것이 좋은 출발점이 될 수 있다.
- 해당 카테고리를 이전 카테고리와 차별화하는 특징의 목록

정보가 제공되고 성공적으로 평가되면 새로운 카테고리가 만들어진다. 로봇 프로세스 자동화(RPA) 소프트웨어는 작년에 등장한 새로운 카테고리의 한 예다. 때때로 초기 논의과정에서 더 많은 정보가 필요하거나 새로운 기술에 대한 최상의 정의와 이해를 제공하기 위해 소프트웨어 데모가 필요할 수도 있다. 때로는 평가가 완료된 후 제품이 현재 성숙 단계의 시장을 정확하게 나타내는 기존 카테고리에 배정될 수도 있다.

카테고리의 진화는 새로운 카테고리가 만들어지는 매우 일반적인 방식이다. 비즈니스 요구사항이 변화하여 새로운 기능이 필요하게 되거나, 혁신으로 문제를 해결할 수 있는 새로운 방법이 생겨날 수도 있다. 원래의 카테고리가 여러 개의 새로운 카테고리의 상위 카테고리가 되기도 하고 여러 개의 카테고리로 세분화되어 원래 카테고리를 대체할 수도 있다. 최근의 예를 통해 이 과정을 더 명확하게 이해할 수 있다. 몇 년 전에 만들어진 콘텐츠 마케팅 카테고리의 제품에는 새로운 기능이 많이 추가되었다. 하지만 이 기

능들이 카테고리의 모든 제품에 포함된 것이 아니라, 원래 카테고리의 기능 중 일부는 수행하지만 전부는 수행하지 않는 제품들이 합리적으로 구분된 기능 그룹으로 등장했다. 콘텐츠 카테고리의 원래 카테고리는 콘텐츠 제작 소프트웨어, 콘텐츠 배포 소프트웨어, 콘텐츠 체험 소프트웨어의 세 가지 카테고리로 나뉘게 되었다.

카테고리 통합은 분류 체계가 변경되는 다른 방식에 비해 덜 일반적이다. 카테고리 내 일부 제품의 기능을 병합하여 기존의 여러 카테고리에 걸쳐 여러 기능이 혼합된 복합 제품을 만드는 경우가 더 많다. 이러한 가장 좋은 예는 CRM과 같은 '올인원' 카테고리다.

B2B 동료 평가 플랫폼에 참여하면 새롭고 혁신적인 제품이 더욱 빠르게 시장 검증을 받게 할 수 있다. 일반적으로 다음과 같은 간단한 단계를 통해 플랫폼 작업을 시작할 수 있다.

- **프로필 청구하기** 대부분의 플랫폼이 기본 서비스는 무료로 제공하나 추가 고급 기능에 대해서는 요금을 받는 종류의 비즈니스 모델로 운영되므로, 일반적으로 무료로 제품 프로필을 신청할 수 있다. 제품이 아직 사이트에 등록되어 있지 않은 경우 사이트의 프런트 엔드에서 제품을 제출하면 된다. 제출한 후에는 매우 빠르게 추가될 것으로 예상할 수 있지만, 초기 카테고리가 원하는 것과 다를 수 있으므로 앞서 설명한 프로세스로 이동하게 된다.
- **프로필 업그레이드** 제품 프로필 페이지(일부 사이트에서는 공급업체 프로필도 포함)를 일종의 구독 패키지로 업그레이드하면 일반적으로 브랜드에 맞는 프로필을 훨씬 더 유연하게 만들 수 있으며 일부 가이드라인 내에서 일부 콘텐츠 마케팅 활동을 허용할 수도 있다. 업그레이드된 패키지에는 마케팅을 위한 조사 비교 보고서 사용부터 제품 개선에 도움이 되는 다양한 유형의 데이터 및 리서치에 대한 액세스 권한 확보와 영업 활동에 활용하는 것까지 다양한 마케팅 기회가 포함되어 있는 경우가 많다.

유연한 카테고리가 포함된 실시간 분류 체계를 활용하여 시장 검증을 받는 것이 시장 성공으로 가는 더 빠른 길이다. 또한 관리가 훨씬 간단하고 가장 강력한 시장 검증인 사용자의 목소리를 반영한 다른 자산을 얻을 수 있다.

1 Caroline Dennington, "IIAR Best Practice Paper: Who are industry analysts and what do they do?" Institute of Industry Analyst Relations, August 27, 2013, http://analystrelations.org/2013/08/27/new-iiar-best-practice-primer-paper-who-are-industry-analysts-and-what-do-they-do/

11

진정성 있는 경영진 커뮤니케이션을 통해 신뢰 구축하기

소셜미디어 피드를 검색하다가 심야 텔레비전에서나 볼 수 있는 카풀 가라오케 노래 부르기 스턴트에 참여한 낯익은 사람의 동영상을 발견했다고 상상해 보라. 그 사람은 유명인이나 유명세를 타고 있는 사람은 아니지만, 2분 남짓한 비디오는 양질로 제작되어 충분히 볼 가치가 있다. 몇 달 후, 같은 인물이 녹음 스튜디오에서 힙합 싱글을 작업하는 모습을 담은 비디오 영상을 발견하게 된다. 그가 음악적 재능이 뛰어나다는 것은 알고 있지만, 왠지 모르게 스포티파이(Spotify)에서 해당 곡을 검색해 들어보고 싶다는 생각이 든다. 놀랍게도 나쁘지 않다. 몇 주 후, 여러분은 한 기업 이벤트에 참석하게 되고, 이제 자신을 드러낸 후 어느 정도 인지도가 높아진 그 사람이 수천 명의 청중 앞에서 자신의 외로움에 대한 고충과 그것이 직업적으로나 개인적으로 어떤 영향을 미쳤는지에 대해 진심을 쏟아내고 있다. 이 사람은 누구이며, 더 나아가 왜 그토록 그에게 끌리는 걸까? 그는 배우도, 뮤지션도, 사실 인파를 끌어 모으기 위해 고용된 사람도 아니다.

이 글을 읽고 있는 마케터 여러분, 만약 카메라나 무대에서 연약하고 자기 비하적인 모습을 보이는 사람이 여러분의 CEO라고 한다면 어떻겠는가? 창업자 및 임원 여러분, 그 사람이 바로 여러분이라면 어떻겠는가?

내가 (또는 내 CEO가) 팔로알토를 운전하면서 카메라 앞에서 아바나 백스트리트 보이즈의 노래를 따라 부르게 할 수는 없을 거라는 반응이 나올 것을 충분히 이해한다. 또한 최고 경영자가 정신 건강에 대한 개인적인 어려움을 털어놓고 잠재 고객, 고객, 파트너, 애널리스트로 구성된 전문 청중 앞에서 취약한 모습을 보여야 할 필요성에 의문을 제기할 수도 있다. 하지만 사실 이러한 사례는 조작된 것이 아니라 게인사이트(Gainsight)의 CEO인 닉 메타(Nick Metha)에게 참여를 요청한 실제 프로그램이다. 닉의 용기와 기꺼이 자신을 내보인 덕분에 우리는 회사의 가치와 고유한 문화를 전 세계에 알리는 동시에 닉과 전체 게인사이트 브랜드를 시장 리더로 자리매김할 수 있었다. 새로운 카테고리를 창출하는 기업에게 대규모로 이러한 전략을 실행할 수 있다는 것은 '슈퍼파워'와도 같다.

현재 우리가 살고 있는 기업 대 인간(B2H) 세계에서 경영진은 기업의 공식 대변인, 즉 기업의 목적, 가치, 문화를 대외적으로 표현하는 역할을 한다. 고객은 자신이 존경하는 브랜드와 거래하고 싶어 하며, 5장에서 논의했듯이 자신의 개인적인 목적의식과 가치관을 자신이 구매하는 제품 및 서비스와 더 잘 일치시키기 위해 공급업체를 기꺼이 바꿀 의향이 있다는 사실은 피할 수 없다. 오늘날 브랜드는 사람과 불가분의 관계를 맺고 있으며, 경영진은 회사 및 커뮤니티에 속한 사람들의 얼굴과 이야기를 대변하는 데 중요한 역할을 한다. 이는 공동의 목적을 위해 모인 집단과 커뮤니티가 항상 리더에게 앞으로 나아갈 길에 대한 영감을 구하는 카테고리 창조에서 특히 중요하다. 카테고리를 만드는 회사의 CEO는 목적 지향적이고, 해당 분야의 전문가이며, 무엇보다도 인간적인 존재로서 자신을 시장에 진정성 있게 포지셔닝해야 할 책임이 있다.

이 과정은 대부분의 경영진에게 익숙하지 않을 수도 있고, 소규모 그룹 환경에서 진솔하고 취약한 모습을 보이는 것이 훨씬 더 편할 수도 있다. 이때 마케팅이 경영진 대변인의 진정성 있는 목소리를 포착하고 경영진 커뮤니케이션 또는 "exec comms"로 알려진 관행을 통해 해당 메시지를 대규모로 전달할 수 있는 기회를 제공하는 것이 도움이 될 수 있다. 경영진이 보다 친밀한 환경에서 자신의 진솔한 모습을 보여줌으로써 구축할 수 있는 신뢰는 모든 비즈니스에 강력한 지렛대지만, 그 위에 경영진 커뮤니케이션 전략을 겹쳐서 대규모로 신뢰를 구축하는 것이 바로 이 전략을 강력한 힘으로 만드는 것이 될 수 있다. 경영진이 항상 모든 곳에 있을 수는 없지만, 잘 개발된 마케팅 프로그램은 시장 전반에서 신뢰와 브랜드 친밀도를 구축하는 데 도움이 될 수 있다.

경영진 커뮤니케이션에서 마케팅의 역할

경영진 커뮤니케이션(exec comms) 프로그램은 일반적으로 홍보(PR) 내지는 기업 커뮤니케이션 부서에서 운영한다. 이는 경영진을 언론인과 미디어에 노출시키고, 이벤트에서 연설하거나, 심지어 투자자 또는 애널리스트와 함께 중요한 주제를 다루기 위한 기업 활동의 연장선으로 간주된다. 하지만 디지털로 연결된 오늘날의 세상에서 PR과 기업 커뮤니케이션은 경영진 커뮤니케이션 분야와 마찬가지로 새롭게 재창조되고 있다. 경영진을 팀원, 고객, 커뮤니티 그리고 시장에 대한 홍보대사와 마찬가지로 미디어에 대한 카테고리 홍보대사로 자리매김하는 것이 중요해질 것이다. 7장에서 설명했듯이, 고품질 콘텐츠를 제작하는 데 필요한 비용과 노력의 수준이 크게 낮아지면서 경영진 커뮤니케이션 전략의 소유권이 커뮤니케이션 팀과 기업 마케팅(또는 브랜드) 팀 사이 어딘가로 이동하고 있다.

어떤 부서에서 누가 지휘하든, 마케팅은 경영진의 대변인을 코칭하고 대상 고객이 공감할 수 있는 프로그램을 통해 그들의 진정성을 표현하는 데 있어 핵심적인 역할을 할 것임에 틀림없다. 시리우스디시전스(SiriusDecisions)의 연구 책임자인 줄리 오길비는 마케터가 임원 커뮤니케이션의 네 가지 C를 중심으로 프로그램을 구축할 수 있는 프레임워크를 개발했다.[1]

- **편안함(comfort)** 줄리는 경영진 커뮤니케이션에서 마케팅이 할 수 있는 가장 중요한 역할 중 하나는 경영진이 대변인이나 대중 연설가라는 본질적으로 스트레스가 많은 역할에서 긴장을 풀고 편안함을 느낄 수 있도록 돕는 것

이라고 설명한다. 미디어 교육과 같은 시뮬레이션 환경을 조성하면 불안감을 줄이고 경영진이 지지적인 환경에서 자신의 목소리와 제스처를 통해 전달하고자 하는 바를 인식하는 데 도움이 될 수 있다. 좋은 PR 대행사는 일반적으로 미디어 교육이나 대중 연설 서비스를 제공하여 이 프로그램을 원활하게 진행할 수 있도록 도와준다.

- **맥락(context)** 경영진에게는 시간이 부족하기 때문에, 경영진이 현재 처한 상황을 이해하고 준비할 수 있도록 하는 것이 중요하다. 줄리는 이를 위한 한 가지 방법으로 "여러 임원을 특정 메시지에 맞게 조율하면 연사층이 넓어지고, 사람들은 자신이 상당한 지식을 가지고 있는 주제에 대해 이야기할 때 더 뛰어난 능력을 발휘할 가능성이 높아집니다"라고 설명한다. 이를 가장 잘 실천하는 회사는 여러 명의 대변인을 각각 특정 메시지에 맞춰 배치한 세일즈포스(Salesforce)다. 마크 베니오프(Marc Benioff) 역시 회사의 공동 CEO지만 일반적으로 비즈니스 운영과 관련된 대부분의 메시지는 다른 한 명의 CEO인 키스 블록(Keith Block)에게 일임하고, 자신은 카테고리에 대한 비전, 기업 시민이자 변화를 주도하는 세일즈포스의 역할 그리고 이러한 성과를 달성해내는 데 평등과 신뢰의 중요성을 강조하는 것을 볼 수 있다.
- **콘텐츠(content)** 마케터는 경영진이 자연스럽게 느낄 수 있는 방식으로 전달할 수 있는 간결한 콘텐츠와 요점을 개발하는 데 핵심적인 역할을 한다. 줄리는 "이를 효과적으로 수행하기 위해서는 경영진 커뮤니케이션 담당자들이 조직의 콘텐츠 공장과 긴히 연결되어 있어야 하며, 경영진의 플랫폼에 맞게 메시지를 조정할 기회를 찾아야 한다"라고 조언한다. 이 조언은 카테고리 창조자에게 특히 중요한데, 콘텐츠가 회사나 제품과 거의 관련이 없는 경우도 있기 때문이다. 경영진의 대변인은 카테고리의 중요성을 아직 믿지 않는 사람들에게는 그 중요성을 설득하고, 이미 믿는 사람들에게는 카테고리가 나아갈 방향에 대한 자원과 진술을 통해 참여를 유도하는 등 카테고리 자체를 옹호하는 데 중요한 역할을 한다.

- **연결(connection)** 스토리텔링은 경영진과 그들의 청중이 진정성 있는 관계를 구축하는 데 중요한 부분이다. 마케터로서 줄리는 "경영진의 성장 배경과 개인적 삶(성장 배경, 직면한 도전, 가족 상황 등)을 이해하면 비즈니스 요점을 강조할 수 있는 개인적 서사에 기여할 수 있다"고 믿는다. 투명성과 취약성은 스토리텔링의 강력한 원칙이며, 비즈니스 서사의 맥락에서 전달될 때 팀원, 고객 및 카테고리 전반의 신뢰를 구축할 수 있다.

줄리의 목록에 다섯 번째 C를 추가할 수 있는 것은 **문화(culture)**다. 5장에서 논의했듯이, 카테고리를 만드는 프레임워크는 경영진의 개인적 목적에 기반한 회사 목적을 수립하고 그 목적을 실천할 수 있는지에 달려 있다. 이러한 목적은 종종 회사의 가치를 통해 표현되며, 그 결과 카테고리 자체가 하나의 기업 문화로 자리 잡을 수 있다. 경영진 커뮤니케이션(exec comms) 프로그램에서는 미디어나 브랜드 캠페인 등 경영진이 대외적으로 회사를 대표할 수 있는 모든 기회에서 문화를 핵심으로 삼는 것이 중요하며, 또한 경영진에게 진정성 있는 방식으로 전달되는 것도 중요하다. 게인사이트의 핵심 기업 가치 중 하나는 '어린아이와 같은 즐거움'으로, 이는 마음속의 어린아이를 매일 일터로 데려온다는 것을 의미한다. 특히 닉은 카풀 노래방이나 자기 비하 랩 공연과 같은 캠페인을 통해 자신의 모습을 진정성 있게 표현했다. 이와 같은 다소 우스꽝스러운 프로그램이 모든 브랜드나 경영진에게 적합하지는 않겠지만, 중요한 것은 자신이 누구인지, 무엇을 대변하는지에 대한 진정성 있는 목소리를 찾는 것이다. 진정성은 어떤 형태로든 새로운 카테고리에서 신뢰를 쌓고 시장 리더십을 구축하는 데 가장 효과적인 전략이다.

카테고리 창조에서 신뢰 형성의 중요성

키스 크라흐(Keith Krach)는 카테고리 창조에서 리더십의 역할에 대해 가장 많은 목소리를 내는 사람이다. 링크드인에서 그를 찾아보면 현재 아리바(Ariba)와 도큐사인(DocuSign)의 회장 겸 CEO라는 직함을 볼 수 있는데, 후자는 그가 2018년에 상장한 회사로 현재 시가총액 94억 달러에 거래되고 있다. 하지만 이 같은 명성에도 불구하고 크라흐는 과소평가되고 있다. 그는 멘토, 리더, 자선가, 공직자, 교육자 그리고 그가 가장 자랑스러워하는 사랑하는 아들, 형제, 남편, 아버지이기도 하다. 이번 장에 가장 잘 어울리는 칭호는 2017년 **프로필 매거진(Profile Magazine)**에서 그에게 부여한 '카테고리 킹메이커'다. 크라흐는 4개의 카테고리를 성공적으로 창조하고 지배할 수 있었다.

- **로봇공학** 제너럴 모터스(General Motors Corp.)와 화낙(Fanuc Ltd.)의 합작 투자회사인 GMF 로보틱스(GMF Robotics Corp.)
- **종합 기계 설계** 라스나(Rasna), 1995년 PTC가 1억 8,000만 달러에 인수
- **B2B 전자상거래** 아리바(Ariba), 1999년 40억 달러로 신규 상장, 2012년 SAP가 43억 달러에 인수
- **디지털 거래 관리** 도큐사인(DocuSign), 2018년 94억 달러로 신규 상장

크라흐는 분명 새로운 카테고리를 창조하는 방법에 대한 그만의 전략을 개발했으나, 이 전략의 핵심은 새로운 시장과 신뢰를 쌓기 위해 가치 기반의 리더십 프레임워크를 개발하는 것이라고 가장 먼저 말할 수 있을 것이다.

크라흐는 신뢰관계를 구축하는 것이 훌륭한 카테고리를 만들고, 세대를 이어가는 기업을 만들거나 단순히 제품을 판매하는 데에도 핵심이라고 믿는다. 지금까지 이 책에서 설명한 전략을 요약하면, 사람들이 궁극적으로 여러분을 신뢰하기 때문에 비즈니스를 주고자 선택한다는 것이다. 잠재 고객과 처음 대화하는 일선 세일즈 개발 담당자(SDR)든 최근 출시된 제품의 성능을 검증하는 QA 엔지

니어든, 조직의 모든 팀은 신뢰관계를 구축하는 것에 능숙해야 한다. 신뢰는 일반적으로 고객을 직접 방문하거나, 현장에서 마케팅 이벤트를 주최하거나, 이번 분기에 성사될 수 있는 큰 거래를 위해 주요 의사 결정권자와 악수를 나누기 위해 비행기를 타는 등 일대일 기반으로 형성된다. 이러한 활동은 신뢰를 구축하는 활동이지만, 크라흐에 따르면 비즈니스의 모든 것은 시간으로 나누어진다. 아무리 자기희생적인 CEO라고 할지라도 가족 혹은 사랑하는 사람들과의 시간을 우선시하기 위해 개개인의 경계를 설정해야 한다. 그렇지 않더라도 시장과의 신뢰 구축 활동을 극대화하는 동시에 비즈니스 운영 자체의 경쟁 우선순위까지 균형 있게 조정할 시간은 결코 충분하지 않다. 그렇다면 신뢰 형성 활동을 일대다 방식으로 확장할 수 있는 방법은 무엇인가?

크라흐는 리더십과 신뢰 구축의 가장 효과적인 형태는 진정성이며, 이는 마케팅이 경영진을 대신하여 반드시 개발할 수는 없지만 확실히 증폭시킬 수 있는 덕목이라고 믿는다. 모든 인간은 저마다 고유한 재능과 은사, 핵심 역량을 지니고 있으며, 훌륭한 리더는 경계심을 내려놓고 자신의 진정한 모습을 세상과 공유할 수 있을 만큼 취약해질 수 있어야 한다. 우리 중 일부는 일대일 환경에서 취약해지는 것이 훨씬 쉽지만, 크라흐는 리더들이 무대나 카메라 앞에서 취약해지는 것을 겁내지 말라 독려한다. 팀원, 고객, 커뮤니티의 광범위한 구성원은 카테고리를 선도하는 브랜드 뒤에 있는 사람들을 알고 싶어 한다. 그들은 무엇을 의미하고, 어떤 배경을 가지고 있으며, 어떤 목소리를 내고 있는 걸까? 근본적으로, 여러분이 진정성을 가지고 있다면 위의 질문 중 어느 하나에도 틀린 대답을 내놓기는 어려울 것이다. 진정성이란 두려움이나 결점을 인정하거나 비즈니스에 대한 투명한 관점을 제시하는 등 모든 것이 완벽하지 않다는 것을 공식적으로 인정하는 것을 의미한다. 이는 업무뿐만 아니라 사생활의 적절한 부분도 투명하게 공개하는 것을 의미한다. 리얼리티 쇼나 소셜 미디어가 우리에게 가르쳐 준 것이 있다면, 그것은 자신이 동경하는 사람들의 삶을 팔로우하는 데 관심이 있는 사람들이 있다는 것이다. 우리 모두는 이러한 트렌드의 어두운 면, 즉 소셜 미디어가 일반적으로 장밋빛 안경을 통해 삶을 그리는 방식을 경험한 적이 있다. 하지만 당신이 사무실 안팎에서 어떤 사람인지에 대한 진정한 창을 커뮤니티에 제공하면, 시장과 놀라울 정도로 강력하고 깊은 신뢰를 형성할 수 있다.

진정성을 보인다는 것은 용기를 내야 하는 일이지만, 이를 제대로 수행하면 대규모로 신뢰를 구축할 수 있는 능력을 키울 수 있다. 마케팅은 바로 이러한 용기를 브랜드의 강력한 힘으로 바꾸는 역할을 한다.

마케팅은 어떻게 새로운 카테고리에서 신뢰를 확장하는가

마케터가 시장에서 대규모로 신뢰를 구축하기 위해 경영진의 진정성을 증폭시킬 수 있는 몇 가지 채널이 있다. 이러한 채널은 마케팅 부서 내 여러 하위 부서에서 소유하는 경우가 많지만, 각 경영진 대변인을 대신하여 전체 전략과 편집 일정을 관리하는 사람(아마도 커뮤니케이션 부서)을 두는 것이 중요하다. 팀은 각 임원에게 전달되는 구체적인 메시지와 내러티브가 개인적이든 전문적이든 아래의 각 채널에서 일관성을 유지할 수 있도록 해야 한다.

- **기고문** 기자들이 종종 취재 중인 특정 주제에 대해 논평하거나 의견을 제시해 줄 경영진을 찾지만, 많은 권위 있는 간행물에서는 웹사이트에 대한 기고로 전체 길이의 기사를 받아주기도 한다. 일부 출판사는 이를 '유료' 기회로 취급하지만, **앙트레프레너**(Entrepreneur), **포브스**(Forbes), **포춘**(Fortune), Inc. 등 많은 1급 매체에서는 기사 기고 제안을 기꺼이 읽는다. 기고 기사는 경영진 대변인이 자신의 목소리로 의견을 작성하여 신뢰를 구축하고, 많은 매체가 보유한 시청률과 홍보 처리량을 활용하여 참여를 유도할 수 있는 훌륭한 채널이다. SEO 관점에서 볼 때, 홈페이지에 백링크를 삽입하면 일반적으로 일급 미디어 발행물의 검색 권력이 자사보다 높기 때문에 해당 카테고리의 검색 실적을 향상시킬 수 있다. 각 발행물의 개별 제출 기준을 이해하고, 내

러티브 관점에서 어떤 스토리가 편집 방향에 가장 잘 부합하는지 파악하는 것이 중요하다.

- **소셜 미디어** 경영진 대변인의 개별 소셜 미디어 프로필은 개발 및 관리해야 할 중요한 자산이다. 헛소리처럼 들릴지 모르지만, 다양한 소셜 미디어 플랫폼에서 많은 팔로워를 보유한 경영진은 경쟁 우위이자 인지도를 높이고 구축 중인 시장에 영향을 미칠 수 있는 좋은 기회다. 특히 B2B 맥락에서 트위터와 링크드인은 경영진이 잠재 고객의 참여를 유도하고 해당 카테고리를 둘러싼 대화에 참여할 수 있는 가장 중요한 네트워크 중 두 곳이다. 이러한 네트워크는 경영진이 청중의 참여를 유도하는 질문을 던져 피드백을 받거나 중요한 콘텐츠의 배포 채널로 활용할 수 있는 좋은 기회를 제공한다. 경영진도 사람인 만큼(놀랍게도!) 페이스북, 인스타그램 또는 기타 소비자 중심 네트워크에서 개인 프로필을 유지하여 해당 분야의 연결을 촉진하는 것도 고려할 수 있다. 이러한 계정을 비공개로 유지할지 커뮤니티에 공개할지 여부는 개인적인 취향에 따라 결정할 수 있다. 경영진의 초기 팔로워가 많지 않다고 해서 걱정할 필요는 없다. 올바른 유형의 팔로워십을 구축하려면 시간이 걸리며, 무엇보다도 플랫폼에서 가치 있는 콘텐츠를 홍보하는 것이 중요하다.
- **이벤트에서 연설하기** 카테고리가 성숙함에 따라 경영진은 이벤트에서 연설하고 엄선된 청중과 업계의 관점을 공유할 일이 잦아질 것이다. 이러한 이벤트는 직접 주최하는 현장 이벤트나 업계 콘퍼런스와 같은 자체 프로그램일 수도 있지만, 대부분의 연설 요청은 조직 외부에서 이루어진다. 경영진은 타사 전시회, 회사 킥오프미팅, 투자자 행사에서 연설 요청을 받을 수도 있고, 심지어 카메라나 인쇄물을 통해 미디어와 직접 대면할 수도 있다. 이러한 기회는 해당 업계의 리더로서 경영진의 전문 브랜드를 개발하는 데 도움이 되므로 항상 고려해야 하지만, 결국에는 양이 질보다 중요하므로 우선순위를 정해야 한다. 그렇기 때문에 이 장의 앞부분에서 언급한 두터운 기업 대변인

후보군 개발하기는 당신의 커버리지를 확장하고 해당 카테고리에 대한 대화가 이루어지는 모든 곳에서 브랜드가 존재할 수 있도록 하는 데 도움이 될 수 있다.

- **브랜드 캠페인** 7장에서 다룬 것처럼, 고품질의 오디오 및 비디오 콘텐츠 제작에 드는 비용이 크게 낮아지면서 마케터들은 회사와 카테고리를 알릴 수 있는 전례 없는 기회를 얻게 되었다. 고객과의 미팅에서 배운 점을 공유하는 링크드인의 신속한 아이폰 동영상이나 경영진이 회사의 문화를 보여줄 수 있는 카풀 노래방과 같은 보다 참여적인 브랜드 캠페인 등, 경영진 대변인이 청중과 직접 대화할 수 있는 동영상 프로그램을 사용하는 것을 고려해 보라. 이러한 프로그램은 종종 우리의 인간성에 호소하여 개별적으로 참여할 수 있는 능력보다 더 빠르게 성장하는 시장과 연결되는 느낌을 줄 수 있다.

2부에서 공유한 다른 6가지 원칙에 대한 신중한 실행과 함께 경영진 커뮤니케이션 전략을 개발하면 새로운 시장 카테고리를 창조하고 지배할 수 있는 위치에 놓이게 될 것이다. 이 여정을 첫 단계부터 시작하든, 치열한 시장을 돌파하고자 하는 기존 브랜드이든, 내가 공유한 전략은 여러분에게 도움이 될 것이다. 그 과정에서 투자자들이 포트폴리오에서 시장 파괴자보다 더 중요하게 여기고, 고객이 자신의 커리어를 걸고, 팀원들이 소속감을 느끼는 인간 최우선 브랜드를 구축하게 될 것이다. 하지만 카테고리 창조가 CFO와 투자자들이 궁금해하는 성장 지표와 정확히 어떤 상관관계가 있을까? 카테고리를 만드는 것이 팀원 유지율과 만족도에 미치는 영향은 무엇일까? 카테고리를 만들면 파괴적 혁신을 지향하는 기업보다 더 높은 수준의 고객 만족도를 제공할 수 있을까? 이 세 가지 주제를 풀어보고 이 책의 마지막 파트로 넘어가면서 카테고리 창조의 영향력을 증명해 보자.

1 Julie Ogilvie, "The Four Cs of Effective Executive Communications," SiriusDecisions, March 28, 2017, https://www.siriusdecisions.com/blog /thefourcsofeffectiveexecutivecommunications

PART 3

고객, 투자자, 직원에게 카테고리 창조의 영향력 제공하기

Proving the Impact of Category Creation on Customers, Investors, and Employees

12

카테고리 창조 프로그램을 경영진과 투자자의 성장에 연결하는 방법

유명한 이론 물리학자 알버트 아인슈타인(Albert Einstein)은 일찍이 "셀 수 있는 모든 것이 중요한 것은 아니며, 중요한 모든 것이 셀 수 있는 것도 아니다"라고 말한 바 있다. 파이프라인 생성 및 매출 성장과 같은 비즈니스 성과에 대한 투자의 영향을 증명해야 한다는 끊임없는 압박에 시달리는 비즈니스 분야인 마케터에게 이 말은 자유를 줄 수 있다. 브랜드 프로그램은 기존의 수요 창출 프로그램에 비해 정량화하거나 성장에 (적어도 직접적으로) 기여하는 정도를 측정하기가 더 어려울 수 있지만, CFO나 이사회 멤버는 아인슈타인 인용을 변명으로 받아들이지 않을 것이다. 실제로 브랜드 마케팅 활동은 성장을 촉진하며, 이러한 노력이 매출과 어떤 상관관계가 있는지 경영진과 투자자가 이해하도록 하는 것은 비전에 대한 부서 간 조율과 카테고리 창조 전략을 성공적으로 실행하는 데 필요한 투자 확보에 매우 중요하다.

브랜드의 성장 가치를 증명하는 것은 충분히 어려운 일이지만, 3장에서 설명했듯이 카테고리 창조자에게는 훨씬 더 어려운 일이다. 카테고리에 대한 관심(제1퍼널)과 제품에 대한 관심(제2퍼널) 사이에 시장에 존재하는 틈새(캐즘)라는 **이중 퍼널 효과**를 기억해 보라. 퍼널 1의 성공은 광범위한 카테고리 인지도, 새로운 카테고리 내 토론에 기여하는 회사 브랜드의 인지도, 팀이 생산하는 모범 사례와 자원에 대한 지속적인 참여를 의미한다. 퍼널 2의 성공은 고성장을 의미한다. 첫 번째 퍼널의 모멘텀은 결국 두 번째 퍼널의 모멘텀으로 이어져야 하며, 그렇지 않다면 관찰자는 해당 카테고리에서 미디어 회사를 넘어 실제 비즈니스가 구축될 수 있는지 의문을 제기할 수 있다. 시간이 다소 걸릴 수 있으며, 파괴적 혁신을 지향하는 기업에 대한 퍼널 성과를 벤치마킹하는 것은 오해의 소지가 있을 수 있으므로 장기적인 탐욕을 가진 사람만이 카테고리를 만들 수 있는 인내심을 가질 수 있다.

하지만 **하버드 비즈니스 리뷰**에 따르면 카테고리를 성공적으로 창조하고 지배하는 것은 그 어떤 전략보다 지속 가능한 주주 가치 창출로 이어지며, 매출 증가율은 53%, 시가총액 증가율은 74%에 달한다고 한다.[1] 이러한 긍정적인 측면은 분명 노력할 만한 가치가 있지만, 데이터에 대한 공통 언어와 방향을 만드는 것은 상관관계를 증명하고 세대를 거듭하는 기업을 만들고 확장하는 데 필요한 반복 가능한 프로세스를 구축하기 위해 반드시 필요한 단계다. 이 장에서는 카테고리 창조가 가져올 수 있는 다양한 성장 결과를 살펴보고, CFO나 투자자가 이해할 수 있는 용어로 비즈니스에서 창출하는 가치를 설명할 수 있는 언어를 갖추도록 돕는다. 궁극적으로, 성과를 퍼널과 연결할 수 없다면 카테고리 창조의 효과를 누구에게도 설득하기 어려울 것이다. 그러나 논의를 제대로 시작하기 전에, 먼저 다양한 퍼널 단계를 언급하기 위해 이번 장 전반에 걸쳐 사용하게 될 일련의 관용구와 약어를 소개하고자 한다. 표 12.1의 퍼널 단계 명칭과 정의는 당신의 기업이 퍼널을 생각하는 방식과는 조금 다를 수도 있지만, 일반적으로는 모범 사례에 상당히 근접할 것이다.

표 12.1의 목록은 완전한 것은 아니며, 특히 SAL 단계와 거래 성사 사이의 초기 및 후기 파이프라인을 구성하는 다양한 판매 단계가 누락되어 있다. 하지만 2부에서 소개한 7가지 전략 각각은 궁극적으로 여기에 설명된 단계에서 나타나는 성장 성과에 영향을 미친다. 그렇다면 그 방법에 대해 이야기해 보자.

표 12.1 퍼널 단계 명칭과 정의

수 단	대상(목표)
전환(conversions)	전환은 당신의 웹 자산 중 하나를 방문하고 정보를 얻기 위해 브랜드에 자신을 식별하기로 결정한 개인들이다. 각 전환은 마케팅 데이터베이스에 새로 유입된 사람이다. 모르는 사람이 구글을 방문해 '고객 성공 부사장 직무 기술서'를 검색하는 상황을 생각해 보라. 그는 다운로드를 위한 사이드바 요소가 있는 게인사이트 블로그 게시물로 이동한다. 그는 콘텐츠에 접근하기 위해 자신의 이름과 이메일 주소를 입력한다. 이는 그가 당신이 제공하는 사고 리더십에 대해 더 알고 싶어 함을 의미한다(제1퍼널).
마케팅 적격 리드 (Marketing Qualified Leads, MQLs)	MQL은 구매 의사를 밝히는 전환으로, 일반적으로 제품 혹은 서비스에 대한 관심을 의미한다(제2퍼널). 이는 드립 시퀀스, 체크박스 서식, 데모 요청 버튼, 직접 반응 PPC(클릭당 광고료 지불) 광고 또는 행동 활동으로 리드 점수가 MQL 임계값을 넘어선 경우 발생할 수 있다. 이 경우 콘택트가 전환인 동시에 마케팅 적격 리드가 될 수도 있다는 것을 기억하는 것이 중요하다. 예를 들어, 모르는 사람이 PPC 광고를 클릭하고 데모 요청을 위한 CTA가 있는 페이지로 이동하여 양식을 작성했다고 가정해 보자. 이것이 그 사용자와의 첫 번째 접촉이라면 전환이 될 뿐만 아니라 MQL이 될 수도 있다.
세일즈 적격 리드 (Sales Qualified Leads, SQLs)	SQL은 일반적으로 세일즈 개발 팀 혹은 세일즈 개발 담당자들과 같은 일부 자격 검증 팀이 계정 관리자(AE)와 접촉할 준비가 되었다고 판단한 MQL이다. 이들 팀은 어떤 콘택트가 시장에서 당신의 제품을 위해 적극적으로 활동하고 있으며 기꺼이 세일즈 전문가를 만나기를 희망하는지 알아내기 위해 일련의 합의된 평가 기준을 운영하고 있다. 만약 MQL이 탈락하여 SQL이 되지 못한다 하더라도, 이것이 그들을 대상으로 마케팅이 이루어져서는 안 된다는 뜻은 아니라 아직 판매할 준비가 되지 않았다는 의미며, 이들에 어떻게 대응해야 하는지는 이 장의 뒷부분에서 이야기하겠다.
세일즈 수락 리드 (Sales Accepted Leads, SALs)	SAL은 AE가 '수락'한 SQL이며, 파이프라인 내 적극적 세일즈 기회로 간주된다. 기업이 초기 단계의 파이프라인에서 후기 단계로, 그리고 최종적으로 '매출 성사'로 나아가기 위해 구현할 수 있는 영업 프로세스는 무수히 많으며, 각 방법론에는 고유한 장점이 있다. 마케팅의 역할은 기회가 창출된다고 해서 끝나는 것이 아니며, 특히 새로운 제품을 구매하고 배포하는 방법에 대한 규범적인 교육이 거래를 성사시키는 데 중요한 새로운 카테고리에서는 더욱 그렇다.
거래 성사(closed won)	계약서에 서명했다! 신규 고객을 성공적으로 유치했거나 기존 고객과의 계약 갱신 또는 확장 기회를 성사시킨 것을 축하한다.

카테고리 창조에 영향을 받은 6가지 성장 성과

카테고리 창조는 전사적인 철학이자 마케팅 관행이지만, 이 책 전체에서 논의했듯이 전략서에 등장하는 많은 프로그램은 카테고리 창조라는 렌즈를 통해 표현되었을 뿐 전통적인 마케팅 원칙과 겹치는 부분이 많다. 따라서 모든 비즈니스에서 CFO와 투자자가 관심을 갖는 보편적으로 인정되는 성장 결과는 모두 카테고리 창조 전략과 관련이 있고 직접적인 영향을 받는다. 다음은 이러한 결과의 여섯 가지 예와 카테고리 창조의 영향에 대한 비즈니스 전반의 기대치를 설정하는 방법이다.

시장성 있는 데이터베이스 성장

잠재 고객과 고객에 대한 옵트인 마케팅 데이터베이스를 구축하고 유지하는 것은 현대 마케팅 조직의 핵심이다. 콘텐츠 출시, 이벤트 프로모션, 개인맞춤형 육성 등 거의 모든 캠페인에서 이메일은 참여를 유도하기 위한 수단으로 활용된다. 데이터베이스가 작거나 집중도가 낮으면 회사가 원하는 성장을 이끌어낼 만큼 충분한 잠재 고객 규모를 확보할 수 없다. 데이터베이스의 참여도가 떨어지거나 스팸 메일을 받으면 잠재 고객이 구독을 취소하게 된다. 따라서 시장성 있는 데이터베이스의 상태는 마케팅 전략의 건전성을 반영한다. 데이터베이스 구축은 일반적으로 퍼널의 맨 위에 있는 오가닉 또는 유료 미디어 활동에서 비롯된다. 카테고리 창조자의 경우, 해당 카테고리와 관련된 검색어를 중심으로 SEO(검색엔진 최적화) 친화적인 초기 단계의 콘텐츠를 충분히 만드는 것이 오가닉 가치를 높이는 가장 좋은 방법이다. 시간이 지남에 따라 이러한 유기적 노력은 회사 및 카테고리 브랜드의 검색량에 영향을 미치며, 이는 무료 구글 트렌드 유틸리티를 사용하여 측정할 수 있다. 일부 기업은 예산을 할당하여 권위 있는 웹 자산에 자사의 콘텐츠를 연합하거나 광고 서비스를 유료화하여 타깃 오디언스의 콘텐츠 참여를 유도할 수 있다. 오가닉 및 유료 전략의 성공적인 실행을 설명하는 선행 지표는 여러 가지가 있지만, 궁극적으로 팀이 생성할 수 있는 전환 수가 적절한 후행 지표다. 데이터베이스에 적합한 사람들이 선택되고 있는가? 그들은 적합한 기업 프로필을 통해 유입되고 있는가?

전환은 새로운 카테고리에 대한 브랜드 인지도(제1퍼널)의 영향을 정량화하기 위해 사용하기에 적합한 지표일 뿐만 아니라, 데이터베이스에 유입될 캠페인을 고려할 때 향후 매출(제2퍼널)에 대한 선행 지표로도 사용할 수 있다. 전체적인 총계도 흥미롭지만, 페르소나, 회사 규모 또는 업종과 같은 인구통계학적 고려 사항에 따른 전환을 보고하면 새로운 카테고리의 시장 진출 접근 방식에 대한 중요한 정보를 얻을 수 있다. 가령, 당신이 시장에 내놓는 메시지는 대기업보다 중소기업의 마음을 더 끄는가? 당신은 최고 의사 결정권자보다 이사급 혹은 이하의 직급에서 더 강한 공감을 얻고 있는가? 전환을 생각하는 방법에 대해 경영진을 교육하는 것은 데이터베이스의 상태보다 전체 카테고리의 상태를 조기에 파악할 수 있는 지표가 된다.

마케팅 데이터베이스 참여

광범위한 전환과 타기팅된 전환을 유도하여 데이터베이스를 확장하는 것도 중요하지만, 이미 전환한 사람들의 지속적인 참여도 중요하다. 6장과 7장에서는 콘텐츠 품질만큼이나 카테고리 제작에 콘텐츠 주기성이 중요한 역할을 하는 방법을 설명했다. 시장에서는 브랜드가 업계 모범 사례에 대한 대화를 주도하고 있다는 기대와 함께 시장성 있는 데이터베이스에 새롭고 관련성 있는 콘텐츠를 정기적으로 제공해야 한다는 책임감이 형성된다. 데이터베이스에 있는 연락처가 여러분이 만드는 콘텐츠에 높은 참여도를 보인다면, 이는 여러분의 카테고리에 대한 그들의 관심을 보여주는 분명한 신호다. 이미 옵트인한 전환의 참여 신호에는 웨비나 참석, 블로그나 웹사이트의 정기적인 방문, 라이브 이벤트 참석 등록과 같은 흥미로운 순간들이 포함된다. 이러한 순간은 마케팅 자동화 시스템의 리드 스코어링 구성 요소 내에서 특정 개인의 행동 데이터에 영향을 미치며, 이는 인구 통계 데이터와 연관될 때 제품에 대한 '제2퍼널'의 관심을 나타내는 좋은 신호가 될 수 있다. 이 장의 뒷부분에서 카테고리 창조 관점에서 리드 스코어링에 대해 자세히 설명하겠다.

계정 기반 렌즈를 통해 전환과 지속적인 마케팅 참여를 모두 측정하고 커뮤니케이션하는 것이 좋다. 카테고리 창조에서 우리의 초점은 필히 로고보다 사람을 우선시하며 사람에게 힘을 실어줘야 하지만, 결국 B2B 환경의 기업은 다른 기업과 계약을 맺게 된다. 타깃 계정 내 연락처가 콘텐츠에 얼마나 참여하고 있는지 파악하면, 현재 카테고리 내 성숙도(제1퍼널)와 제품에 대한 적극적인 평가과정(제2퍼널)에 있는지 여부를 알 수 있다. **팀을 구성하는 방법**과 같은 초기 단계의 콘텐츠 주제에 대한 참여는 아직 전략 정의 단계에 있음을 의미할 수 있으며, **[제품]을 사용하여 X 문제를 해결하는 방법**과 같은 후기 단계의 콘텐츠 주제에 대한 참여는 그들이 솔루션을 찾기 위해 시장 진입 단계에 있음을 의미할 수 있다. 참여도는 또한 예상되는 거래의 성사 가능성과도 관련이 있을 수 있다. 영업팀이 예측한 거래 중 웹사이트나 콘텐츠에 일정 기간 동안 참여하지 않은 거래가 있다면 해당 기회는 위태로울 수 있다.

파이프라인 생성(소싱)

카테고리는 전환만으로는 구축할 수 없다. 궁극적으로 카테고리 마케팅에 대한 투자를 정당화할 수 있을 만큼 제품에 대한 충분한 관심을 유도하여 제1퍼널에서 제2퍼널로 연결되는 다리를 구축해야 한다. 이 장의 뒷부분에서 이를 위한 몇 가지 전략을 자세히 설명하겠지만, 카테고리 에너지를 제품 에너지로 전환하는 방법은 MQL, SQL 및 SAL의 관점에서 설명하겠다. 리드 스코어링 방법론을 도입하면 퍼널 상단에서 얻은 전환에 구매 의도를 알 수 있는 인구통계학적 및 행동적 콘텍스트가 표시된다. 특정 점수 임계값을 통과하거나 '손들기'(영업팀에 직접 연락 요청)와 같은 행동을 보이면 이러한 전환은 잠재 고객 또는 자격을 부여할 수 있는 MQL이 된다. 전환 대 MQL 전환 비율은 제1퍼널에서 제2퍼널로의 암시적 전환을 관찰하는 데 좋은 지표다.

그 다음 단계는 회사마다 상황에 따라 다르다. 일부 조직에서는 영업 개발팀이 계정관리자(AE)를 위한 미팅을 설정하기 위해 후속 조치를 취할 수 있도록 MQL이 알림을 생성하여 SQL을 생성하기도 한다. 디스커버리 콜이 이루어지면 계정관리자(AE)가 SDR이 기회를 올바르게 검증했다고 판단하면 기회를 수락하여 SAL을 생성한다. 참여 규칙, 측정 단위, 보상 수단은 회사마다 다를 수 있다. 결국 이러한 프로세스는 마케팅 자동화 시스템에서 사용 가능한 데이터를 활용하여 영업 기회에 대한 카테고리 창조 노력을 마이닝하는 데 도움이 된다. 대부분의 마케팅 조직은 마케팅 적격 리드(MQL), 세일즈 적격 리드(SQL), 혹은 세일즈 수락 리드(SAL)로 표시되는 파이프라인 생성으로 측정된다. 그러나 생성된 파이프라인은 결국 매출로 전환되는 경우에만 의미가 있기 때문에 마케팅을 퍼널의 아래쪽에서 측정하는 것이 추세다. 그렇기 때문에 영업과 마케팅의 연계는 각 조직이 제 역할을 다하고 있는지 확인하기 위해 절대적으로 중요하며, 특히 BANT(예산, 권한, 니즈, 타임라인)와 같은 일반적인 자격 검증 방법론이 적용되지 않을 수 있는 카테고리 창조에서는 더욱 그렇다.

파이프라인 가속화(영향력)

새로운 카테고리에서 활동하는 모든 개인은 해당 제품이 시장에 출시되어 있든 없든 끊임없이 학습하는 상태에 있다. 이전 시나리오에서는 초기 단계의 콘텐츠 및 이벤트 프로그램과 같은 카테고리 교육 노력이 어떻게 브랜드에 대한 관심을 불러일으키고, 이를 통해 구매 의향으로 이어질 수 있는지 설명했다. 그러나 이미 회사와 적극적으로 영업 프로세스에 참여하고 있는 잠재 고객도 카테고리 교육 활동의 혜택을 크게 누릴 수 있다. 실제로 마케팅 프로그램에 대한 활동과 참여도가 높은 잠재 고객은 구매 의향이 더 높다. 즉, 마케팅을 제대로 수행하면 영업, 고객 성공 또는 기타 채널에서 소싱된 경우에도 새로운 카테고리에서 성사된 모든 거래의 거의 100%에 마케팅이 영향을 미칠 수 있다. 영향력과 거래 기여도를 측정하는 것은 종종 어렵고 논쟁의 여지가 있는 작업이지만, 앞서 데이터베이스 참여 섹션에서 살펴본 것처럼 계정 수준에서 흥미로운 순간들을 포착하는 것이 좋은 출발점이 될 수 있다. 마케팅이 특정 계정에서 영업을 위한 사고 리더십을 개인화하여 패키징하는 방법과 후기 단계의 콘텐츠가 새로운 카테고리의 구매자에게 영향을 미치고 구매 방법을 가르치는 강력한 수단이 될 수 있는 방법에 대해서는 나중에 몇 가지 아이디어를 다룰 것이다.

신규 비즈니스 ARR

이 책에서 공유한 내용 중 어떤 것도 궁극적으로 예약에 기여하거나 제2퍼널을 통해 리드의 성공적인 여정에 기여하지 않는다면 의미가 없다. 위의 결과는 훌륭한 선행 지표지만, ARR(또는 수익)은 창조된 카테고리의 후행 지표다. 일반적으로 투자자들은 주어진 기간 동안 얼마나 많은 신규 '랜드' 또는 신규 로고가 성사되었는지, 그리고 그중 카테고리 마케팅 노력에 기인한 거래가 얼마나 많은지 파악하는 데 관심이 있다. 이러한 대화에서 앞서 나가려면 성사된 모든 거래에 대한 상세한 분석을 수집하고, 구매자의 구매 이유에 대한 질적 피드백을 수집하는 성공(및 실패) 인터뷰를 수행하는 프로세스를 만들어야 한다. 게인사이트의 고객 인터뷰를 통해 고객들이 우리 제품을 좋아하지만, 경쟁사보다 우리와 함께 일해야 하는 이유는 브랜드 때문이라는 사실을 여러 번 확인했다.

확장 ARR

게인사이트는 새로운 거래를 성사시키는 것은 브랜드와 고객 간 관계의 시작에 불과하다는 신념을 바탕으로 전체적인 움직임을 만들어냈다. **하버드 비즈니스 리뷰**에 따르면 신규 고객을 확보하는 데 드는 비용은 기존 고객을 유지하는 데 드는 비용보다 5배에서 25배까지 더 비싸다고 한다.[2] 랜딩은 분명 중요한 출발점이지만, 고객이 우리가 판매하는 제품에서 가치를 얻을 수 있도록 돕는 고객 성공 노력은 계약 갱신 보장, 추가 라이선스 또는 개선 사항 상향 판매(업셀링), 순 신제품 교차 판매를 중심으로 강력한 새로운 수익 기회를 창출한다. 이 책의 마지막 장에서 카테고리 창조가 고객에게 미치는 가치에 대해 이야기하겠지만, 성장의 관점에서 보면 새로운 비즈니스 기회와 마찬가지로 매출 기회 확대에도 동일한 상관관계를 도출할 수 있다. 여기서 CFO와 투자자가 주목하는 재무 KPI

는 기업마다 다를 수 있지만 가장 일반적으로는 순매출유지율(NRR)이다. 이 지표는 갱신된 계약의 총가치와 상향 판매 및 교차 판매를 통해 얻은 수익을 측정한다. NRR은 필요에 따라 월간 혹은 연간 기준으로 평가할 수 있다. 측정하고자 하는 기간을 정했으면, 갱신된 계약의 가치에 확장 수익을 더하고 이를 갱신된 모든 계약의 총가치로 나눈다. 상향 판매와 교차 판매가 고려되므로 NRR은 100% 이상이 될 수 있으며, 이는 업계 최고의 기업들이 추구하는 목표다.

위의 결과에서 설명한 모델 외에도 카테고리 마케팅 노력을 고객 성장과 연결할 수 있는 또 다른 강력한 방법, 즉 2차 주문 수익이 있다. 바로 고객생애가치(CLTV)의 함수로 영업 및 마케팅 지출을 최적화하는 방법에 관한 책이 이미 출간되어 있다는 것이다. 불완전하지만, 이 계산법은 일반적으로 신규 고객을 확보하기 위해 첫 해의 계약 가치(ACV)라는 거금을 지출하는 것과 비슷하다. 그러나 이 계산은 기업이 고객 성공에 투자할 때 기회로서 제공되는 바이럴리티(virality)와 '2차' 고객(그림 12.1 참조)을 고려하지 않는다. 사스터(SaaStr)의 창

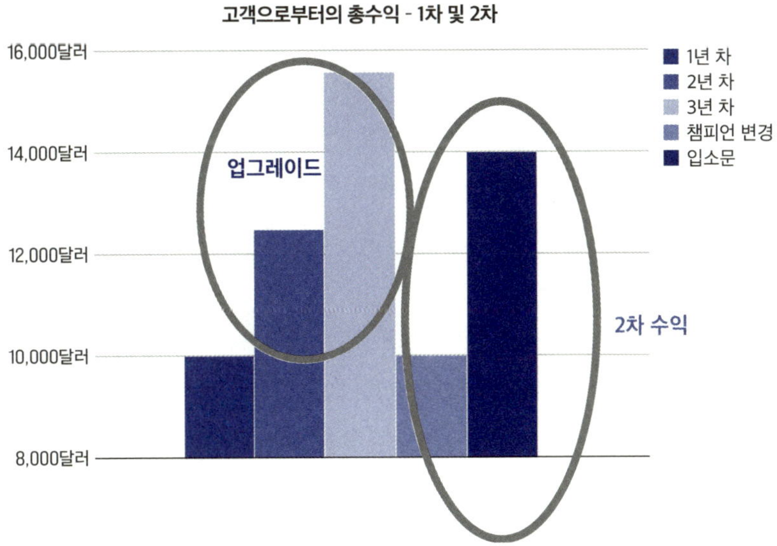

그림 12.1 2차 수익 효과의 시각화(출처 : SaaStr)

립자 제이슨 렘킨(Jason Lemkin)은 2차 수익의 시나리오[3]를 다음과 같이 설명한다.

- 1년 차가 끝날 즈음, 당신의 챔피언은 기업 고객 A를 그만두고 정확히 같은 일을 하기 위해 기업 고객 B로 이동한다. 그리고 당신의 제품을 다시 구매한다.
- 이는 약 10%의 확률로 일어난다.
- 따라서 실제 첫 판매 금액은 4만 2,000달러다(초기 거래액 3만 8,000달러×110%).
- 그러나 2년 차에 같은 일이 반복된다. 따라서 실제로 4만 6,000달러다.
- 1년 차가 끝날 무렵, 당신의 챔피언은 그의 친구 셋에게 당신 기업에 대해 말한다. 그리고 그들 중 한 명은 구매한다. 대략 30%의 확률이다.
- 따라서 고객을 매우 만족시킨다면 2차 주문효과(바이럴, 입소문, 챔피언의 전직 등)를 더하면 첫 번째 판매는 실제로 6만 달러의 가치가 있다.

일반적으로 새로운 시장에서는 카테고리 경험과 기술 역량에 대한 수요가 공급을 능가하기 때문에 경영진의 이직률이 높다. 카테고리 창조자에게 이와 같은 자연 법칙은 챔피언 변경, 단골 구매자, 입소문 현상을 통해 2차 주문 파이프라인을 생성하고 수익을 창출할 수 있는 기회를 만들어 준다. 고객을 성공으로 이끄는 것은 더 이상 '판매 후'의 책임이 아니라 수익 창출에 기여하는 중요한 요소다.

성장에 대한 사례 : 게인사이트의 펄스 콘퍼런스

이제 카테고리 창조가 성장과 직접적인 상관관계가 있다는 사실을 이해했기를 바란다. 이러한 프로그램이 효과가 있다는 것을 CFO나 투자자에게 설득하기 위해 새로운 지표를 만들 필요는 없다. 그러나 일반적으로 앞서 설명한 특정 시점의 성과를 사용하여 결과를 측정하지만, 실제로 카테고리 창조 전략서를 실행하면 활동과 영향력의 퍼펙트 스톰처럼 느껴질 수 있다. '혼돈 속의 성공'의 가장 좋은 예는 8장에서 자세히 설명한 전략인 콘퍼런스 마케팅이다. 자체 콘퍼런스를 개최하는 모든 기업이 그렇듯이, 게인사이트에서도 이 프로그램은 앞서 설명한 각 성장 성과에 영향을 미치는 하나의 강력한 캠페인이다. 하지만 펄스(Pulse)에는 분명 대가가 따른다. 펄스는 게인사이트에서 가장 큰 규모의 지출을 차지하는 단일 행사이므로, 최적화와 발전을 위해 콘퍼런스의 각 측면을 진지하고 객관적으로 분석하는 것이 중요하다. 콘퍼런스의 첫 5년(2013~2018) 동안 수집된 데이터를 분석한 결과, 게인사이트의 성장에 펄스가 미친 영향에 대해 알게 된 내용은 다음과 같다.

- 펄스 참석률은 계약 성사율을 높인다. 우리는 순 달러 손실과 기회비용 관점 모두에서 펄스가 우리의 투자를 정당화할 수 있는 큰 장점이 있다는 것을 일관되게 확인했다(그림 12.2 참조). 펄스 2016 이전에 존재했던 1년 미만의 기회 중 펄스 참석자의 거래 성사 가능성은 3.5배 더 높았으며, 콘퍼런스 현

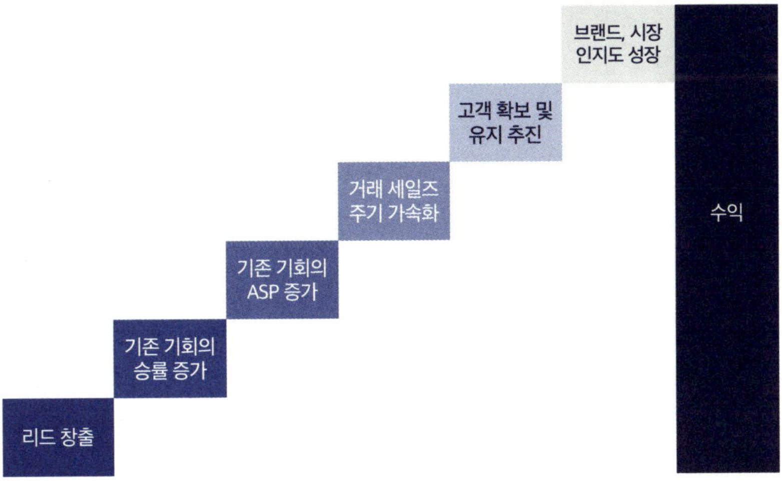

그림 12.2 콘퍼런스 마케팅의 기회비용 도표화

장에서 영업팀과 미팅을 가진 사람들의 경우 그 가능성은 4.5배에 이르렀다. 펄스 경험이 더 높은 전환으로 이어질 수도 있지만, 불참은 관심 부족과 구매 가능성을 낮춘다는 결론을 내릴 수도 있다. 즉, 펄스 미참석은 잠재 고객의 상태를 나타내는 지표가 될 수 있다. 따라서 불참자에게는 더 적은 영업 리소스를 할당한다.

- 펄스 참석률은 평균 계약 가치(ACV)를 높인다. 또한 이와 같은 기존의 기회 중에서도 참석자의 경우 40% 이상, 미팅을 가진 사람들의 경우 거기에 10%가 추가된 더 높은 ASP를 보이고 있다(그림 12.3 참조). 주목할 만한 점은 이러한 추세가 모든 세그먼트에서 일관되게 나타나고 있으며, 이는 단지 기업 거래가 펄스 참석자가 있는 거래이기 때문만은 아니라는 점이다.
- 펄스 참석률은 로고 유지율을 더 높인다. 더불어 우리는 참석률과 유지율 사이의 관계를 면밀히 조사했다. 이탈한 고객을 살펴보면(그림 12.4 참조), 이들의 출석률은 더 낮다. 참석한 직원이 있는 고객의 경우에는 로고 유지율이 13% 포인트, 순 유지율은 41% 포인트 더 높았으며, 회의에 참석하는 고객의 유지율은 더 높은 것으로 나타났다. 고객의 참석이 실제로 게인사이트 채택을 촉진할 수 있지만, (잠재 고객의 경우와 마찬가지로) 불참은 게인사이트 및 고객 성공에 대한 관심이 부족하다는 것을 의미할 수 있다. 간단히 말해, 펄스 불참은 고객 상태를 나타내는 지표일 수 있다.

지난 몇 년 동안 우리는 펄스가 해당 카테고리의 총 도달 가능한 시장(TAM)을 확장하고 회사의 성장을 주도하며 고객, 투자자, 직원과의 관계 및 리더십 자산을 향상시킨다는 측면에서 게인사이트가 운영하는 프로그램 중 가장 중요한 프로그램이라는 결론을 내렸다. 앞으로의 전략은 콘퍼런스의 성장과 참석자를 위한 경험을 지속적으로 확장하는 동시에 프로그램 운영 비용을 절감하는 것이다. 규모의 경제(등록 수익)와 성장하는 파트너 생태계(스폰서 수익)가 이러한 노력에 도움이 된다.

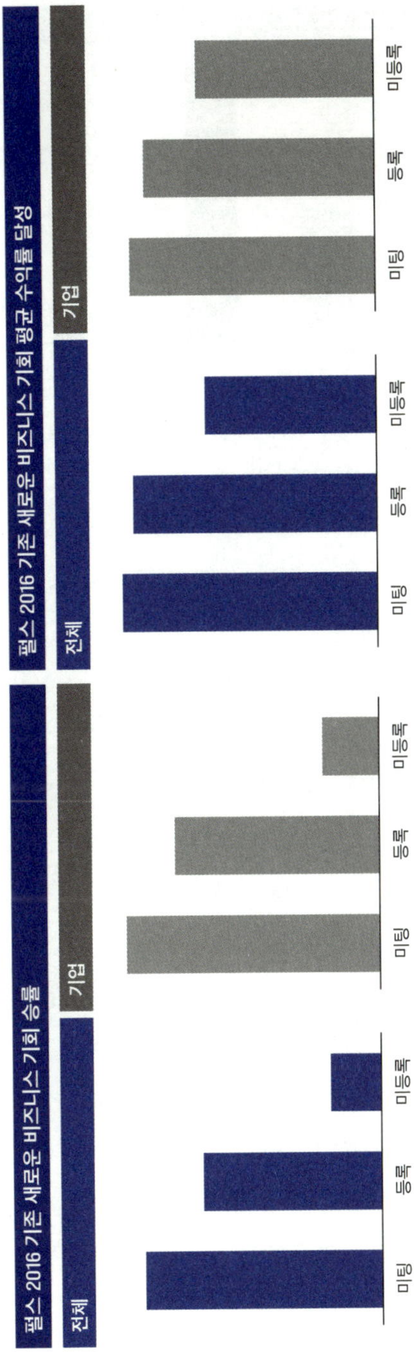

주 : 기존 기회는 펄스 2015와 펄스 2016 사이에 생성되었으나 펄스 2016 이전에 성사되지는 않은(성공이든 실패든) 기회를 지칭함

그림 12.3 펄스 콘퍼런스 참석률이 ACV에 미치는 영향 이해

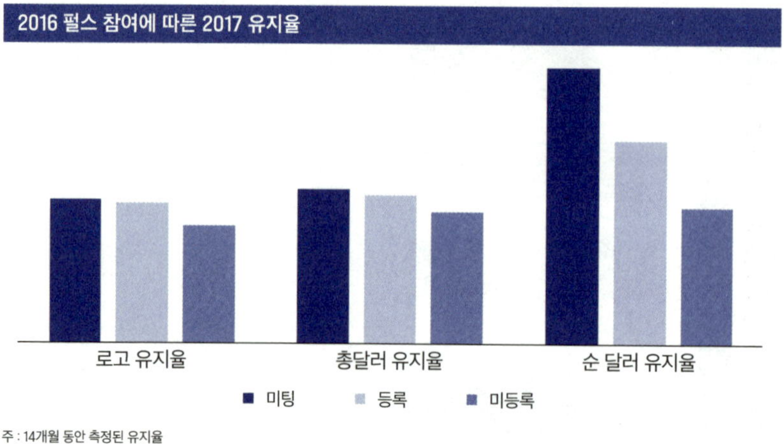

그림 12.4 펄스 콘퍼런스 참석률의 유지율에 미치는 영향 이해

제2퍼널로 연결되는 다리를 구축하는 방법

카테고리 관심(제1퍼널)에서 제품 관심(제2퍼널)으로 연결되는 다리를 성공적으로 구축하는 것은 카테고리 창조의 가장 큰 과제다. 전환이 급증하고 카테고리에 대한 관심이 매우 높은데도 매출은 여전히 계획보다 낮게 예측될 수 있다. 이러한 현상의 주된 이유는 교육에서 찾을 수 있다. 얼리어답터를 제외하고는 일반적으로 시장 전반에서 제품을 운영하기 전에 전략을 먼저 정의하고 그 전략을 실행에 옮겨야 한다. 이 과정에는 시간이 걸리며, 카테고리 창조자는 이러한 여정에서 사고의 파트너로서 시장에 서비스를 제공하는 데 중요한 역할을 한다. 이 틈새는 경영진과 투자자에게 몇 가지 방식으로 나타나지만, 가장 흥미로운 것은 기회 손실의 이유인데, 새로운 카테고리에서는 일반적으로 경쟁에 대한 손실이 아니라 시간에 대한 손실(또는 지금이 아닌)이 발생하는 경향이 있다. 제1퍼널의 잠재 고객은 해당 카테고리에서 관찰한 문제를 해결하는 방법을 배우는 중이며, 이 과정은 일부 기업에게는 오랜 시간이 걸릴 수 있다. 새로운 카테고리의 학습 곡선을 어떻게 단축할 수 있을까?

첫 번째 단계는 제1퍼널에 만족하고 있는 기업보다 제2퍼널에 관심을 보이는 기업의 맥락에서 마케팅 프로그램의 우선순위를 정하는 방법을 이해하는 것이다.

비즈니스에서 시간은 금이므로, 현재 구매할 의향이 가장 높은 고객에 마케팅 및 세일즈 리소스를 집중하는 것이 중요하다. 시장성 있는 데이터베이스에서 무슨 일이 일어나고 있는지 파악하려면 리드 스코어링 방법론을 도입해야 한다. 리드 점수는 데이터베이스의 각 연락처에 할당되며 인구통계학적 데이터(가령, 이 연락처가 적합한 유형의 회사인가, 아니면 구매자 또는 인플루언서 페르소나인가?) 및 행동 데이터(가령, 이 연락처가 우리 웹사이트에 얼마나 자주 방문하는가, 혹은 최근 이벤트에 등록한 적이 있는가?)와 같은 중요한 요소를 측정한다. 연락처가 다양한 프로그램을 통해 브랜드와 소통할수록 행동 점수가 향상되며, 이를 통해 구매 의향을 파악하고 영업 및 마케팅 활동의 우선순위를 정할 수 있다. 특정 점수 임계값을 통과하면 해당 연락처는 MQL이 된다. 그림 12.5는 카테고리 창조의 맥락에서 리드 스코어링을 고려하는 프레임워크를 소개한다. 이 프레임워크는 데이터베이스의 각 연락처가 브랜드와의 여정에서 어디쯤 위치하

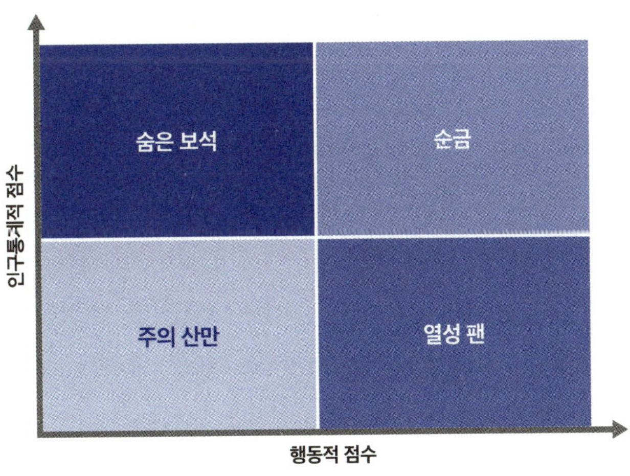

그림 12.5 새로운 카테고리를 위한 리드 스코어링 프레임워크

고 있는지를 보여주는 4가지 그룹으로 분류될 수 있다는 아이디어다.

프레임워크에 따르면, 연락처(계정)는 처음에 전환으로 데이터베이스에 들어올 때 인구통계학적 점수를 받는다는 개념이다. 예를 들어, 타깃 계정의 구매자나 인플루언서는 세로축의 상위 사분위수에 속하는 반면, 핵심 시장 외의 업종에 속한 개인 기여자는 하위 사분위수에 속할 가능성이 높다. 일단 전환자가 되면 브랜드에 대한 지속적인 참여로 가로축의 행동 점수가 좌우로 이동하며, 중간에 두 열을 구분하는 임의의 임계값이 존재한다. 다음은 다양한 코호트가 우선순위에 따라 분류되는 방식이다.

- **순금** 높은 자격을 갖추고 참여도가 높은 사람들. 이들은 제품의 유료 고객이 되어야 하며 사고 리더십에 관심을 가지고 있는 잠재 고객이다. 이러한 리드를 빠르게 추적하여 하이터치 육성 노력을 전개하거나 영업팀에서 적격성 검증 노력을 기울이도록 노력하라.
- **숨은 보석** 자격은 높지만 참여도는 낮은 잠재 고객. 이들은 또한 유료 고객이 되어야 하지만 브랜드에 대한 뚜렷한 참여 신호를 보이지 않는 연락처다. 이러한 연락처는 일반적으로 행동 점수를 개선하기 위해 고안된 하이터치 육성 활동에 등록시킴으로써 잠재 고객 발굴 노력을 기울일 수 있는 다음 단계의 논리적인 공간이다.
- **열성 팬** 자격을 갖추지는 못했지만 참여도가 높은 고객. 열성 팬은 카테고리 창조에서 매우 중요하지만(제1퍼널), 제품 판매에는 적신호가 될 수 있다. 이들은 여러분이 게시하는 모든 글을 리트윗하고 모든 콘퍼런스와 웨비나에 참석하지만, 여러분의 제품을 구매하지는 않을 가능성이 높다. 열성 팬을 무시하지 않는 것이 중요하지만(그들은 여러분이 구축하는 커뮤니티의 소중한 구성원이기 때문임), 영업 및 마케팅 활동은 앞의 두 그룹에 속한 연락처에 집중하는 것이 더 나은 결과를 가져올 수 있다.
- **주의 산만** 자격도 없고, 참여도도 낮은 고객. 이 그룹에 있는 연락처를 수익

화하기 위해 너무 많은 노력을 낭비하지 말라. 그러나 '열성 팬'과 마찬가지로, 시간이 지남에 따라 행동 점수가 향상되므로 커뮤니티 회원이자 브랜드 옹호자로서 이 집단을 계속 주시하는 것이 중요하다.

데이터베이스를 이해했다면, 이제 제품에 대한 구매 의도를 파악하기 위한 프로그램을 실행할 준비가 되었다. 아무리 참여도가 높은 연락처(순금 고객과 열성 팬)라 할지라도 가치 제안에 동의한 것처럼 보이지만 실제로 제품을 구매할 의향이 없는 경우도 있다. 당신은 그들의 감성을 움직이는 데 성공했지만, 이성을 움직이기 전까지는 제2퍼널에 도달할 수 없을 것이다. 다음은 그러한 활동을 지원하기 위해 활용할 수 있는 비법 중 일부다.

- **당신의 솔루션을 비타민이 아닌 진통제로 포지셔닝하라** 판매하는 제품이 '있으면 좋은 것'으로 인식되거나, 해당 카테고리의 성공에 필수적이지 않다면, 제품 판매에 대한 긴박감을 조성하긴 어렵다. 하지만 지금 구매해야 하는 절박한 이유를 설득력 있는 데이터로 표현하는 것은 비용을 정당화할 수 있는 설득력 있는 데이터 없이는 불가능하다. 해당 카테고리에 대한 투자의 가치 동인과 제품에 대한 투자로 창출되는 증분 가치를 파악하기 위해 ROI 연구 프로젝트를 수행하는 것을 고려해 보라. 3장에서 게인사이트에서 초기에 수행한 ROI 프로젝트에 대한 심층적인 사례를 소개했다. 이 프로젝트의 결과는 웹사이트의 메시지나 세일즈 데크에서 홍보할 수 있는 중요한 데이터 포인트일 뿐만 아니라 잠재 고객의 챔피언이 제품에 대한 투자(또는 최소한 평가)를 정당화할 수 있는 긴 형식의 콘텐츠 자산이기도 하다. 데이터는 행동을 유도할 수 있으며, 올바른 방식으로 홍보될 경우 새로운 시장에 진출하려는 사람들 사이에 포모(FOMO, 놓치는 것에 대한 두려움)를 조성할 수 있다.
- **구매하는 방법을 가르쳐라** 새로운 카테고리의 경우, 잠재 고객이 이전에 이 특정 문제를 해결하기 위해 제품을 구매한 적이 없을 가능성이 높다는 점을

기억하라(그렇지 않다면 정말 새로운 카테고리일까?). 제품 평가를 시작하도록 승인된 후에도 잠재 고객은 선택 기준을 정의하는 방법이나 일반적인 판매 프로세스가 어떻게 진행되는지 이해하지 못할 수 있다. 카테고리 창조자는 이를 해당 카테고리의 판매 프로세스를 설계하고 시장에 제품 구매 방법을 알릴 수 있는 기회로 여긴다. 솔루션을 평가할 때 고려해야 할 중요한 사항을 시장에 알리는 카테고리의 공식 '구매자 가이드' 콘텐츠 자산을 만들어라. 시장이 공급업체를 선택할 때 사용할 수 있는 기능과 혜택의 체크리스트를 제공하는 샘플 RFP 문서 초안을 작성하고, 콘텐츠 제작 방식에서 진실성을 유지하되, 제품의 가치가 제대로 포지셔닝되도록 하라. 이와 같은 노력은 말 그대로 제1퍼널에서 제2퍼널로 연결되는 다리를 놓는 일이며, 당신의 세일즈 팀을 카테고리 사고 리더십을 수익화하는 목적의 반복 가능한 운동을 창출할 수 있게 한다.

- **고객이 직접 말하게 하라** 해당 카테고리에서 최고의 제품을 보유하고 있다고 세상에 알리는 것도 좋지만, 고객이 그러한 입장을 표현할 수 있는 플랫폼을 만드는 것이 훨씬 더 효과적인 접근법이다. 9장에서 살펴본 사례 연구와 추천 영상과 같은 고객 마케팅 프로그램은 고객의 이야기를 포착하고 잠재 고객이 제1퍼널에서 제2퍼널로 넘어가는 여정을 가치 있게 만들어 준다. 잠재 고객은 동료의 영향을 받아 이성적이기보다는 주로 감정적으로 신제품을 고려할 수 있기 때문에 군중심리는 현대 영업에서 매우 현실적인 부분이다. 행복하고 성공적인 고객의 지지를 활용하면 젊은 시장에서 신뢰를 쌓고 판매 속도를 가속화할 수 있다.

이러한 비법들은 6장에서 설명한 것처럼 '후기 단계' 콘텐츠 자산 및 캠페인으로 특징지어지며, 일반적으로 영업팀이 거래 주기에서 사용할 수 있도록 게이트 뒤에 잠겨 있거나 콘텐츠 관리 시스템에 보관되어 있다. 제2퍼널로 연결되는 다리를 놓으려면, 카테고리 창조자는 퍼널의 최상단에서 이러한 자산을 홍보함으로써 제품 가치에 대한 광범위한 인식과 긴급성을 만들어야 한다. 소셜, 블로그 게시물, 이메일 등 이러한 에반젤리즘 채널은 일반적으로 제품이 아닌 카테고리에 대한 초기 단계의 콘텐츠에 적합하지만, 시장의 마음을 사로잡고 제품 및 서비스 사용을 통해 카테고리에서 더 큰 자아실현을 할 수 있도록 하는 데 적합한 채널이다. 후기 단계의 콘텐츠는 초기 단계의 신호보다 훨씬 더 강력한 구매 관심의 지표가 될 수 있으므로, 이러한 순간에 적절한 가중치를 적용해야 한다.

카테고리 창조 프로그램은 성장을 촉진하지만, 시장마다 각각의 고유한 뉘앙스가 있다는 것은 사실이다. 이 장에 제시된 도구를 프로그램의 성공을 측정하고 성장에 대한 노력의 영향을 전달하는 수단으로 활용하되, 겸손한 자세로 임한다면 그 여정에서 큰 도움이 될 것이다. 마케팅 담당자는 짝꿍인 영업 담당자와 함께 서번트 리더십을 발휘하여 그들의 필요를 예측하고 영업 담당자가 성공할 수 있는 위치에 놓이게 함으로써 이점을 얻을 수 있다. 영업팀은 마케팅 팀과 학습한 내용을 공유함으로써 이점을 얻을 수 있다. 그러나 이 두 부서는 카테고리 창조에 기여하고 그로부터 혜택을 받는 수많은 주체 중 두 명에 불과하며, 아인슈타인이 말한 것처럼 "중요한 것은 모두 셀 수 있는 것은 아니다"라고 할 수 있다. 마지막 장에서는 카테고리 창조의 무형적 이점, 특히 가장 중요한 후원자인 고객과 팀원에게 미치는 영향에 대해 살펴본다.

1 Eddie Yoon and Linda Deeken, "Why It Pays to Be a Category Creator," *Harvard Business Review*, March 2013, https://hbr.org/2013/03/why-it-pays-to-be-a-category-creator

2 Amy Gallo, "The Value of Keeping the Right Customers," *Harvard Business Review*, October 2014, https://hbr.org/2014/10/the-value-of-keeping-the-right-customers

3 Jason Lemkin, "CLTV Isn't the Whole Story. Don't Shortchange Second-Order Revenue," SaaStr, February 2013, https://www.saastr.com/its-not-just-cltv-its-your-trgcltv-that-matters-total-all-in-revenue-generated-by-your-customer/

13

카테고리 창조가 고객과 팀원의 성공에 미치는 무형의 혜택

세상에서 딱 한 명과 마케팅 커리어를 바꿀 수 있다고 한다면, 던컨 와들(Duncan Wardle)과 바꾸고 싶다. 월트 디즈니 컴퍼니(The Walt Disney Company)의 혁신 및 창의성 부문 부사장을 역임한 던컨의 명함은 좌뇌보다 우뇌 전략을 선호하는 마케터라면 누구나 부러워할 것이다. 던컨은 디즈니에서 25년간 근무하며 월트 디즈니 월드(Walt Disney World)의 새로운 놀이기구 출시를 홍보하기 위해 나사의 디스커버리 우주 왕복선에 버즈 라이트이어(Buzz Lightyear) 액션 피규어를 실어 (말 그대로) 우주 공간에 보내는 등, 회사에서 가장 혁신적인 아이디어와 전략을 개발하는 역할을 맡았다. 현재 던컨은 행사에서 연설하고, 워크숍을 이끌고, 고객 사이트에서 아이디어 세션을 개최하는 등 세계를 돌아다니고 있다. 그의 미션이 무엇일까? 모든 사람이 자신의 창의력을 발휘하도록 도전하여 이전에는 불가능했던 혁신의 문화를 만드는 것이다.

기업이 이러한 문화를 조성할 수 있는 방법 중 하나는 던컨의 말처럼 "사람들은 더 이상 제품과 서비스를 구매하는 것이 아니라 목적을 구매하고 있다는 사실을 깨닫는 것이다. 그리고 사람들이 기업의 목적을 이해하려면 기업의 스토리를 이해해야 한다." 이는 매우 심오한 말이며, 특히 카테고리 창조자에게 해당되는 말이다. 나는 5장에서 기업의 목적을 명확히 하고 표현하는 것의 중요성에 대해 설명했는데, 사실 이것은 카테고리 창조 전략서의 기본 단계다. 올바른 방식으로 스토리를 전달하면 카테고리 내에서 가장 중요한 두 가지 구성 요소에 혁신적인 영향을 미칠 수 있다.

1. 목적 지향적인 기업과 비즈니스를 하고자 하는 고객
2. 목적 중심 기업의 미션에 기여하고 싶은 팀원

고객, 특히 새로운 카테고리의 얼리어답터들이 비즈니스와 상업적 계약을 체결하는 이유는 그들이 비즈니스의 목적에 동의하기 때문이며, 제품과 서비스는 단지 그 목적의 (중요한) 일부분일 뿐이다. 이러한 의사결정 프레임워크의 다른 구성 요소에는 실제 제품과 동등하거나 그 이상의 가치가 있는 것으로, 고객이 잠재력을 최대한 발휘할 수 있도록 개발하는 콘텐츠 및 이벤트 프로그램, 고객 라이프사이클 전반에 걸쳐 여러분과 여러분의 팀이 만들어내는 경험 그리고 여러분이 만들고 있는 시장의 사람들에게 도움이 되는 기타 목적의 표현이 포함된다. 적어도 가시적인 성과는 고객 만족도를 측정하는 순추천지수(NPS) 조사, 고객 충성도를 측정하는 갱신 또는 유지율, 고객 성장을 측정하는 확장 매출(12장에서 설명함)과 같은 후행 지표에 나타날 수 있다.

팀원들은 브랜드의 내부 고객으로서 입사 제의서에 서명하는 순간부터 조직의 직원으로서 일하는 내내 목적의식을 갖게 된다. 오늘날의 전문직 종사자들은 그 어느 때보다 더 많은 회사를 선택할 수 있으며, 이른바 '인재 전쟁'으로 직원들의 참여와 성취감을 유지하는 것이 매우 중요해졌다. 컬처 퍼스트 직원 피드백 회사인 컬처 앰프(Culture Amp)는 최근 70여 개 상장 기업의 직원 피드백 데이터를 통해 주가 상승과 직원 피드백의 상관관계를 입증한 연구를 진행했다. 그 결과 직원들의 인식이 미래의 중요한 결과를 예측할 수 있는 강력한 선행 지표라는 사실을 발견했다. 그림 13.1의 차트에서 볼 수 있듯이 2017년 높은 직원 참여도는 2018년 연간 16.5%의 주가 상승과 관련된다.[1] 이러한 효과를 제품 신뢰도와 결합하면 관련성은 27.9%의 연간 주가상승률로 더 높아진다. 목적 실현을

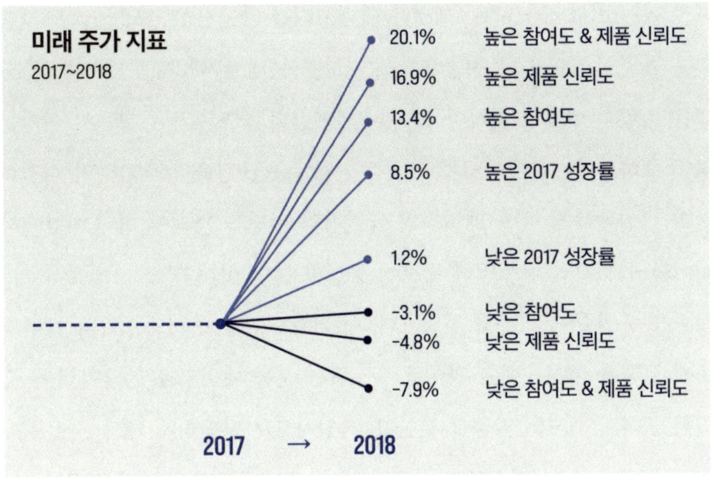

그림 13.1 미래 주가 지표로서의 직원 참여와 제품 신뢰

위한 여정에 팀원들의 참여를 유도하는 문화를 조성하는 것은 행복과 충성도(물론 그것도 중요하지만)를 넘어 회사의 재무 성과에도 큰 영향을 미친다는 점을 분명히 알 수 있다.

이처럼 정량화가 가능한 영향력 측정은 목적 중심으로 움직이는 모든 조직에 해당될 수 있지만, 카테고리 창조자에게는 특히 그렇다. 새로운 시장 카테고리를 창조한다는 개념 자체가 고귀한 노력을 의미하며, 사람들이 인식하지 못하는 복잡한 문제를 해결하려면 깊은 신념과 용기가 필요하다. 그러나 이 여정에서는 영감을 주고 카테고리를 정의하는 브랜드가 주도하는 시장의 움직임에 마음을 모으고, 미션에 동참하는 고객과 팀원들에게 무형의 혜택도 얻을 수 있다. 이러한 무형의 혜택 중 몇 가지를 소개한다.

- **급진적으로 높은 야망** 새로운 파도를 만드는 것은 고사하고, 해안으로 밀려올 파도를 찾는 것조차 어렵다. 사실 모든 산업 분야에는 시장 트렌드를 파악하고 그러한 기회를 성공적으로 실행한 기업들의 사례로 가득하다. 이 같은 파

괴적 혁신 기업 중 일부는 새로운 카테고리를 만들지 않고도 놀라운 제품 경험을 제공함으로써 큰 성공을 거두기도 하는데, 슬랙(Slack)과 줌(Zoom)과 같은 기업의 예가 그러하다. 그러나 카테고리 창조자가 경쟁에서 이기는 것도 중요하지만, 그 에너지를 활용하여 새로운 물결을 일으키려면 적절한 고객과 팀원들에게 매우 매력적인 급진적인 야망을 가져야 한다. 6장에서 얼리어답터가 기업의 대담한 목적에 공감할 뿐만 아니라 그 과정에서 기업의 성공을 응원할 것이라고 설명했다. 야망은 영감을 불러일으키며 브랜드 주변에 고객을 끌어들이고 참여를 유도하는 운동 에너지를 만들어낼 수 있다. 직원들 역시 최고의 작품을 만들고, 직업적으로 발전하며, 매우 높은 수준의 성과를 낼 수 있는 기회에 이끌린다. 물론 카테고리 창조자의 커리어 기회가 모든 사람에게 적합한 것은 아니지만, 어려운 일에서 영감을 얻는 사람들은 개인적인 목표 의식과 높은 야망을 회사의 목표와 일치시킬 것이다.

- **사람 중심** 6장에서는 새로운 카테고리의 핵심은 바로 사람, 즉 기업이 추구하는 고귀한 사명과 목적에 깊이 공감하는 사람이라는 사실도 밝혔다. 인공지능(AI)과 자동화로 인간의 발전이 무의미해지는 블레이드 러너와 같은 디스토피아적 미래가 그려지는 반면, 카테고리 창조는 인간이 우선시되는 미래를 위한 사례를 만들고자 한다. 개인적 · 직업적 삶에서 커뮤니티를 중시하는 많은 고객과 팀원들에게 이는 싸워서 쟁취할 가치가 있는 현실이다. 이는 생명 과학과 같은 분야보다 일에서 의미를 찾는 것이 어려운 소프트웨어와 같은 산업에서 특히 중요한 포인트다. 개인적 목적을 사람을 위한 기술 구축에 맞출 때, 올바른 고객과 팀원들은 이 분야의 사명에 충실한 참여자가 될 것이다. 또한 커뮤니티 내에서 형성되는 관계는 제품 중심 산업에서 흔히 볼 수 있는 공급자-고객-파트너 간의 상호작용보다 훨씬 더 깊고 덜 거래적이다. 개인적으로 나는 고객 성공 커뮤니티에서 지역과 직급을 초월한 의미 있는 관계가 형성되는 것을 관찰할 수 있는 특권을 누렸는데, 그 공통분모는 사람들이 전략을 수립하고, 팀을 구성하고, 새로운 커리어 기회를 찾는 데

도움을 주는 사람들이라는 점이다. 카테고리 창조자가 이러한 플랫폼의 관리자로서의 역할을 할 수 있는 멋진 기회다.

- **개척 정신** 아무도 가보지 않은 곳, 특히 더 쉬운 기회가 있을 수 있는 시장에 도전하려면 특별한 유형의 사람이 필요하다. 이러한 기업가 정신 또는 사내 기업가 정신은 처음으로 새로운 전략을 비즈니스에 도입하려는 고객이나 매일 초보자의 마음으로 업무에 임하는 조직 내 모든 수준의 팀원 등 새로운 시장의 모든 측면에 널리 퍼져 있다. 카테고리를 만든다는 것은 새로운 산업에 대한 역사책의 한 페이지를 기록하는 것을 의미하며, 특정 시장의 맥락에서 무엇이 효과가 있는지 패턴을 파악하기 위해 전례 없는 수준의 투명성과 부서 간(및 조직 간) 협업을 필요로 하는 프로세스다. 투명성에 익숙해지는 것은 일부 사람들에게 종종 어려운 일일 수 있지만, 투명성을 유지하는 기업 및 커뮤니티 내 사람들 모두에게 커리어 전반에 걸쳐 개인적으로나 직업적으로나 보상이 따를 것이다.

카테고리를 만드는 것이 모든 사람에게 적합한 것은 아니지만, 고객과 팀원 모두에게 유형 및 무형의 이점을 제공한다는 점에서 회사의 목적에 공감하는 적합한 인재를 유치하고, 참여시키고, 개발하는 데는 충분하다. 이러한 구성 요소 외에도 파트너는 카테고리 리더와 협력하여 수익을 창출하기 위해 만들어지는 사고 리더십 에너지를 공유하는 데에도 관심을 가질 것이다.

통합 파트너의 경우, 제품 기능 및 역량을 확장하여 카테고리 내에서 새로운 사용 사례를 해결하고 파트너와 공동 마케팅을 통해 리드를 공유하고 영향력을 구축함으로써 회사에 도움이 될 수 있다.

시스템 통합업체와 대형 컨설팅업체의 경우, 파트너는 새로운 카테고리 내에서 사례를 구축하는 데 관심이 있을 수 있으며, 제품 추천에 대한 대가로 사고 리더십의 일부를 원할 수 있다. 대부분의 경우 이러한 파트너는 대기업의 비즈니스 혁신 프로젝트를 중심으로 한 서비스를 판매하려 하며, 이상적으로는 해당 거래의 운영 요소로 당신 기업의 제품을 사용하는 것이 좋다.

사모펀드나 벤처캐피털 파트너의 경우, 포트폴리오 회사에 홍보할 수 있는 '친구 및 가족' 패키지를 개발하면 리드 볼륨을 높이는 동시에 회사 자체의 가치도 창출할 수 있다. 이러한 기회는 카테고리 모멘텀을 촉진하는 동시에 회사, 파트너, 고객 모두에게 혜택을 제공할 수 있다.

영업팀에 스포트라이트를 비추다

카테고리 창조를 위해 추가적인 관점이 필요한 팀이 하나 있는데, 영업 조직이다. 채택하고자 하는 영업 리더십, 설치하고자 하는 영업 프로세스, 만들고자 하는 문화, 개발하는 담당자 프로필에 따라 새로운 카테고리에서 성공하기 위해 필요한 장기적인 욕심은 다양한 반응에 부딪히게 된다.

영업 전문가의 한 가지 프로필은 이 분야에서 성공적인 커리어를 쌓아 부를 창출하는 것을 목표로 삼는 극도로 목표 지향적인 사람이다. 어떤 기업에서든 최고경영자만큼은 아니더라도 그에 상응하는 보상을 받아야 하는 사람은 최고 성과를 내는 영업 담당자뿐이기 때문에 이러한 사고방식에 비판은 전혀 없다. 그러나 훌륭한 영업사원은 기업에서 끊임없이 채용되고 있으며, 이들 중 상당수는 이미 확립된 카테고리에서 제품 시장 적합성을 발견하고 '영토 확보' 모드에 있다. 이러한 유형의 비즈니스는 리드나 기회에 제약이 있는 것이 아니라 오히려 시간이나 역량에 제약이 있으며, 야망을 달성하기 위해 영업 인력 채용을 늘려야 한다. 이러한 유형의 영업사원 프로필에 대한 설득력 있는 채용 메시지는 매우 간단하다. 합류하여 목표를 달성하면 많은 돈을 벌 수 있다는 것이다.

카테고리를 창조하는 조직 내에서 이와 같은 영업 DNA가 꼭 나쁜 것은 아니지만, 사명을 이해하지 못한 직원에게는 성과가 떨어지거나 심지어 이탈 위험이 있다. 기업이 다양한 단계의 카테고리 성숙도를 거치며 진화함에 따라, 반복 가능한 영업 운동이 확립되고 고성과 담당자가 조직의 성공 모델을 구축하면 이러한 위험은 줄어들 수 있다.

그러나 카테고리 창조 환경에서 성공하는 영업 전문가의 프로필이 하나 있다. 바로 가치 판매자다. 가치 판매는 당신의 제안이 구매자에게 가치를 가지는 이유를 이해하고 강조하는 것을 지지하는 세일즈 방법론으로, 이는 언제나 비용이 아닌 기업의 제품이 제공하는 가치에 따라 판매해야 한다는 개념이다. 현대의 비즈니스에서는 기업이 제공하는 것이 단순히 판매하는 제품 그 이상의 의미를 가지며[던컨 워들(Duncan Wardle) 덕분에], 따라서 기업의 브랜드 가치 제안 전체(콘텐츠, 커뮤니티, 전문 지식)를 패키징

함으로써 제품 구매가 아닌 성과를 추구하는 경영진 바이어들에게 깊은 반향을 불러일으킬 수 있다. 이러한 판매 방식을 기업들의 가격 경쟁이 벌어지는 상품화된 제품(온라인 스토리지를 예로 생각하라)과 비교해 보라. 간단히 말해서, 카테고리 창조는 가치 판매자의 삶을 훨씬 쉽게 만들 수 있으며, 결과적으로 가치 판매자는 그 과정에서 개인적인 부를 창출하는 동시에 기업에 막대한 영향을 주게 된다.

카테고리 창조에서 일하기와 승리하기의 동맹

리드 호프먼(Reid Hoffman), 벤 카스노차(Ben Casnocha), 크리스 예(Chris Yeh)가 집필한《동맹 : 네트워크 시대의 인재 경영》이라는 인재 경영에 관한 경이로운 책이 있다. 저명한 기업가이자 투자자인 저자들이 이 책을 집필한 이유는 고용주와 직원 간의 관계가 근본적으로 해체되고, 지속적인 변화로 정의되는 비즈니스 환경에서 장기 고용을 보장하는 기존의 모델이 더 이상 유효하지 않다는 믿음에 기반했다. 이들이 제안하는 해결책은 직원을 가족이나 자유 계약자로 생각하지 말고 함께 협력할 수 있는 파트너(동지)로 생각하자는 것이다. 기업은 직원으로부터 비즈니스 혁신과 영향력을 기대하는 한편, 직원들은 그 대가로 커리어 변화에 관심이 있다. 이와 같은 동맹을 통해 기업은 직원과의 신뢰를 유지하는 동시에 시간이 지남에 따라 변화하는 비즈니스 요구에 적응할 수 있는 기업가적 인재를 채용하고 유지할 수 있다.

동맹은 특히 카테고리 창조자를 위한 인재 관리 전략에 꼭 포함되어야 하는 중요 철학이다. 이러한 정신은 최근 CEO인 닉 메타의 트윗에서 영감을 얻었다(그림 13.2 참조). 새로운 카테고리의 기업들은 여러 세대를 거쳐 새로운 것을 만들어내는 긴 여정을 거치면서 진화하는 것이 현실이다. 앞서 설명했듯이, 카테고리 창조 일화의 일부가 될 수 있는 기회는 올바른 유형의 인재에게 아주 매력적인 제안이지만, 가장 높은 몰입도를 보이는 직원마저도 결국은 떠나기 마련이다. CEO로서 이러한 압박의 무게를 어깨에 짊어지긴 쉽지만, 동맹의 원칙을 받아들이고 팀의 인간애를 확인하면 (닉이 말한 것처럼), 자칫 감정적으로 변할 수

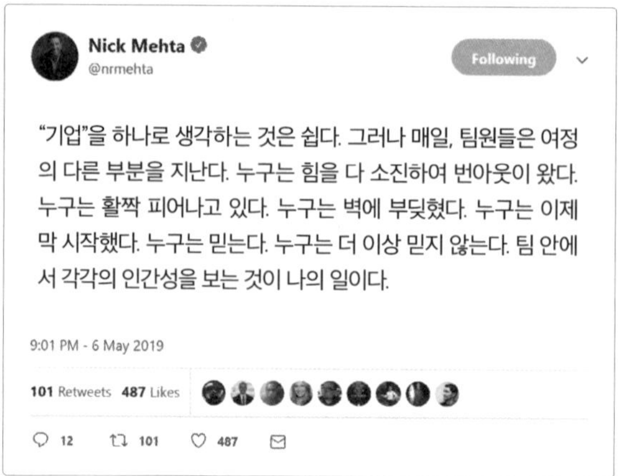

그림 13.2 게인사이트 CEO 닉 메타의 트윗

있는 상황을 이성적으로 판단하는 데 도움이 될 수 있다.

팀원들의 인간성에 대해 생각한다는 것은 모두가 회사와 카테고리의 성공을 위해 투자하고 있지만, 그 투자 정도는 개인마다 다름을 깨닫는다는 것을 의미한다. 어떤 사람에게는 성공의 끝에 현금이나 주식 보상과 같은 금전적 결과가 있으며, 이는 성과와 근속 기간에 영향을 미칠 수 있다. 다른 사람들에게는 카테고리 창조자와 함께한다는 것만으로도 충분한 동기 부여가 되고, 커리어의 황금기를 맞이할 수 있다. 이러한 인간성을 이해하고 이러한 동기를 바탕으로 인재 관리 전략을 운영하면 팀원들의 참여를 유도하고 그들이 만드는 회사 이후의 삶을 준비할 수 있는 강력한 메커니즘이 될 수 있다. 예를 들어, 팀원들의 교육과 전문성 성장에 투자하는 학습 개발 이니셔티브를 시작하여 업무에 적용할 수 있는 기술을 구축하는 동시에 직무 영역 밖의 열정과 호기심을 활성화한다고 상상해보라. 이러한 프로그램은 회사에서 일하는 것을 '단순한 직업' 그 이상으로 만들 수 있으며, 장기적인 관점에서 직원들의 참여와 장기 근속을 유지하는 데 큰 기여를 할 수 있다.

그러나 궁극적으로, 비즈니스에서 성공하지 못한다면 인간 우선적 인재 경영으로 혁신할 수 없다. 팀원은 말 그대로 잠재력이 있는 기업을 상대로 커리어를 걸고 있기에 성공이야말로 궁극적인 참여 및 유지 전략이다. 물론 앞뒤 가리지 않는 성공이 이 책의 교훈은 아니다. 그러나 기업이 자신의 목표를 달성하고, 재무 지표를 개선하며, 놀라운 제품 경험을 제공함에 따라, 이러한 승리를 바탕으로 직원들은 올바른 브랜드를 선택했다는 확신을 갖게 되고, 자신의 노력이 기업 성과에 미치는 개인적 영향에 대해 조명할 수 있다. 카테고리 창조의 맥락에서, 이는 단순히 카테고리를 창조하는 것뿐만 아니라 카테고리 지배 전략이 실제로 효과가 있음을 알리는 여정에서 올바른 이정표를 달성하는 것을 의미한다. 성공에 대한 구체적인 정의는 산업마다 다를 수 있지만, 시장을 창조하는 기업이든 파괴하는 기업이든 상관없이 모든 기업에 일관되게 적용된다.

이 사실은 동맹 프레임워크의 다른 측면에 대한 논의로 이어진다. 카테고리 창조자는 비즈니스에서 승리하고 팀원들에게 가치 제안을 전달하기 위해 직원에게 무엇을 요구하는가? 측정된 성과를 달성하는 것이 당연한 대답일 수 있지만, 사실 지표만으로는 충분하지 않다. 이는 기업이 성숙해지고 점점 더 고립화됨에 따라 특히 중요하다. 예를 들어, 마케팅 부서에서 매출의 선행 지표로서 지표를 달성했지만 이러한 노력이 ARR에 예약으로 나타나지 않는 경우를 상상해보라. 이런 일은 절대 일어나지 않겠죠? 부서 간 협업과 참여를 촉진하고 조직 내 모든 사람이 회사의 성공을 도울 수 있는 분위기를 조성하기 위해 기업이 팀에 홍보해야 할 건강한 동맹의 몇 가지 무형적 측면이 있다.

- **투명성** 함께 성공하는 문화를 만들기 위하여 기업의 각 개인은 여정 위에서 무엇을 배우고 있는지에 대해 열린 대화를 나눌 수 있어야 한다. 팀원은 질책이나 판단에 대한 두려움 없이 편안한 마음가짐으로 성공과 실패 모두를 공유할 수 있어야 한다. 이 책은 카테고리 창조에서 얻은 많은 교훈을 공유하지만, 사실 당신은 당신의 팀에서 많은 교훈을 직접 배워야 한다. 최고의 기업들은 투명성을 수용하고 내부 커뮤니케이션 프로세스를 통해 조직 전체

의 의사결정에 영향을 미칠 수 있는 학습을 공유한다.

- **받아들임** 팀원이 회사, 전략, 경영진, 미션에 대한 믿음을 잃는 순간 그는 팀에서 이탈한다. 받아들임은 경영진이 제시하는 전략에 대한 기본적인 믿음과 각 개인의 업무가 의미 있고 회사 목표에 기여한다는 믿음에서 시작된다. 전략에서 놓쳤거나 간과한 부분이 있다면 직원들의 참여를 유도하여 이를 밝혀내야 한다. 하지만 기업은 개인으로 구성되어 있기 때문에 모든 개인이 회사 전략의 각 측면에 동의할 가능성은 낮다. 이때 '동의하지 않고 헌신한다'는 경영 원칙이 도움이 될 수 있는데, 이 원칙은 결정을 내리는 동안에는 개인이 동의하지 않을 수 있지만, 일단 결정이 내려지면 모든 사람이 그 결정에 헌신해야 한다는 원칙을 말한다.
- **솔직함** 카테고리 창조는 본질적으로 학습과 적응력 모두를 필요로 하기 때문에 팀원들이 피드백, 창의적 아이디어 및 장애물을 더 넓은 팀과 공유하는 것이 중요하다. 킴 스콧(Kim Scott)의 베스트셀러 《급진적인 솔직함 : 인간미를 잃지 않는 멋진 상사가 되라》는 사람들에게 도전 과제를 내는 것이 종종 그들에 대한 애정을 보여주는 가장 좋은 방법이 될 수도 있다고 설명한다. 이는 여러분이 생각하는 것이 무엇이든 진리라는 뜻이 아니라, 여러분의 (겸손한) 의견을 직접적으로 공유한다는 의미다.
- **엄격함** 장기적인 욕심을 유지하라. 기업에게는 카테고리와 기업이 발전하는 동안 팀원들이 계속 욕심을 갖고 야망을 활성화할 방법을 찾아야 한다. 팀원들은 집중력을 잃거나, 경우에 따라서는 회사 밖에서 야망을 찾게 되기 쉽다. 이 여정은 울퉁불퉁할 것이며 십중팔구 좋을 때도 있고 안 좋을 때도 있을 것이다. 때로는 단순히 게임에 집중할 수 있는 방법을 찾는 것만으로도 저점을 극복하고 다시 열정을 불태울 수 있는 충분한 동기가 될 수 있다. 새로운 시장을 창출하기 위해서는 팀원들의 열정과 에너지가 필요하며, 이 모델에서는 무관심할 틈이 없다.

결론

현대에 들어와서 카테고리 창조만큼 미스터리와 음모에 휩싸인 비즈니스 전략도 없을 것이다. 물론 누구나 카테고리 창조자가 되고 싶어 하지만, 그 방법을 이해하고 그것이 효과가 있다는 것을 아는 것만으로도 기업가나 경영진의 발걸음을 멈추게 할 수 있다. 그것이 바로 내가 이 책을 쓰기로 결심한 이유다. 카테고리 창조가 모든 비즈니스에 적용하기 쉬운 전략이라는 장밋빛 안경을 씌우기 위해서가 아니다. 장기적인 탐욕은 기본이다. 시장을 구축하는 더 쉬운 방법이 있었다면 이 책에서 굳이 반복해서 설명할 필요가 없었을 것이다.

나의 경고에도 불구하고 이 글을 읽는 당신이 사람들이 느꼈지만 한 번도 표현하지 못했던 문제를 중심으로 시장을 창출할 용기를 가지고 있다면 이 클럽에 가입한 것을 환영한다. 당신은 여정의 끝에서 자신을 위한, 고객을 위한, 투자자를 위한 그리고 팀원을 위한 위대한 보상과 만족감을 얻게 될 것이다. 이 책은 인쇄되고 출판되겠지만, 창조자들의 공동체로서 함께 성장하고 배우며 시간이 지남에 따라 많은 것이 수정될 것이다. 용기를 잃지 말라, 그리고 무엇보다도, 당신은 더 이상 혼자가 아니라는 것을 기억하라.

1 Jason McPherson, "The ROI of Employee Engagement and Culture," Culture Amp, https://blog.cultureamp.com/the-roi-of-employee-engagement-and-culture

INDEX 찾아보기

앤서니 케나다 Anthony Kennada

B2B 조직에 속한 B2C 마케터다. 앤서니는 이전에 박스(Box), 라이브오피스(LiveOffice), 시만텍(Symantec)에서 근무했으며, 전 세계 엔터프라이즈 소프트웨어 스타트업의 투자자, 고문, 이사회 멤버로 활동하고 있다.

게인사이트(Gainsight) 창립 이래 최고 마케팅 책임자로서 그의 팀은 구독 기업이 고객에 집착하여 지속 가능한 성장을 할 수 있도록 돕는 비즈니스 필수 요소, 전문직 및 소프트웨어 카테고리인 고객 성공 카테고리를 만들었다. 그와 그의 팀은 인간 우선 커뮤니티 구축, 콘텐츠 마케팅, 라이브 이벤트, 크리에이티브 활성화에 집중함으로써 B2B 마케팅을 위한 새로운 전략지침을 개발하여 게인사이트 브랜드를 구축하고 회사의 성장에 동력을 불어넣었다. 또한 고객 성공 전문가들로 구성된 펄스 커뮤니티를 만들었으며, 첫 7년 동안 3개 대륙의 콘퍼런스와 전 세계 50개 이상의 펄스 로컬 커뮤니티 챕터에 2만 5,000명 이상의 임원이 참여했다.

게인사이트는 포브스가 선정한 세계 100대 프라이빗 클라우드 기업 중 하나이자 미국에서 가장 유망한 기업으로, 딜로이트가 선정한 Technology Fast 500에서 가장 빠르게 성장하는 기업으로 손꼽히며, 포춘 매거진에서 기술 분야 최고의 직장 20곳 중 하나로 인정받았다.

정연승

현재 단국대학교 경영대학원장(교수)으로 재직 중이며, 한국경영학회 수석부회장, 한국마케팅학회와 한국중소기업학회 부회장 등을 맡고 있다. 한국유통학회장, 한국마케팅관리학회장, 서비스마케팅학회장을 역임하였다. 또한 기획재정부, 금융감독원, 공정거래위원회, 산업통상자원부, 중소벤처기업부 등에 다양한 정책 자문 및 심의 위원으로 활동 중이며, 쿠팡, 네이버, CJ, 신세계, 롯데 등에 자문 역할 및 현대해상화재보험 사외이사도 맡고 있다.

서울대학교 경영학과 학사와 석사를 마치고 연세대학교에서 경영학 박사를 받았으며, 주요 전공 분야는 유통, 커머스, B2B 마케팅, 세일즈, 광고 등이다. 주요 저서로는《49가지 마케팅의 법칙》,《굿 비즈니스 플러스》등이 있다.